KB275069

가축들

Domesticated animals

Domesticated
animals

가축들

동물이 만든 인간의 역사

김일석 남기창 이무하 장애라 조철훈 지음

이케이북

짐을 나르는 존재에게서 배운다

**21세기에 들어서면서 우리가 오랫동안
진리라고 믿어온 많은 것들이 의심받고 있다**

인류는 어디로 가고 있는지 그리고 어디로 가야 옳은지, 정말
혼란스러운 시대다. 일찍이 경제학자 존 케네스 갤브레이스[John
Kenneth Galbraith]는 20세기를 '불확실성의 시대'라고 명명했는데, 지금
은 한발 더 나아가 'VUCA' 시대라 부른다. 변동성[Volatility], 불확실
성[Uncertainty], 복잡성[Complexity], 모호성[Ambiguity]의 시대라는 뜻이다.

과거에는 세상을 어느 정도 예측 가능하다고 여겼지만, 이제는
아무리 뛰어난 인공지능이라 하더라도 앞으로 어떤 변화가 펼쳐
질지 가늠하기 힘들다. 제아무리 탁월한 천재라 해도 혼자 힘으
로는 해결할 수 없는 문제들이 끊임없이 등장하며, 그 어느 때보
다도 집단지성이 중요해졌다. 이런 와중에 우리 사회는 무한 경

쟁이라는 마차에 올라타, 어려서부터 남을 밟고 올라서지 않으면 도태된다는 위기감이 팽배해 있다. 더 이상 진실 그 자체는 중요하지 않게 여겨진다. 대신 사람들은 감정과 신념에 따라 서로 다른 진영으로 나뉘어 치열하게 대립하고 있다. 이러한 진영 논리는 갈등과 양극화를 심화시키고, 결국 우리는 진실보다 각자의 믿음만을 앞세우는 '탈진실post-truth'의 시대를 살아가고 있다.

진보와 보수, 부유층과 빈곤층, 선진국과 개발도상국, 세대·성별 간 갈등 등 세계 곳곳에서 이분법적 대립이 심각하다. 세상은 타협의 여지 없이 끝없는 평행선을 달리는 듯 보인다. 설상가상으로 디지털 시대의 대표적인 사회적 소통 방법인 소셜미디어에서는 정작 갈등을 조율하기보다 확증편향을 강화하는 부작용을 낳고 있다. 이런 일련의 사태를 마주하며 우리는 묻지 않을 수 없다. "과연 인간의 본성이란 악한 것인가?"

인간의 본성에 관한 질문은 인류가 오래도록 고민해온 주제다

맹자의 성선설과 순자의 성악설은 그 대표적인 예다. 인간은 본래 착하게 태어났지만 사회와 환경의 영향을 받아 악해진다는 주장과, 본래 악하게 태어났지만 교육과 훈련을 통해 선해질 수 있다는 주장이 수많은 사례와 함께 끊임없이 맞서왔다.

서양 철학에서도 이와 유사한 논의가 이어져 왔다. "만인의 만인에 대한 투쟁"이라는 말로 유명한 토머스 홉스Thomas Hobbes는 인간의 본성을 악하다고 보았고, "자연으로 돌아가자"라고 주장한 장 자크 루소Jean-Jacques Rousseau는 인간의 본성이 본래 선하지만 사회가 타락시킨다고 보았다. 존 로크John Locke는 보다 중용적인 입장을 취하며, 인간은 태어날 때 본래 '백지상태tabula rasa'이며, 이후 경험과 교육을 통해 선과 악을 배우고 형성해간다고 보았다.

현대에 들어 제기된 주장은 인간은 선하지도 악하지도 않으며, 궁극적으로는 속한 환경 조건에 따라 인간성이 결정되거나 발현된다는 것이다. 구석기 시대에는 모두가 평등하게 살아가도록 사회 환경이 조성되어 있었기에, 악이 득세할 기회가 거의 없었다는 주장도 있다. 당시에는 사냥을 잘해 집단에 기여한 사람조차 특권을 주장하지 못하도록 공동체의 질서가 억제했으며, 수렵한 고기는 모두에게 공평하게 나누어 누구도 우월한 위치를 차지하지 못하게 했다. 이러한 문화가 인간이 악으로 기울지 않도록 바로잡는 역할을 했다는 것이다.

그러나 이와 같은 문화는 신석기 시대의 농업혁명으로 사유재산 개념이 생기고 집단 내 경쟁이 시작되면서 점차 사라졌고, 인간의 본성이 악한 방향으로 기울어졌다는 분석도 있다. 결국 인간은 백지 상태로 태어나 성장 과정에서 환경과 교육의 영향을 받아 선하거나 악한 기질로 변화한다고 볼 수 있다.

동물을 인간 사고의 세계로 끌어들인다는 것은, 인간이 자연과 맺는 관계를 자각하고 인정하는 행위라 할 수 있다. 이러한 관계는 시간이 흐르면서 발전하기도, 악화하기도, 때로는 단절되기도 한다. 인간과 동물의 관계는 '가축화' 과정을 통해 꾸준히 진화해왔다.

야생동물의 가축화는 인류 역사 초기에 의도치 않게 시작되었을지라도, 결국에는 인간의 다양한 목적에 따라 진행되어왔다. 그중에서도 무거운 짐을 나르거나 인간의 이동을 돕는 교통수단으로 활용하기 위해 많은 야생동물이 가축화되었다. 이들은 인간에게 온갖 학대를 받으면서도 묵묵히 맡은 역할에 충실했다. 인류의 역사에는 이들과 관련된 다양한 이야기가 기록되었다. 사람들은 이러한 이야기를 통해 교훈을 얻고, 때로는 자신을 성찰하기도 했다.

초기에는 식량 확보가 야생동물 가축화의 주요 목적이었다. 그러나 시간이 흐르면서 무거운 짐을 운반하거나 인간의 이동을 돕는 용도로 가축의 활용 범위가 확장되었고, 그에 따라 인간의 문화도 크게 변화했다. 가축 덕분에 인류는 먼 거리를 더 빠르게 이동할 수 있게 되었고, 이는 물자 수송의 방식은 물론 전쟁의 양상에도 중대한 영향을 미쳤다. 결국 짐을 나르는 동물의 가축화는 인간 역사의 방향을 바꿔놓은 결정적인 요소였다.

야생동물은 약육강식의 생존 경쟁 속에서, 포식자의 위협으로 부터 살아남기 위해 극한의 삶을 살아왔다. 그런 환경에서는 '선함'이나 '순함' 같은 성질이 들어설 여지가 거의 없었다. 그러나 가축화 연구가 보여주듯, 야생동물은 인간과 함께 살아가면서 점차 온순해졌다. 인류 진화의 측면에서 보면, 이것은 이타적인 고인류^{古人類}가 더 많은 자손을 남겼다는 주장과도 맞닿아 있다. 오늘날 지구상에 존재하는 동물 대부분이 가축이라는 사실은, 어쩌면 그 연장선에서 자연스러운 결과일지도 모른다. 물론 인간의 환경 파괴로 인한 야생동물의 멸종 역시 이러한 현상을 가속화한 또 하나의 원인이라는 점은 부인할 수 없다.

전 세계에 존재하는 포유동물 중 야생동물은
고작 4퍼센트에 불과하다

나머지 34퍼센트가 인간, 62퍼센트가 가축이다. 인간이 지구에 등장한 이후 85퍼센트에 달하는 야생동물이 멸종했다^{그림 '지구 육상 동물의 시대적 변화'}. 이러한 수치는 인간이 가축을 통해 지구 생태에 관해 더 많은 것을 배우고, 좀 더 지혜로운 삶을 살아야 하는 것은 아닌지 돌아보게 만든다.

인간이든 동물이든, 문명화되거나 가축화되면 온순해지고 신체 크기 또한 작아지는 경향을 보인다. 인간은 이러한 특성을 활용해 가축을 용도에 따라 의도적으로 육종品種 改良해왔다. 서양에서는 비교적 이른 시기부터 육종에 관심이 많아 기존 품종을 개량하거나 새로운 품종을 창출하는 노력이 활발히 이루어졌다. 반면, 우리나라는 소수 지배계층과 다수 피지배계층으로 구성된 사회 구조 속에서 피동적인 사고방식이 형성되어왔고, 이러한 사고방식은 현실에 안주하려는 성향으로 이어졌다. 그 결과 사회 전반에 혁신에 대한 의지가 부족했으며 가축 육종 분야도 예외는 아니었다.

야생동물 중 가장 먼저 가축화된 동물은 개로 알려져 있다. 즉, 개는 인간과 친숙해지고 온순해진 최초의 야생동물이라는 이야기다. 그런데도 우리는 무언가 잘못되었을 때 욕설의 대상이나 비교의 수단으로 개를 종종 끌어들인다. 이는 우리나라뿐 아니라 서양에서도 마찬가지다. 개 입장에서는 억울해할 만한 일이다. 왜 하필 개를 나쁜 동물로 만들어 비하의 상징으로 삼는 걸까. 오히려 인간은 개를 비롯한 온순하고 성실한 가축들로부터 많은 것을 배워야 하지 않을까. 이러한 인식 덕분에 서양에서는 인간에게 교훈을 주려는 의도로 쓰인 『이솝 우화』 등 다양한 동물 우화집bestiary이 만들어져 이른 시기부터 널리 읽혀왔다.

1톤의 탄소는

체중 67kg 성인 100명

체중 60kg 돼지 110마리

체중 300kg 암소 20마리

체중 3,500kg 코끼리 2마리와 동일

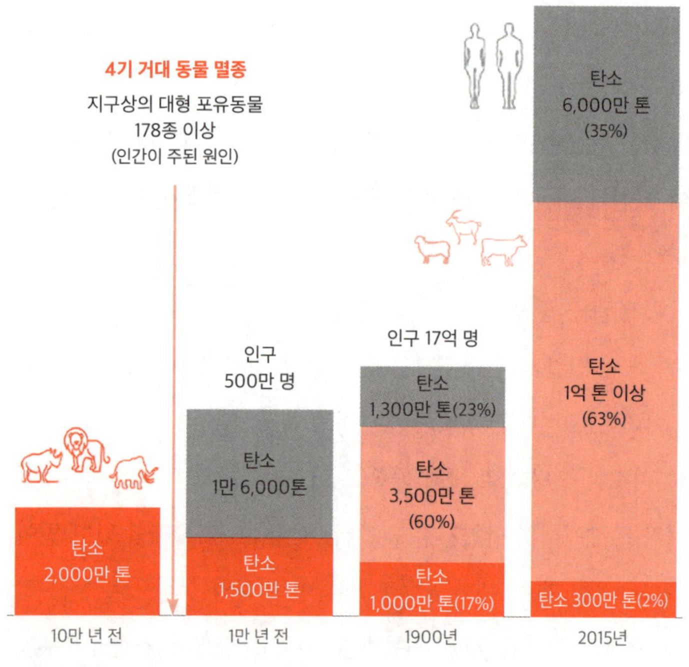

● **지구 육상 동물의 시대적 변화** ⓒ 위키피디아

가축들

인간의 역사는 경쟁의 역사였다

국가 간, 지역 간, 개인 간 경쟁은 인류 문명의 발전에 일정 부분 도움을 주었지만, 경쟁이 반드시 긍정적인 결과만 낳는 것은 아니다. 특히 우리나라는 어린 시절부터 치열한 경쟁에 내몰린 청년들의 정서가 점점 피폐해지고 있으며, OECD 국가 중 청년 자살률이 가장 높은 나라라는 불명예를 안고 있다. 이는 이미 삶 자체에서 오는 정신적·육체적 부담이 극심한 상황에서 젊은 세대가 적절한 탈출구를 찾지 못한 채 방황하고 있음을 보여준다.

인간의 탐욕에는 끝이 없다. 이 욕망은 결국 자기 자신에게 짐이 되어 돌아오며, 그 짐이 감당할 수 없을 정도로 무거워지면 파멸에 이르게 된다. 4차 산업혁명 시대의 경쟁은 과거처럼 개인의 지식이나 능력으로 앞서가는 방식으로는 더 이상 유효하지 않다. 이제는 '자기다움' 속에서 타인과 소통하고 협력하며 세상을 혁신해가는 능력이야말로 진정한 경쟁력이다.

불확실한 시대, 자기 고유의 방식으로 인간에게 도움을 주는 가축에게서 우리는 삶의 지혜를 배워야 할 필요가 있다. 그 이야기들을 한데 모아 이 책을 엮었다.

2025년 겨울

저자 일동

차례

2부 말

3부 당나귀

4부 소

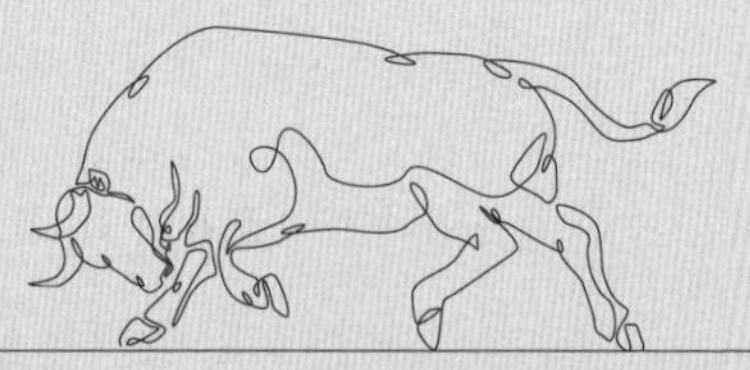

인간의 짐을 짊어진 가축

Livestock bearing human burdens

● 지식을 배웠더라도 그 배움을 실천하지 않는 사람은 책더미를 가득 등에 지고 나르는 가축과 같다. 당나귀가 자기 등에 도서관을 지고 가는지 장작더미를 지고 가는지 아는가?

— 사아디

● 부자는 평생 보물을 지고 가다 죽는 날 밤에 내려놓는 짐 나르는 가축과 같다. 그들은 단지 노고의 타박상과 흔적들만 자신의 무덤으로 가져간다.

— 성 아우구스틴

1   짐과 인간

'짐'을 사전에서 찾아보면, "다른 곳으로 옮기기 위해 챙기거나 꾸려놓은 물건", "맡겨진 임무나 책임" 혹은 "수고로운 일이나 귀찮은 물건"을 뜻한다. 이처럼 '짐'은 단순한 물건만을 의미하지 않으며, 인간의 삶에서 물리적이든 정신적이든 빼놓을 수 없는 요소다. 인간은 평생 짐을 짊어지고, 그것을 해결하며 살아간다.

먼저, 짐이라는 개념을 물건 차원에서 살펴보자. 인간이 옮길 수 있는 짐의 무게는 어느 정도일까? 미국의 한 건강 잡지에 70년에 걸친 미국인의 체력 기록을 바탕으로 계산한 흥미로운 결과를 소개한 적이 있다. 대한민국 40대 남성의 평균 체중을 75킬로그램으로 가정할 경우, 누운 자세에서 들어 올릴 수 있는 무게는 약 54킬로그램, 서서 들어 올릴 수 있는 무게는 61킬로그램, 스쿼트 자세로 들어 올릴 수 있는 무게는 50킬로그램, 머리 위로 들어 올릴 수 있는 무게는 34킬로그램 정도다. 하지만 이러한 수치는 일반적인 일상생활의 짐이 아니라, 운동 기준에 따른 측정 결과다.

실생활에서 사람이 지고 다닐 수 있는 짐의 무게는 또 다른 기준에 따라야 한다. 예를 들어, 여행용 배낭을 기준으로 보면 건강한 성인은 자기 체중의 25~30퍼센트를 넘지 않도록 무게를 조절하는 것이 일반적이다. 이 때문에 체중의 20퍼센트를 적정 기준으로 삼기도 한다. 체중이 무거울수록 더 많은 짐을 질 수는 있지만, 체중 대비 짐의 비율은 오히려 낮아진다. 이는 자기 몸무게 역시 결국 짊어져야 할 무게에 포함되기 때문이다.

작업 현장에서는 들어 올리는 높이에 따라 적정 무게가 달라진다. 미국 국립직업안전보건연구원[NIOSH]이나 영국 보건안전청[HSE]에서는 무릎 높이까지 들어 올릴 때 남성은 최대 25킬로그램, 여성은 16킬로그램을 안전한 한계 무게로 본다. 어깨높이까지 올리는 경우 이 수치는 각각 20킬로그램과 13킬로그램으로 낮아진다. 더욱이 안전한 적정 무게는 허리에서 손까지의 거리, 작업 자세의 각도 등 다양한 조건에 따라 달라질 수 있다.

NIOSH에서는 안전하게 들어 올릴 수 있는 권장 최대 무게[RWL, Recommended Weight Limit]를 계산하는 공식을 다음과 같이 제시한다.

$$RWL = LC^{23\text{kg}} \times HM \times VM \times DM \times AM \times FM \times CM$$

 1부 인간의 짐을 짊어진 가축

공식에 포함된 각 항목은 다음과 같다.

- **LC**^{Load Constant} 기준 무게로, 23킬로그램[51파운드]
- **HM**^{Horizontal Multiplier} 물건과 몸 사이의 수평 거리
- **VM**^{Vertical Multiplier} 바닥에서부터 시작하는 손의 수직 위치
- **DM**^{Distance Multiplier} 물건이 움직이는 수직 거리
- **AM**^{Asymmetry Multiplier} 몸을 비트는 각도
- **FM**^{Frequency Multiplier} 들어 올리는 빈도 및 지속 시간
- **CM**^{Coupling Multiplier} 손잡이의 형태나 손으로 잡기 쉬운 정도

이처럼 단순한 짐 하나도 여러 요소를 종합적으로 고려해야 안전하게 감당할 수 있다. 짐은 물건의 무게를 넘어, 인간 삶의 구조와 환경을 반영하는 복합적 개념이라 할 수 있다.

전쟁의 승패를 갈랐던 짐의 무게

인간의 역사에서 전쟁은 가장 중요한 사건 중 하나였기에, 예로부터 보병이 지고 다닐 수 있는 짐의 무게는 매우 중요한 문제였다. 특히 평균적인 군인이 행군할 때 짊어지는 짐의 무게는 전술과 작전 수행 능력에 직접적인 영향을 미치기 때문에 더욱 중요하게 다루어졌다.

제1차 세계대전 당시 군인들은 보통 자기 체중의 34~50퍼센트에 달하는 무게를 지고 다녔다. 그러나 체중의 50퍼센트에 이르는 짐을 장거리 운반한 병사들은 전투에 참여하기 어려울 정도의 심한 육체적 피로에 시달렸다는 보고가 있다. 이러한 문제로 인해 군인들이 하루에 지고 다니는 짐의 무게는 9~12킬로그램으로 제한되었다.

6·25 한국전쟁 당시에는 국가별로 짐의 무게에 차이가 있었다. 북한군과 중공군은 약 18.5킬로그램을, 미군은 18~22.5킬로그램을 지고 다녔던 반면, 한국군은 무려 36.5킬로그램까지 짐을 짊어졌다. 그로 인해 북한군과 중공군이 전장에서 더 높은 기동성을 발휘할 수 있었다.

현대전으로 오면서 군인들이 지고 다니는 짐의 무게는 오히려 증가했다. 소말리아의 미군, 동티모르에 파병된 호주군, 중동 및 아프가니스탄의 미군 등은 체중의 70퍼센트를 넘는 무게를 짊어진 채 작전에 투입되었다. 이처럼 과도한 짐은 허리 통증, 물집, 다리 골절 등 다양한 신체적 문제를 유발했다.

짐의 무게와 이동 속도가 증가할수록 에너지 소비도 함께 증가한다. 반대로, 짐의 무게가 다소 무겁더라도 속도를 늦추면 에너지 소비를 줄일 수 있다. 지형과 도로 상태에 따라서도 소비 에너지는 달라지며, 기온이 매우 덥거나 추울 때, 또는 습도가 높을 때 역시 에너지 소비는 증가한다.

고도가 높아질수록 체내 수분 섭취를 늘려야 한다. 해발 1,500미터 이상에서는 공기 중 산소 농도가 낮아지기 때문에 활동 속도를 조절하는 것이 중요하다. 무거운 짐을 운반할 수 있는 능력은 상체 근력 강화 훈련과 폐활량을 높이는 유산소 운동^{달리기 등}을 통해 향상시킬 수 있다. 또한 짐을 신체 각 부위에 적절히 분산시키는 것도 중요하다. 무게를 등 전체에 고르게 분산시키고, 손과 발에는 가능한 최소한의 짐만 배분하는 방식은 장시간 이동 시 신체 손상을 줄이는 데 효과적이다.

"군인의 전투 능력은 그가 지닌 짐의 무게에 반비례한다"는 말이 있다. 실제로 짐이 무거워질수록 사격 정확도는 떨어지고 생존 능력도 저하된다. 에너지 소비 측면에서 짐의 무게가 10킬로그램 줄어들면 도보 속도가 시간당 0.5킬로미터 증가하는 것과 같은 효과를 낳는다. 현재 알려진 바에 따르면, 서양 기준으로는 약 47킬로그램의 짐을 지고, 시속 3.2~5킬로미터 속도로 행군하는 것이 에너지 효율 면에서 가장 이상적이라고 한다.

누가 인간의 짐을 대신 짊어질까

정신적인 차원에서의 짐에 대해 말하자면 "인생은 고해"라는 말만큼 잘 어울리는 표현도 드물 것이다. 그래서 어떤 이는 "당신이 만나는 모든 사람에게 친절하라. 당신은 그들이 어떤 전쟁을 치르고 있는지 모른다"고 말했는지도 모른다. 우리는 누구나 다양한 무게와 형태의 짐을 짊어진 채 살아간다. 죽음, 상실, 질병, 불안, 두려움, 경제적 어려움, 슬픔, 우울, 실망, 죄책감, 결혼생활의 긴장, 책임감, 충격적 사건, 갈등, 의심, 다툼 등 수많은 짐이 우리의 어깨를 짓누른다.

이 가운데 일부는 불가피하고, 우리의 통제를 벗어난 것들이기도 하다. 그럼에도 우리는 이유 여하를 막론하고 매일 그것들을 이고 지고 끌며 살아간다. 때로는 내 짐이 아닌 남의 짐까지도 떠맡는다. 삶은 고달프다. 그런데도 우리는 왜 더 많은 것을 가지려 경쟁하며, 더 힘든 삶을 스스로 선택하는 것일까? 그것은 욕심 때문이다. 남보다 더 많이, 더 앞서, 더 높이, 더 강해지고자 하는 욕망 때문이다. 그러나 많이 가질수록 그것을 유지하고, 관리하기 위해 끊임없이 신경을 써야 한다. 소유한다는 건 곧 책임을 져야 하고, 의무를 다해야 하며, 부담을 감수해야 한다는 것을 뜻한다.

사회심리학자들에 따르면, 집 안에 물건이 많을수록 스트레스 호르몬 수치는 상승하고, 집중력은 떨어진다고 한다. 이미 삶 속에 수많은 짐을 짊어진 우리가 왜 자꾸 더 많은 짐을 떠안으려 하는지, 한 번쯤은 스스로에게 물어야 한다. 학자들은 이를 두고, 우리 사회가 어릴 적부터 '생산적인 인간'이 되어야 한다는 강박을 주입해온 결과라고 말한다. 우리는 무언가를 하지 않으면 불안해하고, 무언가를 가지지 않으면 무능하다는 평가를 받을까 두려워한다. 그로 인해 목표에 집착하며, 사회적 안정을 얻기 위해 쉬지 않고 일하고, 끊임없이 무엇인가를 소유하려 애쓰게 된 것이다. 그렇게 우리는 셀 수 없이 많은 짐에 묶인 채 살아가고 있다.

오늘날 많은 젊은이가 스마트폰, 태블릿, 게임 등에 사로잡혀 산다. 경제적 안락함에 매달리느라, 누군가가 와서 묶여 있는 것을 풀어주기 전까지는 그것들을 놓지 못한다. 그러나 무엇엔가 묶여 있는 상태에서는 헌신하기 어렵다. 묶여 있는 당나귀는 누군가가 와서 줄을 풀어주기 전까지 제 역할을 할 수 없듯이, 우리 또한 수많은 짐에 묶여 있으면 자유로워질 수 없다. 인간다운 삶을 살기 위해선, 누군가가 우리를 묶고 있는 끈을 풀어주어야 한다.

그 누군가는, 가축과는 달리 우리 자신일 수도 있고, 타인일 수도 있다. 우리는 우리를 짓누르는 것들로부터 과감히 벗어나야 한다. 그래서 '미니멀리즘^{minimalism}'이 유행하고, 행복을 위해서는 짐을 내려놓으라는 메시지가 회자되는 것이다. 기독교에서는 모든 짐을 신에게 맡기라고 가르친다. 결국 짐은 다른 존재에게 맡기는 것이 최선일지도 모른다. 무언가를 자꾸 주워 담기보다는, 오히려 남에게 나누고 맡기는 것이 건강에 이롭다는 말이다. 어쩌면 인류의 조상들이 지혜롭게도 야생동물을 가축화하여 짐을 대신 지게 한 것도 그와 같은 맥락이었을 것이다. 그것은 단지 물리적 짐에 국한되지 않았을지도 모른다. 어쩌면 그들은 마음속 짐까지도 가축에게 맡겼던 것은 아닐까.

우리는 살아가며 때때로 남의 짐을 대신 들어줌으로써 누군가가 진 삶의 무게를 덜어주기도 한다. 진정으로 행복한 삶은 자신의 짐에서 벗어날 때뿐 아니라, 남의 짐까지 나누어 질 수 있을 때 완성된다고 한다. 그런 의미에서 오늘 하루쯤은 우리의 짐을 묵묵히 감당해온 가축들에게 감사하는 시간을 가져보는 것도 좋을 것이다.

 1부 인간의 짐을 짊어진 가축

2   길든 DNA,
가축화 유전자

가축이란 인간에게 노동을 제공하거나 고기, 알, 젖, 모피, 가죽, 털 등 유용한 자원을 생산하기 위해 농업 환경에서 사육되는, 가축화된 동물을 일컫는다. 가축은 인류의 진화와 역사를 형성하는 데 중대한 역할을 해왔다. 수렵, 채집, 이동에 기반한 생활 방식을 이어오던 인류는 수천 년에 걸쳐 세계 각지에서 다양한 공동체를 형성하며 본격적인 식량 생산의 궤도에 진입했다. 이러한 식량 생산은 때로 복잡한 사회 체계와 도시화를 촉진했고, 나아가 제국의 형성으로 이어지며 결국 현대 세계화의 씨앗이 되었다.

오늘날 지구상에 존재하는 포유류의 약 60퍼센트는 가축이며, 조류의 약 70퍼센트는 가금류에 해당한다. 가축의 대량 사육으로 인해 지구상에는 그 어느 때보다도 많은 동물이 존재하게 되었지만, 동시에 동물의 종류는 급격히 줄어들었고, 앞으로도 그 감소세는 계속될 것으로 예상된다.

우리나라 표준국어대사전은 가축을 "집에서 기르는 짐승. 소, 말, 돼지, 닭, 개 따위를 통틀어 이르는 말"로 정의한다. 한편,『축산법』제2조는 가축을 "사육하는 소, 말, 면양, 염소^{유산양 포함}, 돼지, 사슴, 닭, 오리, 거위, 칠면조, 메추리, 타조, 꿩, 그 밖에 대통령령으로 정하는 동물"이라고 규정한다. 이에 따라 시행령에서는 기러기, 노새, 당나귀, 토끼, 개, 꿀벌을 추가로 가축으로 지정한다. 이처럼 특정 동물이 '가축'이 되기 위해서는 법적인 규정이 필요하며, 가축의 범위는 각 나라의 법체계에 따라 다소 차이를 보일 수 있다.

가축화^{domestication}는 일반적으로 세 가지 유형으로 분류된다. 첫째는 인간과 함께 살아가는 동반용 동물^{개, 고양이}, 둘째는 식량 자원 확보를 위한 동물^{양, 소, 돼지, 닭, 칠면조 등}, 셋째는 노동력을 제공하는 사역용 동물^{말, 당나귀, 낙타 등}이다.

가축화가 잘되는 동물들은 몇 가지 공통된 특성을 보인다. 성장 속도가 빠르고 성숙이 빠르며, 갇힌 환경에서도 번식이 용이하고, 1년에 여러 번 교배와 출산을 할 수 있다. 식물성 사료만으로도 잘 자라기 때문에 사육이 경제적이며, 집단생활을 선호하는 습성 덕분에 인간의 통제도 비교적 용이하다.

 1부 인간의 짐을 짊어진 가축

길들임의 역사

영어 단어 'domestication'은 동물에 한정하면 '가축화', 식물에 한정하면 '재배화'로 번역되지만, 동식물을 아우르는 의미로는 일반적으로 '길들이기'로 번역된다. 그러나 여기에는 혼동의 여지가 있다. 영어 단어 'taming'과 'domestication'이 '길들이기'라는 의미로 모두 동일하게 번역되면서, 본래 domestication이 의미하는 '영구적인 유전적 변형을 동반한 길들이기'와 단순히 행동만 변화시키는 taming 사이의 구분이 모호해지는 문제가 발생한다.

그럼에도 불구하고, 신석기 혁명^{농업혁명} 시기의 동식물 길들이기는 인류의 도시 생활과 문화를 발전시키는 중요한 계기가 되었다. 야생동물의 가축화는 식량을 확보하기 위한 목적으로 시작되었지만, 그 과정에서 동물들은 점점 인간에게 친숙한 성향으로 바뀌어 갔다. 길든 정도가 깊어질수록 이들은 다양한 털색을 가지게 되고, 번식력이 높아지며, 성숙 시기도 빨라지는 등 동일한 특징을 나타낸다.

가축화된 동물들은 신체적·생리적으로도 일련의 변화를 겪는다. 예를 들어 털이 얼룩지거나 곱슬곱슬해지고, 꼬리는 짧아지거나 말리며, 귀는 늘어지고, 성체가 되어서도 유년기의 외모를 유지하는 등의 특징이 나타난다. 행동 면에서는 인간과의 친화적 태도, 사회적 소통 능력, 반응성을 보이며, 좀 더 평온한 기질

❶ 멕시코
칠면조

❷ 안데스 중남부 및 남아메리카
기니피그, 라마, 알파카, 머스코비 오리

❸ 프랑스 남부
토끼

❹ 수단
당나귀

❺ 서남아시아
온대 소, 돼지, 염소, 양

❻ 아라비아
단봉낙타

❼ 인도 및 인더스강
열대 소, 강 물소

❽ 투르크메니스탄, 이란
쌍봉낙타

❾ 카자흐스탄
말

❿ 시베리아 북부
순록

⓫ 상하이-티베트고원
야크

⓬ 중국
돼지

⓭ 동남아시아
닭

⓮ 중국 남부
늪지 물소

⓯ 인도네시아
발리 소

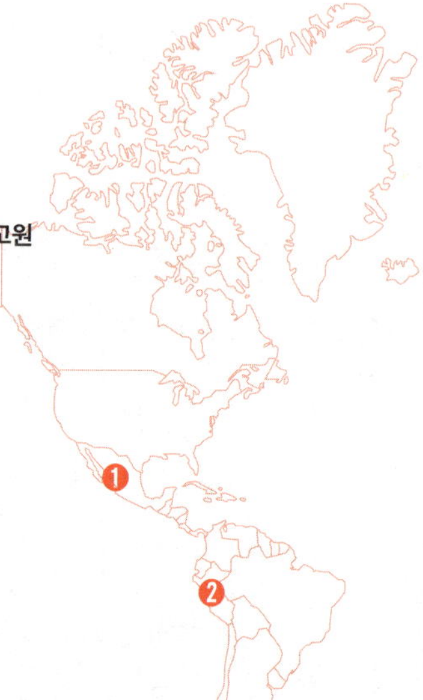

을 갖게 된다.

　현생 인류가 침팬지와 98.8퍼센트, 개와도 80퍼센트의 DNA를 공유한다는 사실은 인간이 동물과 크게 다르지 않다는 인식을 불러일으킨다. 그렇다면 오직 인간만이 동물을 길들이고 가르칠 수 있는 존재는 아닐 수도 있다. 오히려 인간 또한 동물처럼 길들고, 변화될 수 있는 존재일지도 모른다. 실제로 인간도 가축처럼 '길들이면' 외모나 성격에서 변화가 나타나기도 한다.

　인류는 수렵·채집 시대에는 평등한 사회를 지향했지만, 신석기 시대에 접어들면서 정착과 집단화가 이루어지고, 위계질서와

　　　　　　　　　　　　　　1부 인간의 짐을 짊어진 가축

● **동물별 최초 가축화 지역** (FAO, 2015)

계층이 생겨났다. 이는 권력을 향한 경쟁과 갈등을 촉진시켜, 농업이 오히려 사회적 긴장과 충돌의 원인이 되었다는 평가도 있다. 하지만 한편으로는 수렵·채집 시대의 살인율이 약 2퍼센트, 철기 시대에서 약 500년 전까지는 10퍼센트에 달했던 반면, 현대에는 약 0.7퍼센트로 감소했다는 연구 결과도 있다. 이러한 수치는 농업혁명이 반드시 악한 행동의 증가로만 이어졌다고 단정하기 어렵다는 점을 시사한다.

가축화는 세계적으로 초기 농업과 연관된 세 지역의 정주 공동체를 중심으로 각기 독립적으로 시작되었다. 첫 번째는 남서아시아^중동, 두 번째는 중국의 양쯔강 유역, 세 번째는 남아메리카의 안데스산맥 지역이다. 이들 지역에서 가장 이른 시기에 가축화가 이루어졌으며, 이후 농업의 확산과 함께 더 많은 야생동물이 가축화되었다.^그림 '동물별 최초 가축화 지역' 참고

동물고고학의 증거에 따르면, 대부분 야생동물은 단 한 곳에서의 가축화를 통해 인간과 관계를 맺었다. 하지만 돼지는 예외적으로 동아시아와 아나톨리아^오늘날 터키의 아시아 쪽 대부분 지역에서 독립적으로 가축화가 이루어졌다. 최근에는 염소, 양, 말, 소 등도 여러 지역에서 각각 독립적으로 가축화되었음을 시사하는 유전적 증거가 제시되고 있다. 문제는 일단 한 지역에서 가축화된 개체가 다른 지역으로 이동하여 그 지역의 야생 집단과 교배하게 되면, 이러한 유전자 이입 현상 또한 독립적 가축화로 오인될 수 있고, 그로 인해 특정 동물의 가축화 횟수가 과장될 수 있다는 해석도 존재한다.

가축화, 문명의 씨앗이 되다

18~19세기 유럽에서 '가축화'는 지배^domination의 개념으로 인식되었다. 중세부터 18세기까지는 가축이 인간의 '지배 아래'에 있다는 개념보다는, 단순히 인간이 거주하는 마을 주변에 있다는

'근접성'의 의미가 강했다. 실제로 라틴어 'dominiticus'는 '집'을 뜻하며, 이는 오늘날 분류학 용어로 여전히 쓰이고 있다.

그러나 18세기에 이르러, 자연주의자들은 인간이 자연을 정복한다는 사상에 자극받아 새로운 개념을 제시했다. 그들은 "야생 동물은 신이 창조한 존재이고, 가축은 인간의 노력을 통해 재창조된 유사 창조물"이라는 관점을 갖게 되었다. 인간이 동물들을 복종시키고, 자신의 필요에 따라 활용하며, 그들의 자연 상태를 의도적으로 변형시켰다는 인식이 그것이다. 이 같은 사고방식은 유럽 전역에서 가축의 선발과 교잡을 통한 품종 개량을 활발히 촉진했다.

'domestication'이라는 단어는 19세기 들어 본격적으로 사용되었으며, 당시 유럽의 '환경 순응acclimatisation 협회'들은 전 세계에서 경제적으로 유용한 동물들을 수집해, 유럽 환경에 적응시키려는 시도를 이어갔다. 이런 맥락에서 가축화는 단순한 생물학적 변화에 그치지 않고, 19세기 서유럽이 주도한 '환경 순응'이라는 식민지적 개념의 일환이기도 했다. 유럽은 식민지를 정복하고, 굴복시키고, 개량한다는 논리 속에서 동물 역시 같은 틀로 바라보았다. 따라서 유럽 외 지역에서 인간과 동물 간의 관계를 연구할 때는, 이 같은 개념의 확장과 재해석이 요구된다.

모든 생명체는 서로 긴밀하게 연결되어 있으며, 이 상호 연계성은 생물학과 과정철학의 핵심 원리 중 하나다. 유기체는 언제나 다른 유기체와 얽혀 있는 관계망의 일부로서만 존재할 수 있다. 그런데, 기존의 가축화 기원 설명은 '협력'보다는 '경쟁'에 중점을 두는 경향이 있고, 특히 인간 사이의 경쟁에 초점을 맞추곤 한다. 하지만 가축화는 본질적으로 강한 협력의 요소도 지닌다. 물론 모든 협력이 처음부터 상호적이거나 동등한 이익을 바탕으로 하지는 않는다. 많은 생물은 처음에는 환경 속에서 다른 유기체와 함께 살아가는 '공생commensalism' 관계에서 출발한다.

초기의 가축화는 대체로 인간이 사유재산을 확대하거나 경쟁적으로 풍요를 추구하는 맥락에서 이루어졌다. 야생동물들은 인간의 음식물 쓰레기에 유인되어 거주지 근처로 점차 접근하게 되었고, 그 과정에서 인간과 접촉이 빈번해졌다. 이들은 인간 공동체를 통해 포식자의 위협으로부터 보호받고, 안정적인 식량원을 확보할 수 있었다. 반면 인간은 이 동물들로부터 농업에 유용한 비료를 얻는 이익을 누렸다.

가축화를 인간과 동물 간의 완만히 진행되는 공진화co-evolution 과정으로 보는 시각도 있다. 이 관점은 자원 감소라는 배경에서 출발한다. 환경 변화나 인간의 남용으로 인한 자원 부족이 야기되자, 식량을 찾아 이동하던 인간은 점차 즉각적인 수확 대신 '지체 수확delayed-return' 전략을 택하게 되었다. 그 결과, 이전에는 관심을 두지 않았던 질이 낮은 자원에 주목하기 시작했고, 이 과정에서 동물과 새로운 협력적 관계가 형성된 것이다.

　　　　　　　　1부 인간의 짐을 짊어진 가축

가축화를 인간 중심적으로 바라보지 않으면, 몇 가지 중요한 결과를 도출할 수 있다. 첫째, 가축화의 초점이 인간의 의도가 아닌, 다양한 종들로 이루어진 복잡한 공동체 구성원 전체로 분산된다. 이는 인간의 거주 환경에 적응하며 상호 보완적인 관계를 형성하는 방식으로, 야생동물과 인간이 점차 친숙해지는 과정을 의미한다. 이러한 관점에서는 특정 동물의 낮 활동성, 계절적 다양성, 행동과 생리적 특성, 생육 고도 등이 인간과의 독특한 협력 관계를 형성하는 데 기여한다.

둘째, 가축화를 하나의 '과정'으로 보는 개념은 공동체를 이루는 종들이 각자의 환경을 능동적으로 조성한다는 점을 강조한다. 이 관점은 가축화가 단순히 인간의 지배가 아니라, 공진화적 관계 속에서 이루어지는 복합적 생태 현상이라는 이해로 확장된다.

셋째, 가축화를 다양한 종들의 협력을 통해 생성되는 '새로운 특성의 출현'으로 바라본다. 이로 인해 가축화는 단일한 원인에 따른 완결된 사건이 아니라, 언제나 '진행 중'인 현상이며, 인구 증가, 사냥감 감소, 운석 충돌, 축제와 같은 비인간적 요인[non-human agencies]의 영향을 받는 다원적 기원으로 이해된다.

결국 가축화는 인간의 필요 때문에 일방적으로 이루어진 것이 아니라, 인간과 동물, 환경 간의 상호작용 속에서 출현한 현상으로 이해해야 한다. '왜' 가축화가 일어났는가를 묻기보다는 '어떻게' 그 상호작용이 작동했는지를 탐구하는 것이 더 근본적인 설명이 될 수 있다. 가축화는 인간, 동물, 식물이 환경과 생태 진화적으로 맞물려 상호작용하는 과정에서 발생한 것이다.

'야생동물'과 '가축'이라는 이분법적 구분은 가축화 과정을 인위적인 선으로 나누어버림으로써, 그 경계에 존재하는 '중간 형태'나 '잡종 공동체'의 중요성을 흐리게 만든다. 이는 가축화를 살아 있는 생태적 변화가 아닌 고정된 틀로 바라보는 오류를 낳는다.

가축화는 명확하고 극적인 진화 과정으로, 그 결과 인간과의 관계 없이는 생존할 수 없는 새로운 유기체가 탄생했다. 이러한 변화는 자유롭게 살아가던 종들의 절멸 또는 멸종을 초래해 전체 생물다양성의 의미 있는 감소로 이어졌다. 동시에 가축화는 자연환경과 대기 조건을 변화시키고, 인간 문화의 진화 궤적까지 재구성하는 영향을 미쳤다.

자연선택은 단지 인간과 동물 사이의 공진화적 관계에만 작용한 것이 아니다. 식량을 찾아 이동하던 인간 개체들이 자원 선택과 취득 전략을 조정하도록 유도한 1차 동인이기도 하다. 공진화적 관계는 인간이 동물 자원의 공급과 예측 가능성을 높이기 위해 환경을 의도적으로 조성하는 활동, 예를 들어 식물 옮겨 심기, 물길 끌어오기, 불을 이용한 환경 개조, 울타리 만들기 등을 수반한다.

반면 공생관계에서는 동물이 주도적으로 인간의 환경에 접근

                    1부 인간의 짐을 짊어진 가축

하여 이익을 취하는 모습이 강조된다. 인간 거주지 근처를 배회하며 음식물 쓰레기를 먹거나, 주변에 모여든 다른 동물들을 사냥하는 방식이 그것이다.

유도된 가축화 경로는 인간이 특정 야생동물을 의도적으로 가축화하는 경우로, 이 과정에도 동물의 이동, 영양, 번식 등을 밀접하게 통제하는 환경 조성이 포함된다. 새로운 환경에 어떻게 반응하느냐는 인간과 동물 모두에게 가축화로 나아가는 경로를 결정짓는 중요한 요인이다.

가축화되기 쉬운 야생동물은 쉽게 불안해하지 않고, 위계질서가 있는 무리 생활을 하며, 다양한 먹이를 섭취하고 서식지에 유연하게 적응하는 성향을 지닌 경우가 많다. 인간은 가축화 과정에서 기술을 개선하거나 새로운 생존 방법을 시도하려는 의지와 능력, 현재와 미래에 사용할 수 있는 자원을 잘 판단하는 능력, 그리고 이를 활용할 수 있는 신체적 능력 등이 중요한 역할을 한다.

동물들은 인간이 조성한 새로운 환경에 노출되었을 때, 그 안에서 새로운 선택 압력에 적응하기 위해 '숨은 표현형'을 발현한다. 이러한 유연한 반응은 '다형질 발현polyphenism'으로 이어지며, 이는 개체 생애 주기 안에서 진화적 변화로 연결된다. 그 예로는 뇌 크기의 감소, 발달 속도나 순서의 변화, 미성숙한 외형 및 행동의 지속, 조기 성性성숙, 늘어진 귀, 얼룩진 털과 같은 특징을 들 수 있다.

농업의 시작은 인류의 역사가 환경사에서 문화사로 전환되는 결정적인 분기점이었다. 이는 인간이 다른 유기체를 조작하고 통제할 수 있는 능력이 점차 증대되었음을 보여주는 사건이었고, 동시에 인간 집단이 자연환경을 변화시켜 많은 동물 종의 멸종을 초래하게 된 역사적 시작점이기도 했다. 결국 가축화는 인간과 동물, 환경 사이의 상호작용 속에서 환경적·문화적으로 형성된 결과물이다.

누가 누구를 선택했을까

가축화되는 과정과 관련해 여러 이론이 제기되어왔다. 가축화의 역사에 대한 해석은 접근 방식에 따라 달라진다. 과거에는 전통적인 신다윈주의적 관점에서 설명되었으나, 최근에는 확장된 진화론적 종합Extended Evolutionary Synthesis에 근거한 생태계 건설 이론Niche Construction Theory으로 설명되기도 한다.

두 관점의 근본적 차이는 다음과 같다. 신다윈주의는 야생동물의 가축화를 인간이 기후 및 환경 변화에 따른 식량 자원의 부족을 해결하기 위해 '의도적으로' 대응한 결과로 본다. 반면 확장된 진화론은 생태계 건설 이론을 바탕으로, 식량 부족의 위협 없이 생존 환경이나 생물군을 변화시키려는 시도 속에서 생긴

　　　　　　　　　　　　　　　　　　　　　　1부 인간의 짐을 짊어진 가축

'공생관계'로 가축화를 해석한다.

다양한 식물 종이 재배화된 데 비해, 가축화된 야생동물의 수는 상대적으로 적다. 지구의 생물다양성을 고려할 때 가축화된 종은 지극히 일부분에 불과하다. 더욱이 대부분의 가축화는 식물 재배화가 자리 잡은 후에야 이루어졌다. 가축화는 지구상 특정 지역에서, 특정 시기에, 특정 동물을 대상으로만 일어난 것이 아니라, 다양한 지역에서, 다양한 시점에, 다양한 경로를 통해 이루어졌다. 그중 대표적인 세 가지 경로를 살펴보면 다음과 같다.

공생 경로 commensal pathway

이 경로는 인간이 야생동물을 의도적으로 가축화하려 한 것이 아니라, 인간의 환경 변화에 야생동물이 이끌려 자연스럽게 친숙해졌다는 관점이다. 인간이 만든 쓰레기나 음식 찌꺼기, 혹은 인간 주거지 주변에 몰리는 작은 동물을 노리고 야생동물이 접근했으며, 이 과정에서 인간과 가까운 삶의 방식을 갖추게 되었다. 이러한 동물들은 일반적인 야생동물보다 성격이 온순하고, 공격성이 낮으며, 경계심도 약한 특성을 보인다. 인간 친화적인 행동을 보이며 인간과의 공존을 택한 것이다.

유전학자 드미트리 벨랴에프 Dmitry Belyaev 의 '은여우 가축화 실험'은 이 경로의 메커니즘을 보여주는 훌륭한 모델이다. 그는 60년간 15세대에 걸쳐 인간에게 순한 성향을 가진 은여우만을 선별해 교배시켰다. 그 결과 스트레스 호르몬 수치가 야생종의 절반 수준으로 감소하고, 털은 얼룩무늬로 바뀌며, 주둥이가 짧아지면서 얼굴이 둥그렇게 변해 개와 유사한 외형을 갖게 되었다. 신체는 두툼해지고, 귀는 구부러지며, 꼬리는 말려 올라가고, 번식기는 연장되었으며, 사람을 응시하고 따르는 행동이 나타났다.

먹이 경로^{prey pathway}

초기 인류는 처음부터 야생동물을 가축화할 의도를 갖고 있었던 것은 아니다. 그러나 식량 자원을 보다 효율적으로 확보하기 위해 중대형 초식동물을 집중적으로 사냥하면서, 점차 그 개체군 전체를 관리하게 되었다. 이 과정에서 인간의 의도성이 점차 개입되기 시작한 것이다.

야생동물은 인간을 경계하며 사람의 생활 환경에 쉽게 적응하지 않았지만, 인간은 먹이를 안정적으로 확보하기 위해 사냥의 대상이 아니라 동물 무리 전체를 관리 대상으로 보기 시작했다. 이는 동물의 번식과 성장 환경을 점차 통제하게 만들었고, 그 과정에서 온순한 성격의 개체들이 선호되면서 선발의 기준 역시 달라지게 되었다.

이 경로 또한 원래는 과도한 사냥으로 동물 개체 수가 급감한 후 자원 고갈을 막기 위한 비의도적 행위에서 비롯되었다. 그러나 인간이 동물의 생애 주기에 개입하고, 번식 성공률을 높이는 방향으로 전략을 조정함에 따라, 공격성이 낮은 개체들이 생존에 유리해졌고, 결과적으로 가축화가 촉진되었다.

유도 경로^{directed pathway}

유도 경로는 인간이 '명확한 목적'을 가지고 야생동물을 가축화하려 한 경우다. 이 경로는 의도적이고 계획적인 개입을 전제로 한다. 이 시점에서 인간은 이미 다른 여러 가축을 보유하고 있었으며, 특정 기능^{수송, 노동}을 위해 새롭게 가축화할 대상을 선정했다.

말, 당나귀, 낙타 등이 대표적인 예다. 이들은 수송 수단으로 활용하기 위해 인간이 의도적으로 자신의 생활 환경에 들여온 동물들이다. 물론 이러한 유도에도 불구하고, 가젤처럼 가축화에 실패한 사례도 있다.

끝나지 않은 길들이기

초기 가축화의 시점과 그 이유에 대한 논란은 오랫동안 이어져 왔다. 가축화의 시작 시점은 고고학적 증거, 즉 발굴된 동물 뼈에서 드러나는 명확한 형태적 변화를 통해 추정된다. 그러나 고고학적 연구에 따르면, 실질적인 가축화 이전에도 이미 '길들이기'는 이루어지고 있었다. 수렵민들은 중요한 동물 자원의 지속적인 획득을 위해 환경에 개입하여, 특정 지역에 동물들이 모여 살도록 유도하거나, 어린 동물들을 데려와 사육하기도 했다. 이는 가축화가 공식적으로 이루어지기 전부터 인간이 일정한 방식으로 동물을 관리하고 공존하는 관계를 형성해왔음을 보여준다.

농업이 인간 사회가 환경을 '길들이기' 시작한 데서 출발했다면, 가축화 또한 단순히 '인지 혁명'의 직접적인 산물이라기보다는, 동물 자원의 증식에 유리한 사회생태적 조건 속에서 인간과 동물이 서로 이익이 되는 공생관계를 맺은 결과라고 볼 수 있다.

20세기 중반까지 역사학자들은 가축화를 통한 식량 생산이 인류가 기술을 발전시키고 자연을 의도적으로 통제한 결과라고 생각했다. 그러나 1980년대 이후, 인류학자들은 '야생'과 '가축', '자연'과 '문화' 사이의 이분법이 본질적으로 중요하지 않다는 민족지학^{ethnography}적 관점을 제시하면서, 존재론을 넘어선 새로운 시각을 제공하였다. 이에 따라 동물고고학은 '동물에 대한 인간의 지배'라는 전통적 해석에서 벗어나, 초기 농업사회에서 인간과 동물 사이에 형성된 생태적·문화적·공진화적 관계를 중심으로 가축화를 이해하게 되었다. 그 초점은 이제 '지배'보다는 '관계의 정교화와 강화'로 이동하고 있다.

생물학적 관점에서는 가축화를 진화의 한 과정으로 본다. 이 관점은 인간이 의도적으로 특정 형질을 선호하여 선택함으로써 동물의 진화를 이끈다는 점을 강조하거나, 혹은 최소한 인간이 의도치 않게 조성한 환경이 진화의 압력으로 작용했다고 본다. 이 경우, 인간과 동물 사이의 공생관계는 핵심 개념이 된다.

야생동물과 가축이라는 단순한 이분법을 넘어서려는 사회적 관점에서는, 동물을 인간의 문화적 영역으로 이끌어오는 데 작용한 인간의 '의도성'을 강조하며, 인간과 동물 사이의 관계를 '연속선상'에서 이해한다. 이러한 관점은 인간과 동물의 관계를 고정된 구분이 아닌 유동적이고 진화하는 상호작용으로 본다.

최근에는 이처럼 생물학적·사회적 요인을 종합하여, 가축화를 진화 과정, 상호주의mutualism, 인간의 의도성을 포괄하는 맥락에서 이해하려는 이론이 제시되고 있다. 이 이론은 가축화의 경로를 위에서 살펴본 세 가지로 구분해 설명한다.

'가축화'라는 단어는 일반적으로 인간에 의한 엄격한 통제와 관리를 암시한다. 그러나 상호 기여, 다양한 종의 활동, 인간의 농업 관행이 다른 동물들의 필요까지도 충족시켰다는 관점의 대안적 접근을 지지하는 민족지학적 사례들은 풍부하다.

가축화를 작물 재배의 시작처럼 특정 시점의 역사적 사건으로 보는 대신, 하나의 '과정'으로 이해한다면 가축화가 완전히 자리 잡기까지의 흐름은 오히려 그 변화 자체보다 더 많은 설명이 필요해진다. 생물고고학적 증거들은 가축화가 급격하게 일어나지 않았으며, 오히려 점진적으로 이루어졌음을 보여준다.

현대 가축화 연구의 대표적인 예는 앞서 이야기한 러시아에서 진행된 은여우 실험이다. 이 연구는 시간이 흐름에 따라 동물의 외형과 행동이 변화한다는 사실과 가축화의 '완성 시점'을 명확히 규정하기 어렵다는 점을 입증한다.

가축화된 동물들은 야생 조상들과는 뚜렷이 구별되는 표현형적 특징을 보인다. 예컨대 은폐 기능이 제거된 털색, 기존보다 크거나 작은 체격, 순해진 성질 등이다. 식물학에서는 이러한 일련의 변화를 '순화 증후군^{domestication syndrome}'이라 부른다.

가축화란 곧 인간이 특정 지역의 야생동물 집단을 번식시켜 공동체의 물질적·사회적·상징적 이익을 위해 독점하고 통제하는 과정을 의미한다. 따라서 가축화에 적합한 동물은 주로 생산성이 낮은 한계 환경, 예를 들어 한랭하고 반건조한 기후 지역에 적응한 종들이었다. 이들은 주어진 체격 범위 내에서 성장 속도의 차이가 크지 않고, 인간의 목적에 따라 관리되며 번식이 통제되고, 생존을 인간에게 의존하는 등 야생에서는 보기 어려운 특성들을 보일 때 가축화되었다고 할 수 있다.

가축화는 대상 종의 자원^{수확물}을 개량하기 위해 적극적으로 환경과 생물군집을 조작하는 '순치자^{馴致者} 인간'과, 인간이 조성한 환경을 최대한 활용하기 위해 자신만의 생태 전략을 조정하는 '신생 가축' 사이의 쌍방향적 공진화 관계로 이해할 수 있다. 이 공진화적 관계는 파트너 종들이 여러 세대를 거치며 자신의 행동, 형태, 생리 기능을 조율해가는 과정을 포함한다. 이러한 조정은 각자의 환경 수정 활동에서 얻는 이익을 증대시키며, 동시에 상호 의존과 헌신을 심화하는 효과를 낳는다.

결국, 이러한 변화가 전통적인 진화 이론에서 말하는 '선택 압력에 대한 수동적 적응'인지, 아니면 동반자들이 서로 영향을 주고받으며 능동적으로 환경을 바꾸어나가는 과정인지 살펴볼 필요가 있다. 즉, 진화는 단순한 결과가 아니라, 능동적인 환경 조성을 통해 이루어질 수도 있다는 것이다.

신석기 시대 이후, 인간이 동물의 삶에 개입한 방식은 '가축화'라는 이름으로 인류의 미래를 변화시켰다. 모든 생물은 시간과 공간, 그리고 각 종만의 고유한 경로를 따라 변화하며, 이러한 변화는 서로 독립적이면서도 동시에 서로에게 영향을 주는 상호 의존적인 특성을 지니고 있다.

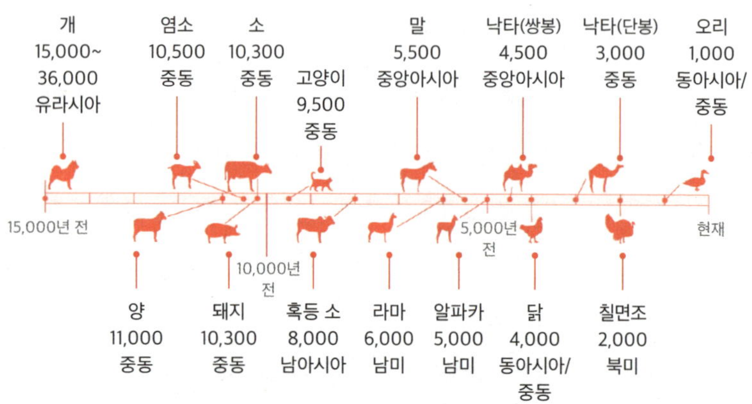

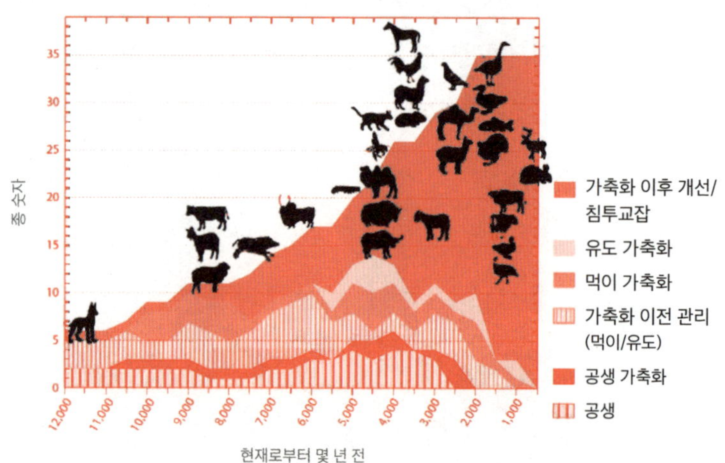

(년 전)
개
15,000~
36,000
유라시아
염소
10,500
중동
소
10,300
중동
고양이
9,500
중동
말
5,500
중앙아시아
낙타(쌍봉)
4,500
중앙아시아
낙타(단봉)
3,000
중동
오리
1,000
동아시아/
중동
15,000년 전
10,000년
전
5,000년
전
현재
양
11,000
중동
돼지
10,300
중동
혹등 소
8,000
남아시아
라마
6,000
남미
알파카
5,000
남미
닭
4,000
동아시아/
중동
칠면조
2,000
북미

35
30
25
20
15
10
5
종 숫자
12,000
11,000
10,000
9,000
8,000
7,000
6,000
5,000
4,000
3,000
2,000
1,000
현재로부터 몇 년 전
가축화 이후 개선/
침투교잡
유도 가축화
먹이 가축화
가축화 이전 관리
(먹이/유도)
공생 가축화
공생

● **동물별 가축화 시기**

2부

말
Horse

● 능가할 수 없는 미모, 헤아릴 수 없는 힘 그리고 그 어느 것보
다 우아함을 지닌 말은 여전히 자기 등에 인간을 태우고 갈 정도
로 겸손하다.

— **앰버 센티**

● 말은 제주도로 보내고 사람은 서울로 보내라.

— **한국 속담**

1 인간의 영역을 넓힌 말

인간과 말의 관계를 홍적세 이후부터 현대까지 추적한 연구에 따르면, 구석기 시대의 말은 주로 식량 자원으로서 고기로 소비되었으나, 가축화 이후에는 인간 사회에서 군사·교역·이동·문화 전반에 깊숙이 개입하며 거대한 지정학적 변화를 이끌어낸 핵심 동력이 되었다. 말의 활용은 인류를 정주 농업 문명에서 벗어나 유럽, 아시아, 북아메리카의 초원과 사막, 그리고 그 주변부로 확장시켰다. 그로 인해 이동 문화가 변화했고, 인류는 무역과 전쟁에 더욱 적극적으로 참여하게 되었으며, 인도-유럽어의 확산, 종교 및 문헌의 전달이 촉진되었다.

나아가 중세부터 18세기까지의 초기 근대 유럽, 러시아, 아프리카에서는 말이 귀족·남성성·군대·국가와 동일시되는 상징으로 자리 잡았다. 더불어 말이 인간에게 보여주는 충직함과 의리는 현대 사회에서도 여전히 깊은 존재감을 드러낸다. 특히 6·25 한국전쟁 당시 군인보다 더 용감하게 임무를 수행한 말의 이야기를 접하고 나면, 짐을 나르는 동물이 인류 문명 형성에 기여했다는 주장에 새삼 공감하지 않을 수 없다.

피더슨 중위는 서울 경마장의 마구간에서 일하던 한 소년에게서 '아침 해'라는 이름의 암말을 250달러에 구입한 뒤 이 말을 경주용이 아닌 75밀리미터 무반동총 운반용으로 훈련시켰다. 소대원 중 말을 다룰 줄 아는 병사들과 함께, 말에게 총과 10킬로그램짜리 포탄을 나르도록 가르쳤고, 포탄이 날아올 때 엎드리거나 철조망을 피하고, 호 안에 웅크리며, 총알을 피해 달아나는 동작도 훈련시켰다. 훗날 이 말은 '저돌적 병장*sergeant reckless*'이라는 별명으로 불렸다. 비록 실제 병장은 아니었지만, 2년간의 활약에 미국 해병 제1사단장은 깊은 감명을 받아 명예 병장으로 공식 임명했다. 동료 병사들은 저돌적 병장에게 경례하지 않으면 군사재판에 회부하겠다고 농담할 정도였으며, 병사들이 이 말을 타는 것은 불문율처럼 엄격히 금지되었다. 이는 모두가 그 말을 부대의 소중한 자산으로 생각했기 때문이다.

저돌적 병장은 한국전쟁 동안 수많은 전장에 투입되었다. 그 말의 역할은 단순히 무반동총을 운반하는 데 그치지 않았다. 보급품과 탄약을 최전방 초소까지 옮기고, 때로는 부상병을 안전하게 후송하는 임무도 수행했다. 특히 1953년 '베가스 전초 전투'에서는 탁월한 활약을 펼쳤다. 이 3일간의 치열한 전투에서 미군 1,000여 명과 그보다 두 배가 넘는 중공군이 전사했다. 이 기간

동안 저돌적 병장은 논을 건너고 가파른 산길을 오르내리며 하루 50회 이상 최전방을 왕복했다. 처음에는 해병 한 명이 동행했지만, 부상자가 너무 많아지자 더는 안내병을 붙일 수 없었고, 그 말은 홀로 임무를 수행해야 했다. 종종 부상병을 등에 싣고 이송하기도 했다. 왼쪽 옆구리와 눈 위에 상처가 났음에도 포화 속에서 묵묵히 자신의 역할을 다했다.

저돌적 병장의 이야기는 미국 본토의 《새터데이 이브닝 포스트》에 실리며 큰 반향을 일으켰고, 《라이프 매거진》은 '100인의 영웅' 가운데 하나로 선정했다. 전쟁이 끝난 뒤, 미국 내 팬들의 요청으로 저돌적 병장은 샌프란시스코로 이송되었는데, 이때 퍼시픽 트랜스포트 라인스^{Pacific Transport Lines}의 한 임원이 감동을 받아 전액 무료로 운송을 제공했다. 미국에 도착한 저돌적 병장은 1968년 펜들턴 기지에서 영웅 대접을 받으며 평화롭게 생을 마감했다.

저돌적 병장은 단지 명예 병장이라는 타이틀만 가진 것이 아니었다. 두 번의 퍼플하트 훈장을 포함하여 해병 선행 훈장, 대통령 부대 표창장^{청동별 포함}, 국방 훈장, 한국 방어 훈장, 유엔 한국 훈장, 해군 부대 훈장, 한국 대통령 부대 표창장 등 수많은 훈장을 받았다.

조선의 말 문화

어떤 동물보다 빠른 이동 능력을 지닌 말은 짐과 사람을 나르는 수단으로 활용됐다. 과거 몽골 기병이 말을 타고 활을 쏘며 세계 지도를 바꾸었던 것처럼, 말은 오랫동안 전쟁터에 없어서는 안 될 필수 자산이었다. 오늘날 세상 역시 과거와는 많은 부분이 달라졌지만, 여전히 속도가 지배하는 시대다. 말은 세계 곳곳에서 각 지역 고유의 품종이 개발·보존되고 있으며, 이는 그 지역의 문화적 정체성과 연결되기도 한다.

우리나라 역시 오랫동안 제주도의 조랑말을 '우리의 말'로 여겨왔지만, 품종으로서의 체계적인 관리나 육성은 충분치 않았다. 관련 역사는 오래되었지만, 다른 나라에 비해 말의 사육이나 품종 개량에 힘써온 흔적은 미미하다. 그로 인해 '말 문화' 측면에서 뒤처진 나라라는 평가를 받기도 한다. 조선 후기 실학자 연암 박지원이 쓴 『열하일기』에는 조선 시대의 말 관리 실태가 고스란히 기록되어 있다. 그는 청나라를 다녀온 후 우리 말 관리의 허술함을 일곱 가지로 지적한다.

첫째, 탐라목장에서 기르는 말들은 원 세조 때 방목된 종자를 사오백 년간 한 번도 개량하지 않아, 준마가 조랑말이 되어버렸다는 점이다. 이런 느림보 말을 대궐의 장수들에게 하사하니, 고금 천하에 이보다 더 한심한 기병은 없다는 것이다.

둘째, 장수들이 타는 말은 물론, 대궐에서 기르는 말조차 토종 품종이 아니라 요동이나 심양 등지에서 수입한 것으로, 수입이 끊기면 말 자체를 구할 수 없게 된다는 점이다.

셋째, 임금을 호위하는 행렬에서조차 백관들이 말을 빌려 타거나 심지어 나귀를 타는 경우도 있어, 국위와 위엄이 서지 않는다는 지적이다.

넷째, 문신들은 말을 탈 일이 없고 사료를 마련하기 어려워 말을 아예 기르지 않기 때문에, 정승이나 재상조차 수레를 운용할 말이 부족하다는 점이다.

다섯째, 백 명의 군졸을 거느리는 군영의 초관들도 말 한 필을 갖추지 못해, 한 달에 세 번 훈련할 때마다 매번 말을 빌려 타야 하는 실정이다.

여섯째, 서울이 이러하니, 팔도의 기병들 사정은 말할 것도 없이 더 열악하다는 점이다.

일곱째, 역마는 모두 토산종이라 사신들이 탄 가마를 겨우 운반하고 나면 죽거나 병이 들어버린다는 것이다.

결국 이는 조선이 말의 관리와 가축 육성에 전반적으로 무관심했음을 보여준다. 말은 원래 등에 짐을 지고 운반하는 데 적합한 동물이 아님에도 불구하고, 적절한 배려 없이 무거운 짐을 싣는 바람에 발굽과 정강이가 손상되었고, 교미 후에는 일어서지도 못할 정도가 되어 결국 번식까지 금지되는 상황에 이르렀다.

그 결과, 좋은 종자가 이어지지 못했고, 백성들 사이에서는 "좋은 말이 없다"는 불평만 남았다.

동물의 본성은 사람과 다르지 않다. 힘들면 쉬고 싶고, 답답하면 벗어나고 싶고, 굽은 것은 펴고 싶고, 가려우면 긁고 싶어 한다. 말도 사람이 주는 먹이를 받아먹지만, 때로는 자유롭게 풀밭을 달리며 스스로 유쾌하게 지내고 싶어 한다. 그렇기에 때때로 고삐와 굴레를 풀어 시원한 냇가를 달리게 하여 울적하고 근심스러운 기분을 발산하도록 해줘야 한다. 이것이야말로 동물의 성정을 이해하고 맞추는 방식이다. 게다가 목장 관리인들이 토산종끼리만 교배하도록 하다 보니, 낳을수록 종자가 작아져 결국 군용으로는 쓸모없는 말만 남게 되었다.

가축이 된 말의 여정

말은 발굽이 있으며 초식을 하는 말과馬科의 포유동물이다. 수명은 대개 25~30년 정도이며, 육상 포유류 가운데 눈이 가장 크고, 서서 잠을 자는 특이한 습성을 지녔다. 말과 동물에는 당나귀, 얼룩말, 야생마 등이 포함된다. 수송 수단이 발달하기 전까지 말은 사역과 교통의 중요한 수단으로 널리 활용되었으며, 가축화된 이후 인간의 친구이자 동반자로 자리매김했다. 말은 밭을 갈고 수확을 도왔으며, 짐을 나르고 사람을 실어 나르기도 했다. 사냥과 소몰이, 전쟁, 탐험 등 인류 문명의 주요 활동에 깊이 관여해왔다.

말이 짐과 사람을 나르는 수단으로 널리 쓰였기에, 오늘날에도 엔진의 출력을 나타낼 때 '마력^{horsepower}'이라는 단위가 사용된다. 말은 인류의 전쟁 방식을 크게 바꾸어놓았다. 약 4,000년 전부터 인간과 함께하면서 전차를 끌고 기병대를 이루며, 역사의 흐름을 바꿔온 것이다.

과학자들은 250개 이상의 고대 말 유전체를 분석하여 말의 진화 과정을 재구성하고 있다. 말의 조상은 약 5,000만 년 전, 개 크기의 발굽을 지닌 동물이었다. 400~450만 년 전에는 북아메리카 대륙에 말속^屬 동물이 등장했고, 약 3만 5,000~5만 년 전에는 몽골마로 알려진 셔발스키^{Przewalski} 말이 현대 말과 갈라졌다. 후기 홍적세^{약 12만 9,000~1만 1,700년 전}에는 아시아와 북아메리카를 넘나들던 말이, 약 1만 1,000년 전 베링해가 생성되며 북미 대륙에서는 멸종되었다. 멸종의 원인은 확실하지 않지만, 기후 변화와 과도한 사냥이 원인이었을 가능성이 제기된다. 석기 시대 서유럽 동굴 벽화에서 가장 자주 등장하는 동물 역시 말이다.

개, 양, 돼지, 소에 비해 말의 가축화는 상대적으로 늦게 이루어졌다. 고고학적 증거가 나타나는 시점은 5,500년 전 무렵부터다. 시베리아에서 약 4,600년 전의 동결된 말 미라가 발견되었으

며, 이베리아반도에는 5만 년 전부터 말이 서식한 것으로 알려져
있다. 카스피해 인근 동유럽 지역에서는 6,000년 전 무덤에서 말
머리로 장식한 곤봉이 출토되었다. 카자흐스탄 북서부의 보타이
Botai 정주지에서는 약 5,500년 전의 말뼈가 다수 발견되었으며 말
울타리의 흔적, 둔기로 타격된 말의 두개골, 재갈에 의해 마모된
치아, 마유 성분이 검출된 옹기 조각 등 다양한 증거가 가축화의
흔적을 보여준다.

그러나 4만 2,800년 전의 고대 말 유전체와 현대 18종의 말 유
전체를 비교한 결과, 보타이에서 발견된 말은 현대 말과는 유전
적으로 관련이 없는 것으로 드러났다. 오히려 이들은 현재 몽골
초원에 서식하는 셔발스키 말과 유전적으로 밀접한 관련이 있는
것으로 밝혀졌으며, 이는 이들이 한때 가축화되었다가 다시 야
생으로 돌아간, 즉 재야생화rewilding의 결과로 해석된다.

학자 150여 명이 유라시아 전역의 273마리 말의 유전체를
분석한 끝에, 현대 말의 기원이 흑해와 카스피해 사이의 서유
라시아의 볼가-돈Volga-Don 지역이라는 사실을 밝혀냈다. 약
4,200~4,600년 전 이곳에서 말의 가축화가 본격적으로 시작되
었으며, 신타슈타Sintashta 문화약 4,100~3,800년 전에서는 말의 활용이 눈
에 띄게 활성화되었다. 신타슈타 문화는 오늘날의 러시아 남부
우랄 지역에서 번성한 청동기 시대 문화로, 전차chariot와 전사 귀
족 사회, 초기 인도-이란어족의 확산과 깊이 관련된 고대 문화

이다. 청동기 시대에는 바퀴 달린 마차가 개발되면서 말은 운송 수단은 물론 전장에서 전차를 끄는 핵심 동물로 자리 잡았다.

말의 품종은 자손에게 유전되는 기능, 체격, 색상, 능력 등에 따라 구분되는 하나의 집단을 뜻한다. 전 세계적으로 말의 품종은 350종 이상으로 알려져 있다. 말이 다른 가축보다 품종 수가 많은 이유는, 수천 년 동안 사람들이 용도와 환경에 맞는 특성을 선별하여 육종해왔기 때문이다. 경작, 산업, 스포츠, 여가 등 다양한 목적에 맞게 사육해온 결과, 지역별 특색 있는 품종들이 다양하게 존재하게 된 것이다.

말은 일반적으로 크기, 용도, 원산지 등을 기준으로 분류된다. 키는 76센티미터에서 175센티미터까지, 체중은 54킬로그램에서 1,000킬로그램을 넘는 것까지 매우 다양하다. 체중 또는 체형 기준으로는 경종마[363~680킬로그램], 중종마[635~1,225킬로그램], 조랑말[91~680킬로그램]로 나뉘며, 용도에 따라 경마용, 승마용, 사역용, 마차용, 특수 걸음걸이를 지닌 말[gaited horse] 등으로 구분된다. 기질에 따라서는 예민하고 민첩하며 역동적인 '열혈종[hotblood], 스포츠와 승마에 적합하도록 열혈종과 냉혈종의 특성이 섞인 '온혈종[warmblood]', 차분하고 근력이 뛰어나며 체구가 커서 사역용이나 마차용으로 쓰이는 '냉혈종[coldblood]'으로 구분된다.

● 말 품종

말은 수천 년 동안 인간의 필요에 맞추어 선택적으로 번식되면서 크기, 체형, 털색, 쓰임새에 따라 다양한 품종으로 나뉘게 되었다. 이렇게 경주, 농경, 승마 등 특정 목적에 따라 특화된 품종들은 각 지역의 환경에 적응하며 고유한 특징을 지니게 되었다.

용기와 자유의 표상

말은 다양한 문화 속에서 가장 널리 등장하는 상징 가운데 하나다. 직관적인 징조에서부터 추상적 의미에 이르기까지, 말은 전 세계 거의 모든 지역에서 상징적 존재로 자리 잡아왔다. 우리가 인생의 여러 순간에서 말의 정신을 마주하게 되는 것도 이러한 보편성을 반영한다. 그렇기에 말이라는 존재가 지닌 상징성을 이해하고 그 메시지를 읽어내는 일은, 인간의 내면을 성찰하는 일과 관련이 깊다.

말이 대표하는 상징 가운데 가장 두드러지는 것은 용기와 자유다. 말은 힘, 독립, 고귀함, 인내, 자신감, 승리, 영웅적 행위, 경쟁심 등을 상징한다. 오랜 세월 전장에서 인간의 충직한 동료였던 말은 역사와 신화, 민속학에서 중요한 위치를 차지한다. 사람들은 말에 대한 존경심을 넘어, 때로는 신성한 존재로까지 여겨왔다. 실제로 많은 이야기에서 말은 주인에게 부와 권력을 가져다주는 존재로 등장하며, 그 고결한 품성과 충성심 덕분에 인간보다 더 큰 존중을 받는 존재로 묘사되기도 한다.

이러한 상징성의 연장선에 있는 것이 유니콘unicorn이다. 이마에 뿔이 난 말의 형상을 한 유니콘은 그 자체로 신비롭고 고귀한 상징이며, 뿔은 치유의 힘을 지닌 것으로 전해진다. 유니콘의 기원 역시 말과 다르지 않으며, 이는 말이라는 존재가 얼마나 오랜 시간 동안 인간의 상상력 속에서 중요한 의미를 차지해왔는지를 보여준다.

말은 또한 인간의 여정과 여행을 돕는 동반자였다. 물리적인 이동뿐 아니라, 우리 자신 안의 우주를 탐험하도록 이끄는 정신적 안내자이기도 했다. 말은 앞으로 나아가는 힘, 모험에서의 성공, 더 나은 인간이 되고자 하는 동기를 상징한다.

야생 상태의 말은 종종 방종과 자유분방함을 상징하지만, 길든 말은 욕망의 절제와 통제를 나타낸다. 이때 말은 충성심과 신뢰, 성숙한 관계의 상징이 된다. 특히 미국에서는 야생마가 결단력, 지구력, 용기, 자유, 여행, 아름다움, 위엄 등을 상징하는 동물로 여겨진다. 이처럼 말은 인류 역사와 함께하면서 단지 생물학적 존재를 넘어선 문화적·정신적 표상으로 자리매김해왔다. 말에게서 영감을 받은 예술은 실로 방대하다. 회화, 조각, 음악, 문학 등 예술의 거의 모든 분야에서 말은 장엄하고 고결한 영감의 원천이었다.

인간이 말을 가축화한 이래, 사람들은 말을 쉽게 포기하지 않는 동물로 여겨왔다. 실제로 말은 매우 강한 의지를 지닌 동물이다. 사람들은 말에게 무리하게 쟁기질을 시키고, 먼 거리를 여행하는 마차를 끌게 하며, 경마에서는 온 힘을 다해 질주하게 만든다. 그럼에도 불구하고 말은 끝까지 버티며 포기하지 않는다. 사람이 말의 등에 올라타는 행위를 영어로는 'breaking the horse'

라고 표현하는데, 이는 단순히 말을 길들인다는 뜻을 넘어서 '결심을 꺾는다'는 의미도 내포하고 있다. 이 표현은 말의 강한 결단력을 드러내는 동시에, 그것을 억누른다는 점에서 다소 불편하고 폭력적인 뉘앙스를 지닌다.

결단력의 상징으로서 말은, 우리의 단단한 결단력이 세상에서 선한 목적을 위해서 그리고 스스로를 보호하기 위해서 쓰여야 한다는 사실을 일깨워준다. 예를 들어 직장에서 성공하기 위해서는 결단력이 필요하다. 일은 단순히 열심히 하는 것만으로는 부족하고, 상황을 판단해 현명하게 선택하는 힘이 중요하다. 결단력의 긍정적 측면은 확고한 낙관주의와 믿음이다. 말馬형 인간은 장애물보다 목표에 집중한다. 그들은 '뜻이 있는 곳에 길이 있다'는 믿음을 바탕으로, 어려움 속에서도 방향을 잃지 않는다.

미국의 단거리 경주마quarter horse는 시속 88.5킬로미터까지 달릴 수 있다. 우수한 말은 기수를 태우고 하루에 161킬로미터를 달릴 수도 있다. 지구력의 상징으로서 말의 정신은, 꿈을 꾸고 목표를 세우며, 그것을 이루기 위해 포기하지 않고 나아가는 능력을 뜻한다.

말은 천성적으로 온화한 동물이지만, 때때로 믿을 수 없을 만큼 용감하기도 하다. 바로 이 점 때문에 전쟁터에서 말이 필요했던 것이다. 실제로 우리는 말의 힘이 매우 강하다는 이유로, 말이 연약한 초식동물이라는 사실을 종종 잊곤 한다. 신화와 민속학에서 말은 늑대, 곰, 상어, 용처럼 사납고 강력한 동물들과 종종 동등한 존재로 묘사된다. 그러나 실제로 말은 육식동물이 아니며, 사실상 그들의 먹잇감에 가까운 동물이다. 그래서 빨리 달릴 수 있도록 진화한 것이다. 그럼에도 불구하고 말은 위험에 직면했을 때 물러서지 않는다. 이것이 말이 용기를 상징하는 이유이기도 하다.

어떤 구속도 없이 해변을 달리는 말의 모습은 세상에서 가장 아름다운 장면 중 하나일 것이다. 바로 그 거칠고도 자유로운 에너지 때문에 많은 스포츠팀이 말을 상징으로 삼는다. 말은 곧 자유의 구현체다. 우리가 실생활, 예술, 미디어 속에서 유독 말에 자주 눈길을 돌린다면 어쩌면 삶의 어떤 영역에서 우리가 너무 오랫동안 갇혀 있었다는 무의식의 신호일 수 있다. 이제 푸른 초원으로 떠날 때가 된 것이다.

말은 빠르고 이동을 좋아하기 때문에 여행을 상징하기도 한다. 점성술에서 궁수자리가 12궁 중 여행자로 불리는 것도 이 때문이다. 궁수자리의 상징은 반인반마의 존재인 켄타우로스다. 만약 말이 문득 머릿속에 떠오른다면, 오래된 인연이나 익숙한 안전지대에서 벗어나라는 신호일지 모른다. 말처럼 박차고 일어나 세상을 향해 힘 있게 나아가 보라.

속도와 힘의 화신

말은 우리의 정신을 흔들어 세상의 숭고한 아름다움을 일깨운다. 유니콘은 말의 마법적인 아름다움을 구현한 존재다. 폭력, 공포, 슬픔이 너무나 많은 세상에서 말은 우리에게 삶의 아름다움을 기억하게 한다. 때로는 그 아름다움을 갈망하며 찾아 나서야 할지라도, 말은 절대 포기하지 말라고 우리에게 일러준다. 그들의 존재 자체가 인생은 아름답다는 사실을 일깨워준다.

몽골이 새로운 땅을 침입했을 때, 그들은 말을 타고 있었다. 말이야말로 승리의 열쇠였다. 이러한 승리는 중국에서 유럽 너머에 이르기까지 여러 사회에 흔적을 남겼다. 말을 소유하고 돌보는 데는 많은 자원이 필요하다. 또한 물리적으로도, 말 위에 탄 사람을 보려면 고개를 들어 올려다보아야 한다. 바로 이러한 이유로 말은 고귀한 신분과 리더십의 상징으로 연결된다.

13세기 몽골 기병의 복장은 다른 사회에도 큰 영향을 미쳤다. 예를 들어 몽골 기병이 신었던 굽이 있는 승마용 부츠는 곧 유럽 상류층 사이에서 유행하게 되었다. 이것이 바로 부유하거나 귀족적인 사람을 뜻하는 'well-heeled'라는 표현의 어원이다. 말은 그 자체로 위엄을 지닌 동물이다. 말은 우리에게 머리를 높이 들라고 가르쳐준다. 당신 자신을 자랑스럽게 여겨라. 목표를 달성하는 것은 인생에서 위엄을 실현하는 방식이다.

말은 장난을 치고 뒷발질을 즐기는 활기찬 동물로, 신체적 측면뿐만 아니라 형이상학적으로도 활기의 상징으로 여겨진다. 티베트 불교와 다른 동양의 영적 전통에는 '바람의 말'이라는 원형이 있다. 바람의 말은 행운과 평안은 물론 인간의 영혼을 나타내는 신화적 존재로, 긍정적인 에너지를 발산하는 것으로 알려져 있다. 정신의 상징으로서 말은 우리에게 긍정적인 결과를 믿으라고 영감을 준다. 우리가 행복하고 활기차게 살아갈 때 다른 이들의 내면에 잠들어 있는 정신도 함께 일깨울 수 있다.

말은 힘의 동물로서 우리에게 가장 역동적인 에너지를 선사한다. 삶에 변화를 원한다면, 말이 상징하는 그 힘과 자유로움을 떠올려보라. 말은 우리가 내면의 강인함을 받아들이도록 도와준다. 말의 에너지는 우리가 세상을 바라보는 관점에 영향을 미치며, 지구와 영적으로 연결되도록 이끈다. 말의 힘은 우리의 고귀하고 숭고한 감정을 더욱 깊게 해주며, 우리를 독립적이고 용감한 존재로 만들어준다.

말은 건강한 몸과 영혼을 바라는 이들에게 앞으로 나아가라는 메시지를 전한다. 이는 자아감을 높이고, 과거의 상처를 극복하는 데 도움을 준다. 본질적으로 우리는 과거의 두려움을 이겨내고 그것을 건강하고 통제된 방식으로 경험할 수 있게 된다. 말의 힘과 거친 용기를 통해 깊은 내면의 어둠 속에 빛을 비춰보라.

말은 색깔마다 서로 다른 상징을 지닌다. 백마는 순수함, 영웅적 행위, 영적 깨우침, 그리고 악에 대한 선의 승리를 상징한다. 흰색은 금속의 색으로 여겨지며, 당신의 가정에 지속적인 금전 흐름이 이어질 것이라는 믿음을 준다.

흑마는 예상치 못한 승리를 상징한다. 이는 강자에게 승리를 거둔 약자, 곧 거인 골리앗을 물리친 다윗을 뜻한다. 흑마가 약자를 표현하는 데 처음 쓰인 것은, 영국의 전 총리 벤저민 디스레일리Benjamin Disraeli가 쓴 소설 『젊은 공작』에서다. 그 소설에서 주인공 제임스 공작은, 모든 이의 예상을 깨고 무명의 흑마를 타고 경주에서 우승한다.

붉은 말은 강인함과 공격성을 상징한다. 이러한 에너지가 필요할 때는 붉은 말을 떠올려보라. 말은 행동의 동물이다. 달리는 말은 속도와 성공을 상징하며, 네발로 우뚝 서 있는 말은 강하고 힘찬 에너지를 나타낸다.

타투tattoo 산업에서 말의 상징은 무엇일까? 자동차의 '마력' 개념처럼 말은 오랫동안 속도와 힘, 그리고 생명력의 상징으로 여겨져 왔다. 특히 날개 달린 말, 즉 페가수스 문신은 자유와 영감, 초월적인 힘을 상징하며, 타투를 지닌 사람의 도전 정신과 꿈을 향한 비상을 의미한다. 최근에는 창의성과 사유의 자유를 나타내기도 한다. 켈트족의 타투를 보면 말의 갈기나 그들의 유명한 매듭 문양이 들어가 있다. 이는 힘과 승리를 표현한다. 부족의 말 타투는 단순한 장식을 넘어, 몸에 새겨진 실제 토템으로 기능한다. 이는 말과 그 주인 사이의 깊은 유대감, 나아가 자연과 인간의 연결을 상징한다. 또한 편자[발굽] 타투는 오랜 시간 행운과 보호의 상징으로 여겨져 왔으며, 어디를 가든 번영과 좋은 기운이 함께하길 바라는 강력한 염원의 표현이기도 하다. 불타는 말 타투는 말이나 말꼬리가 불타는 모습으로 표현되며 야수 같은 힘, 강인함, 그리고 거친 기질을 드러낸다.

타투는 그 당사자에게 매우 개인적이고 사적인 의미를 지닌다. 그중에서도 말 타투는 특별한 상징성을 가지고 있다. 말은 자유로운 영혼과 광활한 초원을 향한 갈망을 상징하며, 이를 몸에 새긴다는 것은 자신이 구속받지 않는 자유로운 삶을 추구하는 사람임을 세상에 드러내는 것이다. 긍정적인 에너지를 담고 있는 말 타투는 신체의 어느 부위에 새기든 그 사람만의 고유한 이야기와 가치관을 아름답게 드러내는 상징이 된다.

동물인 말은 누구에게나 인생의 어느 시점에서 필요한 에너지를 상징한다. 말은 강인함과 힘의 존재로서 전 세계 모든 문화권에서 성공과 불굴의 의지를 대표하는 신성한 존재로 존경을 받아왔다. 말은 고대로부터 부와 권력의 상징으로 여겨져 왔다. 넓은 초원을 자유롭게 달리는 말의 모습은 인간이 꿈꾸는 이상향을 보여주었고, 그 강인한 체력과 우아한 자태는 고귀함의 기준이 되었다. 농부에게는 풍요로운 수확을 가져다주는 든든한 일꾼이었고, 전사에게는 승리를 이끄는 용맹한 전우였다. 특히 고대 제국의 황제들과 왕들이 말을 신성시했던 이유는 단순하다. 말이 지닌 충성심과 신뢰성, 그리고 위기의 순간에도 굴복하지 않는 강건함이야말로 진정한 지도자가 갖춰야 할 덕목이었기 때문이다. 이렇듯 말은 수천 년간 인간과 함께하며 성공과 영광의 동반자로서 그 지위를 확고히 해왔다.

다양한 문화와 신화 속의 말

말은 가축화된 이후 수천 년 동안 인간에게 유용한 하인이었다. 시간이 흐르면서 말은 다양한 상징성과 연결되었다. 여러 지역의 문화와 신화 속에서 말이 지닌 상징적 의미를 살펴보자.

그리스 신화에는 말에 관한 이야기가 많이 등장한다. 이는 아름다운 말에 대한 그리스인의 숭배를 보여준다. 대표적으로 날개 달린 신성한 말, 페가수스가 있다. 그의 임무는 제우스에게 벼락을 가져다주는 것이었다. 페가수스는 발굽으로 땅을 칠 때마다 영감을 주는 샘물이 솟구치게 하는 마법의 힘을 지녔다. 그리스 신화에서 가장 유명한 말은, 고르곤 중 하나의 아버지가 된 바다의 신 포세이돈의 자손, 바로 이 페가수스일 것이다.

페가수스는 하늘, 즉 천국을 나는 신성한 동물이다. 인간이 한계를 넘어 더 높은 경지로 나아가는 능력을 상징한다. 날개 달린 말은 종종 시적 영감의 상징으로도 사용되었다. '페가수스'라는 이름은 '샘'을 의미하는 '페게'라는 단어와 밀접한 관련이 있다. 전설에 따르면 페가수스는 메두사의 피가 닿은 샘에서 태어났다고 한다. 따라서 이 동물은 물과 공기를 아우르며, 샘과 날개 모두 창조성과 상승을 암시한다.

또 다른 신화적 존재는 반인반마인 켄타우로스이다. 켄타우로스는 신화 속에서 폭력적이고 난폭한 존재로 그려지며 술에 취해 주변을 파괴하기도 한다. 제우스는 그들을 적이나 인간을 처벌하는 데 이용했다. 켄타우로스는 말의 몸에 사람의 머리, 팔, 몸통을 지닌 존재로, 인간의 탐욕과 짐승 같은 본성을 상징한다. 말의 가축화는 중앙아시아에서 시작되었으며, 이를 통해 인간은 광활한 초원을 말을 타고 자유롭게 이동할 수 있게 되었다. 고대 그리스인들이 상상한 켄타우로스의 이미지 역시 이 배경에서 비롯된 것으로 보인다. 끝없이 펼쳐진 언덕을 질주하는 유목민들의 모습은 사람과 말이 완전히 하나가 된 듯한 인상을 주었고, 이는 분명 경외감과 두려움을 동시에 불러일으켰을 것이다.

켄타우로스의 가장 악명 높은 행위는 여인 납치였다. 테살리아 산악지대의 라피테스족 여인들을 납치하려 했다는 신화는 단순한 이야기가 아니다. 정착 농업 생활을 하던 그리스인들이 기마 유목민들에 대해 품었던 현실적 공포를 반영한 것이다. 말을 타고 나타나 순식간에 마을을 약탈하고 여인들을 납치해 사라지는 유목민들의 모습을 반인반마의 괴물로 형상화했다. 그런데 흥미롭게도 모든 켄타우로스가 야만적인 것은 아니었다. 가장 대표적인 예외가 바로 카이론이다. 그는 다른 켄타우로스들과 달리 지혜롭고 온화한 성품을 지닌 교육자였다. 이아손, 아킬레스 같은 영웅들을 가르친 위대한 스승이었던 카이론은 켄타우로스의 거친 본성이 교화될 수 있음을 보여주는 상징이었다. 카이론의 마지막은 더욱 숭고했다. 헤라클레스가 실수로 쏜 독화살에 맞은 그는 불멸의 존재임에도 불구하고 고통을 견디지 못해 영생을 포기했다. 그리고 하늘로 올라가 궁수자리 별자리가 되어 영원히 기억되고 있다. 이는 그리스인들이 야만성을 극복하고 지혜와 희생정신을 갖춘 존재에 대해 품었던 깊은 경외심을 보여준다.

말은 트로이의 상징이기도 하다. 그리스인들에게 말은 트로이를 무너뜨린 영웅이었다. 신화가 어느 정도 실제 역사에 기반한다고 본다면, 트로이 목마는 실제로 트로이 성벽을 무너뜨리는 데 사용된 말 모양의 거대한 공성 병기였을 가능성이 있다.

바다를 두려워하던 그리스인들은 또한 포세이돈의 전차를 끄는 거대한 반마반어半馬半魚의 동물, 히포캄피Hippocampi의 이야기를 전한다. 많은 이들은 이 존재가 해마海馬에서 영감을 받았을 것이라고 여긴다.

아메리카 인디언들에게 말은 영적인 존재로 여겨진다. 말은 자유를 상징함과 동시에 전쟁의 표시였다. 가장 많은 말을 보유한 부족이 전투에서 우위를 점했으며, 말은 부의 상징으로 가장 많이 소유한 자가 가장 부유한 사람으로 여겨졌다.

'청색 말Blue Horse'은 단순한 이름이 아니다. 그는 오글라라 라코타Oglala Lakota족의 위대한 추장으로, 수Sioux 족의 한 분파인 이 부족을 무려 50여 년간 이끌었던 전설적인 인물이다. 그의 삶은 백인들과의 끊임없는 전투로 점철되었지만, 놀랍게도 자신의 적이었던 백인들을 고통에서 구해주는 놀라운 관용을 보여주었다. 그의 이름은 아메리카 원주민들이 처음 길들인 말의 상징에서 유래했다. 원주민들에게 이 말은 부족의 대표 동물이자 춤에 생명을 불어넣는 신성한 존재였다. 이들에게 말은 단순한 동물이 아니라 민첩함, 강인함, 힘, 지구력의 완벽한 화신이었다. 말을 타는 인디언은 신성한 힘을 지녔다고 믿었고, 말의 마법적인 힘을 강화하기 위해 몸에 색을 칠하는 것이 관례였다. 이처럼 말은 아메리카 원주민 문화와 삶에 깊이 뿌리내린 특별한 존재였다.

북아메리카에서 발견된 화석과 암각화는 수천 년 전 이 대륙에서 힘차게 달리던 말과 유사한 동물의 존재를 보여준다. 그러나 이 동물들은 약 1만~1만 5,000년 전 사이에 멸종했다. 어찌 되었든, 말은 16세기 스페인 정복자들에 의해 북아메리카 대륙에 다시 등장했다. 아메리카 인디언들은 처음 말을 보았을 때, 들소처럼 식량 자원으로 여겼다. 이러한 인식은 스페인 정착민들이 말 타는 방법을 가르쳐줄 때까지 이어졌다. 동물에 대한 독특한 숭배 정신 덕분에, 아메리카 인디언들은 말을 타는 것을 물고기가 물에 사는 것과 같은 자연스러운 일로 받아들였다. 그로 인해 말은 아메리카 인디언 문화에서 매우 중요한 존재가 되었다.

아메리카 인디언들은 말을 여행, 사냥, 전쟁에 활용했다. 실제로 그들은 말과 자연스러운 친화력을 지녔기 때문에 스페인 사람들은 인디언들이 말을 타거나 소유하는 것을 금지하기도 했다. 그러나 단념하지 않은 아메리카 인디언들은 자신들의 말을 육종하기 시작했다. 스페인 사람들과 아메리카 인디언의 손에서 풀려난 말들은 이미 서부 전역에서 야생으로 달리고 있었다. 이 말들은 스페인어로 '메스텡고Mestengo' 혹은 '무스탕Mustangs'이라 불렸는데, 이는 '주인 없는 짐승'을 뜻한다.

세계 최초의 말몰이꾼인 몽골인들은 말을 숭배해왔다. 말은 몽골인에게 영적인 힘을 지닌 존재다. 다른 동양의 영적 전통과 마찬가지로, 몽골인들은 인간의 영혼을 '바람의 말' 혹은 그들의 표현대로 '날개 달린 말'로 부른다. 몽골의 말 신은 '키사야 퉁그리Kisaya Tngri'로, 인간의 영혼을 보호하는 존재다. 또한 '아타야 퉁그리Ataya Tngri'라는 신은 말의 특별한 수호신이다. 몽골인이 거대한 제국을 건설할 수 있었던 주요한 이유 중 하나는 바로 이들의 뛰어난 기마술이었다.

중국에서는 말이 불교 경전을 처음으로 가져온 동물로 묘사된다. 말의 영적 상징은 용기, 인격, 인내, 힘이다. 중국의 12간지에서 말은 비교할 수 없는 강력함을 상징한다. 이 헌신적인 동물은 평화로운 시기뿐만 아니라 전쟁 때에도 인간의 동반자였으며, 세상에서 악을 물리치는 정의의 표징이자 영웅이었다.

중국 신화에서 말은 하늘을 나는 반마반용半馬半龍의 동물로 묘사된다. 중국에서 말은 강력하고 존경받는 상징이며, 실제로 용의 친척으로 불릴 만큼 높은 지위를 가진 존재로 여겨진다. 중국에는 '용마龍馬'에 관한 전설이 있다. 이 동물은 말의 몸에 용의 비늘과 발톱을 가진 모습으로, 중국에서는 늙어서도 활력을 잃지 않는 강인한 사람에 비유된다.

또한 말은 중국 12간지에서 중요한 상징 중 하나다. 점성술에 따르면, 말해에 태어난 사람은 부지런하고 아량이 있으며, 열정적이고 기발하며 고집이 센 성격을 지닌 것으로 알려져 있다. 고대 중국에서는 말이 용과 연관되어 있다고 믿었으며, 강한 양陽의 에너지로 높이 평가되었다. 양의 에너지는 빠르고 밝고 적극적인 반면, 음陰의 에너지는 느리고 어둡고 수동적이다. 말은 또한 오행 중 '불火'에 해당하며, 이는 명성, 인정, 영감, 열정과 연관된다.

중국 미술에서는 여덟 마리 말의 무리를 주제로 한 작품이 자주 등장한다. 이는 중국 주나라의 목왕이 탔던 여덟 마리의 전설적인 말에서 유래한 것으로, 각각의 말이 용감한 행동과 신비한 능력을 지닌 존재로 그려지며, 용처럼 빠르다고 전해진다. 여덟 마리 말이 그려진 족자는 성공과 인내를 상징하며, 사업이나 전

팔마도(八馬圖)는 여덟 마리 말이 힘차게 달리는 모습을 그린 그림으로 풍수지리에서는 사업 번창, 성공, 승진, 건강, 활력 등을 상징해 인테리어 소품으로 자주 활용된다. (ChatGPT와 Copilot 활용)

문 분야에서 종종 애용된다. 그러나 정치계에서는 서로 앞서려는 분열의 이미지를 떠올리게 해 화합보다는 갈등의 상징으로 기피되기도 한다.

말은 중국 12간지에서 일곱 번째 동물이다. 말의 해에 태어난 사람은 말의 특성을 보이는 경향이 있으며, 열심히 일하고 여행을 즐기며 자유로운 영혼을 가진 것으로 여겨진다. 말은 쥐와는 상극이며, 양과는 가장 좋은 궁합을 이룬다. 말은 전쟁, 수송, 농업에서 중요한 역할을 했기 때문에, 12간지 중 양, 개, 소, 돼지, 닭보다 더 높은 지위의 동물로 여겨진다.

한국 문화에서 말은 하늘의 사신으로서 건국 시조의 탄생을 알리는 신령한 존재, 주인에게 충성을 다하는 신의信義의 상징, 혹은 무덤에 묻혀 있는 피장자의 영혼을 실어 나르는 안내자로 나타난다. 말은 한국인의 생활과 의식 속에서 길하고 신비로운 동물로 여겨져 왔다. 『삼국사기』와 『삼국유사』에 나오는 금와왕, 박혁거세, 주몽동명왕 등의 건국 신화에는 빠짐없이 말이 등장한다. 이 신화 속의 말들은 왕의 탄생을 예고하거나, 나라의 멸망을 암시하거나, 왕의 죽음을 예언하는 등 신묘한 능력을 지닌 존재로 그려진다.

신라 고분 천마총에서 출토된 〈천마도〉에 등장하는 천마백마는 하늘에서 내려온 특별한 영물로, 천신의 사자를 뜻한다. 이후 고소설, 시조, 민요 등에서는 신랑, 소년, 애인, 선구자, 장수 등이 말을 타고 등장하며, 말은 특별한 존재의 상징으로 자리매김하게 된다. 『동국여지승람』제51권, 「평양 고적」에 기록된 기린마는 주몽이 타고 승천했다는 설화에 등장하는 존재로, 초자연적인 세계와 소통하는 신성한 존재로 묘사된다.

말은 동서양을 막론하고 다양한 문화권에서 신성한 존재로 숭배받아 왔다. 일본 문화에서 말은 영적인 동물로 여겨졌으며, 고대 일본인들은 신이 말을 타고 인간 세계로 내려온다고 믿었다. 이러한 신앙은 말을 단순한 동물이 아닌 신성한 매개체로 인식했음을 보여준다. 켈트족 문화에서도 말의 상징성은 매우 강하게 나타났다. 켈트족에게 말은 여러 신성한 존재 중 가장 중요한 하나였으며, 동시에 태양을 상징하는 의미를 지니고 있었다. 이들의 종교적 실천에서 말의 중요성은 드루이드교의 의식에서도 확인된다. 드루이드 교도들은 희생된 말의 가죽 안에서 잠든 사람을 왕으로 지명하는 신성한 의식을 거행했는데, 이는 말이 지닌 영적 힘을 통해 왕권의 정당성을 부여받는다는 믿음을 반영한 것이었다. 아일랜드와 스코틀랜드에는 '푸카^{Pooka}'라 불리는 말 요정에 관한 전설이 전해지는데, 이는 여행자를 죽음으로 이끄는 존재로 묘사된다. 켈트족 점성술에서 말은 관심받고 칭송받기를 좋아하며, 고귀한 신체를 지닌 사람을 상징한다. 이들은 선천적인 리더이자 행동하는 인물이며, 때로는 훌륭한 팀 구성원이 되기도 한다.

켈트족과 골족^{고대 프랑스인}, 그리고 로마 신화에 등장하는 여신 에포나^{Epona}도 말과 관련된 존재다. 켈트어 '에포스^{Epos}'는 '말'을 뜻하며, 에포나는 암말이자 기병의 수호신이다. 또 다른 여신 리아논^{Rhiannon}은 에포나에서 영감을 받은 존재로, 말과 깊은 관련이 있으며, 누구도 그녀의 달리는 말을 따라잡을 수 없었다고 전해진다. 에포나와 리아논 모두 죽음과 사후 세계의 여신으로, 말은 현생과 내세 사이, 물질과 초자연 세계 사이를 연결하는 운반자로 간주되었다.

또 다른 켈트족의 전설에서 반신반인인 영웅 쿠훌린^{Cuchulainn}은 리아트 마차^{Liath Macha}와 더브 사잉렌드^{Dub Sainglend}라는 두 마리의 말이 끄는 전차를 몰았다. 이 말들은 산맥의 마법적인 끌어당김에서 유래된 존재로, 여신 마차^{Macha} 혹은 그녀의 자매인 모리간^{Morrigan}에게 받은 선물이다. 처음에는 거칠고 통제 불가능했던 이 말들은 쿠훌린을 받아들이고, 그가 경이로운 전쟁에서 승리할 수 있도록 도와주었다.

켈트 신화에서처럼, 말은 노르드 신화에서도 중요한 존재로 여겨졌다. 말은 단순한 교통수단이 아니라 삶과 죽음, 인간 세계와 신의 세계를 잇는 신성한 운반자로 간주되었다. 특히 오딘^{Odin}은 슬레입니르^{Sleipnir}라는 여덟 개의 다리를 가진 회색 말을 소유하고 있었다. 이 말은 장난의 신 로키^{Loki}와 신화 속 말 스바외일파리^{Svaðilfari} 사이에서 태어난 존재로, 특별한 능력을 지녀 신들의 세계와 인간 세계, 그리고 죽은 자의 땅인 지옥을 자유롭게 오갈 수 있었다.

또 다른 노르드 신화 이야기에서는 아르바크르^{Arvakr}와 알스비오르^{Alsvior}라는 두 마리의 말이 날마다 하늘을 가로지르며 태양을 담은 전차를 끌었다. 전설에 따르면, 신들은 이 말들의 어깨 아래 풀무를 넣어, 타오르는 태양이 그들을 태우지 않도록 보호했다고 한다. 또한 말은 우주적 질서를 관장하는 존재로 등장한다. 스킨팍시^{Skinfaxi}와 흐림팍시^{Hrimfaxi}라는 두 마리의 신비로운 말이 대표적인 예다. '빛나는 갈기'를 뜻하는 스킨팍시는 하늘을 가로질러 낮을 운반하는 역할을 했고, '서리 같은 갈기'를 뜻하는 흐림팍시는 밤을 운반하는 임무를 맡았다.

초기 슬라브 사회에서도 말은 매우 중요한 존재였다. 주로 쟁기를 끄는 데 사용되었기에 농업과 일상생활에 필수 동물이었다. 슬라브 사람들은 풍요, 농업, 봄의 신인 자릴로Jarylo를 말을 탄 젊은 남성으로 묘사했다. 민속학에 따르면, 자릴로는 인간 같은 신의 형상에서 말로, 다시 신으로 변신할 수 있는 존재였다. 이 때문에 고대 슬라브 사회에서 말은 삶, 죽음, 재탄생의 상징이었다. 자릴로의 여동생 데바나Devana 또한 말과 연관되어 있으며, 야생과 사냥의 여신으로 여겨졌다.

다른 슬라브 신들 또한 말과 깊은 관계가 있었다. 태양신 다즈보그Dazbog는 금과 은, 다이아몬드로 만들어진 세 마리의 말이 끄는 전차를 타고 하늘을 가로질러 태양을 운반했다고 전해진다. 체르노보그Chernobog라는 이름의 신은 심술궂은 존재로, 거대한 검은 말을 타고 다녔다. 그와 대립하는 벨로보그Belobog는 백마를 타고 다니는 영웅 신이었다.

이집트에서 말의 영적 의미는 일반적인 해석과 크게 다르지 않다. 자신감, 고귀함, 불굴의 정신을 상징하며, 밭에서 일하는 동물로 여기지 않았다. 말은 영웅적 자질, 전쟁터, 그리고 승리를 상징했다. 고대 이집트의 람세스 2세는 인간보다 말이 더 고귀하다고 여겨, 부하 장교들 대신 말들과 함께 식사할 정도였다. 말은 매우 희귀한 존재였기 때문에 오직 부유한 이들만이 소유할 수 있었다. 이들은 말에게 최고의 사료를 먹이고, 존경심을 가지고 대했으며, 화려한 마구간과 이름을 제공했다.

북서아프리카에서는 전통적으로 축제나 결혼식에서 사람이 말을 타고 마을을 도는 풍습이 있다. '판타지아'라고 불리는 이 행사는 전통 복장을 갖춘 인물이 말을 타고 총을 쏘며 달리는 집단 공연으로, 무예를 연상케 하는 장관을 이룬다. 이는 말과 그 주인 사이의 깊은 상호 연결을 상징한다. 기니에서는 풍년을 기원하는 제사에 말의 꼬리를 잘라 바치는 풍습도 있다.

종교 속 말의 상징과 역할

『성경』에는 말이 여러 차례 등장한다. 일반적으로 말은 힘, 정복, 대담무쌍함을 상징한다. 예를 들어, 「하박국서」 1장 8절에서는 하느님이 유대인을 벌하기 위해 심판의 도구로 활용할 칼데아 사람들을 다음과 같이 묘사한다.

"그들의 말은 표범보다 빠르고, 저녁 늑대보다 사납다. 그들의 기사들은 자랑스럽게 진격한다. 그들의 기사들은 먼 곳에서 온다. 그들은 멸망시키기 위해 독수리처럼 빠르게 날아온다."

『성경』에서 말의 상징성은 색깔에 따라 달라진다. 백마는 죽음의 표징으로 나타나며, 흑마는 악의 증가와 파괴적인 성격을 의미한다. 그러나 흑마와 백마가 함께 등장할 때는 생과 사의 이미지를 통합하여 상징한다. 보다 긍정적인 관점에서 말은 용기, 속도, 고결함, 관용, 심지어 부활을 의미하기도 한다. 「묵시록」에는 네 명의 기수가 각기 다른 색의 말을 타고 등장하는데, 이는 종말의 시기가 지닌 네 가지 측면을 상징한다.

「묵시록」에서 백마는 무엇을 의미하는가? 예수는 백마를 타고 돌아올 것이라고 예언되어 있다. 이는 예수가 이 세상에 정의를 실현하러 돌아온다는 상징이다. 말은 순결과 신성함의 형상이기도 하다. 백마의 의미는 '정복'이며, 그 백마를 탄 자는 예수이거나, 어떤 해석에서는 적그리스도Antichrist로도 여겨진다. 「묵시록」의 네 기수 중 두 번째는 붉은 말을 탄다. 붉은 말은 전쟁과 피 흘림을 상징하며, 이를 일으키는 자를 운반한다. 세 번째 기수는 흑마를 타고 나타나는데, 이는 기근을 상징한다. 네 번째 기수는 창백하거나 회색 말을 타고 등장하며, 이는 죽음을 상징한다. 이 말들은 지상에 최후의 심판을 가져오기 위해 보내진 존재들이다.

힌두교도들 또한 말을 높이 받든다. 그들은 말을 신이 인간에게 내린 선물로 여긴다. 힌두교에서 말은 태양에서 유래한 위대한 힘의 상징이며, 아량과 충성을 나타낸다. 힌두 신화에 따르면, 최초의 말은 우츠차이흐쉬라바스Uchchaihshravas라는 이름의 일곱 개의 머리를 가진 동물이었다. 또한 하늘을 날 수 있으며, 신성한 세계 어디든 갈 수 있는 존재로 묘사된다. 신비로운 능력을 지닌 이 말은 인도에서 전쟁에도 활용되었으며, 그 결과 말은 힘과 고귀한 신분의 상징으로 자리 잡게 되었다. 말을 보유한 사람^{부족장,} ^{왕, 귀족}은 더 빠르고 강한 전투력을 갖게 되므로, 말은 곧 지배 계층이 가진 권력의 상징이 되었다.

힌두 신 비슈누^{Vishnu}의 화신 또는 아바타인 칼키^{Kalki}는 거대한 백마를 타는 모습으로 그려진다. 일부 역사학자들은 '칼키'라는 이름이 흰색을 뜻하는 '카르키^{Karki}'에서 유래했다고 보기도 한다. 칼키는 선한 자에게는 상을 주고, 사악한 자에게는 벌을 내리는 존재로 알려져 있다. 힌두 신화에서는 또 다른 신 비슈누의 전령인 크리슈나^{Krishna}가 '케쉬^{Keshi}'라는 악마 같은 말을 물리친 이야기가 전해진다. 이 사탄적 존재는 말처럼 거대한 몸집을 가졌고, 태어나지 않은 아이들을 죽이는 존재로 묘사된다.

불교 경전에서도 말은 종종 부와 귀족의 상징으로 등장한다. 이 말은 보통 기수 없이 등에 많은 선물을 실은 백마로 묘사된다. 장식된 이 소중한 백마는 인정, 성공, 고귀함을 상징한다. 달리는 말은 인내, 지구력, 속도의 상징이다.

불교에서는 특히 백마가 신성한 의미를 지닌다. 백마는 순결과 더불어 부처 자신을 상징한다. 불교 신자들의 전승에 따르면, 부처가 되기 전 싯다르타 왕자는 '칸타카^{Kanthaka}'라는 이름의 백마를 소유하고 있었다. 그는 칸타카를 타고 왕궁을 떠나, 진정한 고통이 존재하는 세상의 현실을 마주하게 되었다. 그 후 부처의 가르침이 기록된 불경은 처음에 백마의 등에 실려 중국으로 전해

졌으며, 이와 관련하여 중국에 세워진 첫 불교 사원은 '백마사^{白馬}
寺, 바이마쓰'로 불리게 되었다.

동물 토템은 그 동물이 지닌 에너지의 상징적 요약이라 할 수
있다. 따라서 말 토템은 우리 삶에 더 큰 자유와 영적인 활력을
불어넣고자 할 때, 강력한 상징이 되어준다. 이는 또한 어떤 일을
해내는 데 필요한 용기와 결단력을 발견하도록 돕는 행운의 상징
이기도 하다. 나아가 말 토템은 우리 삶에서 아름다움을 찾아내
라는 일깨움을 상징하기도 한다.

금빛 말은 태양과 깊은 영성을 상징한다. 금빛 말 토템은 소유
자가 자신의 내적 자원을 신뢰하고, 이를 바탕으로 행동에 나서
도록 독려한다. 흑백 말 토템은 이중성과 망설임을 나타내지만,
영혼의 균형을 회복하는 데 사용할 수 있다. 백마의 심리적 상징
은 지식, 신념, 영적 성장, 그리고 지적 작업과 관련된다. 흑마 토
템은 죽음과 재탄생의 상징이다. 그것의 목적은 불필요한 것을
내려놓고 새로운 기회의 문을 여는 데 있다. 이를 위해서는 용기
를 내어 위험을 감수하고, 믿음을 지니는 태도가 필요하다.

회색 말 토템은 복잡하고 어려운 문제들이 해결될 조짐을 알
려준다. 그 열쇠는 자기 자신과의 진솔한 대화에 있다. 밤색에 흰
털이 섞인 말 토템은 어떤 전진이 필요한 상황에서, 해결해야 할
한계에 대해 자각하게 하며 앞으로 나아가도록 돕는다. 적갈색
말 토템은 성공을 향해 나아가는 느리지만 확실한 길을 제시해

준다.

　의술 분야에서 말 토템은 그 소유자에게 치유를 가져다주며, 몸과 마음, 영혼을 정화해준다. 이는 과거의 부정적인 생각을 내려놓고, 현재와 미래를 향해 더욱 밝고 긍정적인 태도를 갖도록 돕는다. 말의 지혜는 우리를 영혼과 직관, 감성의 깊은 곳으로 이끈다.

2 제주도의 천연기념물, 제주마

제주시에서 서귀포 방향으로 한라산 동쪽을 넘어가는 5·16도로^{제주에서 최초로 개통된 국도} 초입에는 제주마 방목지가 있다. 이곳에서 실제 말을 만날 수 있다. 제주 명소로 손꼽히는 이곳에서 볼 수 있는 말이 바로 우리나라 유일의 향토마이자 재래마인 '토종말-제주마'이다. 본토박이인 이 말들은 오랫동안 제주 지역에서 자생해온 품종으로, 과거에는 여러 혈통, 특히 몽골마의 영향을 받아 형성된 것으로 추정되어왔다. 그러나 농촌진흥청에서 제주마와 해외 말 집단의 유전체를 분석한 결과, 제주마

대한민국 천연기념물 제347호로
지정된 제주마의 모색^{毛色} (농촌진흥청)

제주의 제주마
(국가유산청)

는 몽골에서 유래한 것이 아니라 독자적으로 진화한 품종임이 확인되었다.

학자들의 설명에 따르면, 진화 과정을 규명하기 위해 제주마를 포함한 아시아 품종^{몽골 토종마 세 품종, 몽골 야생마}과 유럽 품종^{더러브렛: 정식 표기는 '서러브레드'이나 아직도 말판 종사자들은 더러브렛이라 부름} 등 여섯 품종 41마리의 전체 유전체 염기서열을 비교 분석하였다. 그 결과, 제주마는 유럽 품종인 더러브렛과는 유전적으로 멀고, 몽골 토종마와는 가까운 편이지만 서로 다른 군집으로 명확히 구분되는 독자적 품종임이 밝혀졌다.

제주마의 방목기는 동절기를 제외한 4월에서 10월까지다. 이 시기 5·16도로 주변 목마장에서 약 100여 마리의 말들이 연출하는 아름답고 평화로운 풍경을 마주하면 누구든 감탄하게 된다. 당연히 볼거리도 많아 마방목지의 포토존에는 늘 탐방객들로 북적인다.

일반인들이 제주의 말을 부를 때 종종 혼동하는 경우가 있다. 제주의 말은 혈통에 따라 명칭이 다르게 불린다. 우선 '제주마'는 순수 혈통을 인정받은 조랑말로, 천연기념물로 지정되어 국가 차원에서 특별 보호를 받고 있다. 이 재래마는 그간 탐라마^{耽羅馬}, 조랑말, 제주마^{濟州馬}, 토마^{土馬}, 국마^{國馬} 등 여러 이름으로 불려왔으며, 천연기념물로 지정되면서부터는 '제주의 제주마'라는 공식 타이틀을 갖게 되었고, 통칭 '제주마'로 불린다.

한편 '한라마'는 우리 재래종인 제주마와 서울이나 부산 경마
장에서 뛰는 외국산 경주마인 더러브렛과 교배하여 탄생한 새로
운 종이다. 제주마의 혈통이 섞인 이 교잡종은 한동안 '제주산
마'로 분류되었다가 2010년에 '한라마'라는 공식 명칭을 부여받
았다.

"사름을 나건 서울에 보내고, 말이랑 나건 제주에 보내라"는
속담이 있다. 제주 방언은 다소 알아듣기 어렵지만, 이 속담만큼
은 워낙 유명해 대부분 그 의미를 짐작할 것이다. 사람을 낳으면
서울에 보내고, 말을 낳으면 제주에 보내라는 이 말ㄹ은 그만큼
제주의 말馬과 관련이 깊다. 이를 증명하듯 제주특별자치도는 제
주마의 고장답게 전국 최초로 '말산업 특별지역'으로 지정되었으
며, 이를 계기로 2014년 '제주 말산업 육성 종합계획'을 수립하고
말산업 발전에 박차를 가하고 있다.

1931년에는 2만 2,500마리에 달하던 조랑말 수가, 1960년대
이후 산업화로 인한 활용도 저하로 인해 1980년대 중반에는 약
1,300마리로 급감했다. 결국 1985년, 제주마의 멸종을 막기 위해
'제주마 혈통 정립 및 보존에 관한 학술연구 용역'이 시행되었고,
그 연구 결과에 따라 1986년 6월 2일, 순수 혈통으로 인정된 당
시 제주마 64마리가 국가지정문화재 천연기념물 제347호 '제주
의 제주마'로 지정되었다.

천연기념물인 제주마는 '보호구역'에서 제주특별자치도 축산

진흥연구원에 의해 관리되고 있다. 천연기념물은 동물, 식물, 광물, 동굴, 지질, 생물학적 생성물, 자연현상 중에서 민족의 역사성을 확인해주는 역사적·문화적·과학적 가치가 있거나, 특별히 아름다운 경관으로 학술적 가치가 높은 경우에 해당하며, 이는 문화재보호법에 따라 심사를 거쳐 지정된다.

이 법에 따른 문화재청의 「천연기념물 제주의 제주마 관리지침」^{훈령 제521호}에 따르면, 문화재 보호구역 내 적정 사육 두수는 150마리를 유지하도록 규정되어 있다. 이에 대해 동물보호단체에서는 제주도 내 약 5천여 마리의 제주마 중 단 150마리만이 보호받고 있고, 나머지 개체는 경마와 승마에 활용되거나 도축되고 있다며, 모든 제주마가 천연기념물로 보호될 수 있도록 관리지침을 개정해야 한다고 주장하고 있다.

어쨌든 현행 지침에 따라 일정 두수를 초과한 제주마는 천연기념물 지정이 해제된 뒤, 매년 경매를 통해 공개적으로 분양된다. 다만 적정 사육 두수 외에 농가 등에 분양된 제주마와 그 후손 개체, 이른바 '진흥원산'에 대해서는 우수성을 고양하고 활용도를 높이기 위해 씨수말^{번식용으로 쓰기 위해 사육하는 씨받이 말, 다른 말로 '종마'라고도 한다} 지정 및 종부 대상 기준 등을 별도로 정하여 관련 서비스를 제공할 수 있도록 규정되어 있다.

현재 '제주의 제주마'는 순수 혈통 보존과 멸종 방지를 위해 체계적이고 지속적인 보존 관리를 받는다, 혈통의 고유성과 역사성을 지닌 제주의 특별한 가축인 만큼 제주 흑우, 제주 흑돼지와 함께 천연기념물 동물 자원으로 귀한 대접을 받는다. 또한 국내 유일의 재래 마필 자원으로서의 가치를 인정받아 대한민국 문화 재청에서 발간한 「문화재 이야기 여행 천연기념물 100선」에도 선 정될 만큼 대단히 멋진 녀석이다.

고려 시대부터 시작된 제주도의 말 사육

대체 이 땅의 말들은 언제부터 터를 잡고 살았을까? 제주에서 말의 역사는 석기 시대 말기에서 청동기 시대 이전까지 거슬러 올라간다. 일찍이 제주 삼성三姓 씨족의 시조 신화에는 망아지, 송 아지, 오곡 이야기가 등장하는데, 이는 가축과 농경의 시작을 상 징한다. 실제로 곽지리 패총과 월령리 한들굴 등지에서는 말의 치아가 출토되었고, 사계리 해안에서는 말의 발자국 화석이 발 견되었다. 이러한 고고학적 발견은 선사 시대부터 제주도에 말이 서식했을 가능성이 크다는 사실을 보여준다. 이 때문에 제주도 를 '말의 고장'이라 부르는 것이 전혀 어색하지 않다.

문헌 기록에 제주에서 말이 사육되었다는 사실이 처음 나타 나는 시기는 고려 시대다. 이를 통해 제주에서 오랜 기간 말이 사육되어왔음을 확인할 수 있다. 제주도에서 본격적으로 말을 기르기 시작한 것은 1025년 고려 전기에 목감양마법牧監良馬法이 정비되고 목장 관리를 체계화하면서부터다. 고려 문종 27년1073년에는 제주의 명마가 조정에 진상되었고, 고종 45년1258년에는 탐라마가 문무 4품 이상 관료에게 하사되었다는 기록도 남아 있다.

국가 차원의 체계적인 마필 관리는 고려 원종 14년1274년 군마 생산·공급 계획에 따라 충렬왕 2년1276년에 몽골마 160마리를 제주도, 현재의 서귀포시 성산읍에 도입하면서 시작되었다. 이후 공민왕 23년1374년까지 약 100년간 몽골마를 꾸준히 유입하여 육성하고 개량하면서 공출되었다.

조선 시대에 들어서도 말은 군사, 통신, 산업용, 외교용 교역품 등으로 수요가 많았고, 제주도는 국마國馬 생산지로서 매년 필요한 마필을 공급해왔다. 특히 세종 12년1430년에는 마필을 체계적으로 관리하기 위해 한라산 기슭을 열 개 구역으로 나누어 관리하는 '10소장所場' 체계를 갖추었다. 각 소장의 둘레는 약 45~60리였으며, 국영 목장인 10소장의 경계를 따라 위아래로 돌담을 쌓았는데, 이를 제주에서는 '잣성'이라 불렀다. 잣성은 하잣성, 중잣성, 상잣성으로 구분되어 15세기부터 20세기 초까지 축조되었으며, 이곳에서는 매년 1~2만여 마리의 말이 체계적으로 사육되었다. 이처럼 조선 시대에도 제주는 국가적 말 생산지로서 중요한 역할을 했다.

제주마 사육과 관련된 사료史料는 『조선왕조실록』 선조 29년

^{1596년} 기록에도 등장한다. 이 기록에는 사헌부가 중국인 '동충'이라는 자와 함께 제주마로 물건을 맞바꾸려 협잡을 벌인 박경신의 파직을 청하는 내용이 담겨 있다. 이를 통해 당시 제주마의 가치와 중요성을 짐작할 수 있다. 또한 『승정원일기』 인조 14년^{1636년} 기록에는, 제주의 어린 말을 체계적으로 관리하면서 황해도에도 나누어 사육할 수 있도록 말 관리를 담당하는 관청인 사복시^{司僕寺}가 요청한 내용이 실려 있다.

조선이 문호를 개방한 이후, 일제강점기를 거치면서 운송 수단의 발달과 농기계의 보급으로 제주마의 실용적 가치는 자연스럽게 감소하였다. 특히 1948년 4·3사건 당시, 주로 한라산 중산간 지대의 마을에 내려진 이른바 '소개령^{疏開令}'으로 인해 많은 말들이 주인을 잃고 산야를 떠돌다 굶어 죽거나, 폭도에게 양식으로 이용될 수 있다는 이유로 토벌대에 의해 살처분되는 일이 벌어졌다. 그로 인해 제주마의 개체 수는 급감했고, 이후로도 감소 추세가 이어졌다.

그러나 제주도가 말산업 특구로 지정된 이후 추진된 다양한 육성 정책 덕분에 말 개체 수는 2016년 3천 두에서 2020년에 5천 두를 넘어섰다. 이후 꾸준한 증가세를 이어가 2025년 11월 기준 제주마등록관리정보시스템에 등록된 개체 수는 6,197두에 이른다.

제주마가 없었다면

"바람 부는 제주에는 돌도 많지만"이라는 가사로 시작하는 대중가요가 있다. 혜은이가 1977년에 발표한 〈감수광〉이라는 노래로, 제주의 환경을 생생하게 묘사하고 있다. 실제로 제주에는 강한 바람이 자주 불고, 땅에는 흙보다 돌이 더 많다. 버려진 땅처럼 보이는, 이 돌 많고 바람 센 밭에서 계절을 따라 농사를 짓는다는 것은 결코 만만한 일이 아니었을 것이다.

제주도의 농경지는 대부분 화산회토로 이루어져 있으며, 흙은 퍼석하고 잔돌이 많아 밭에 뿌린 종자는 비와 바람에 쉽게 날리거나 한쪽으로 쏠리기 일쑤였다. 따라서 파종 후 씨앗이 잘 발아하도록 흙을 밟아 다지는 작업이 필수적이었고, 동시에 이 과정은 토양 속 수분 증발을 막는 데도 도움이 되었다.

이처럼 흙을 일구지 않고는 농사를 지을 수 없는 척박하고 거친 환경 속에서 제주마의 노고가 없었다면 어땠을까? 모르긴 몰라도, 옛 제주 사람들의 삶은 훨씬 더 고단했을 것이다. 제주마는 농기계와 운송 수단이 보급되기 전까지 밭밟기, 밭갈이 등 농경 생활에 필수적이었다. 초기에는 농산물 운반이나 사람의 이동 수단으로도 활용되었지만, 1960년대 이후 산업화가 본격화하면서 농경 자원으로서의 가치는 점차 줄어들었고, 현재는 경마나 승마 등 레저 활동의 수단으로 그 용도가 완전히 바뀌었다.

농사에 종사하던 옛 시절 제주마가 농경사회에서 맡았던 막중한 임무는 이제 끝났지만, 기록 속에는 아직도 짐 운반을 위한 몰테우리, 밭을 다지는 밭 밟기, 농산물을 운송하는 등 당시 제주마의 모습들이 생생하게 남아 있다. 또한 제주도 지역에서 우마번성牛馬繁盛을 기원하며 지내는 목축의례, 말과 소를 방목하는 목동들의 제의인 백중제百中祭 전통도 전해져 오고 있다. 그런 만큼 제주마는 제주에서 특별한 존재로 인식되고 있을 뿐만 아니라 다른 한편으로는 식구나 마찬가지일 만큼 친숙한 토종 동물로서 오랫동안 사랑을 받아왔다.

초기 농경 기반의 경제 활동에서 빼놓을 수 없는 일꾼이자 소중한 자산이었던 제주의 제주마는, 오늘날 경주용, 승용, 재활용, 번식용, 육용, 교육용, 관상용, 체험용, 공연용, 문화관광용 등 다양한 영역에서 그 존재 가치를 드러내고 있다. 최근 들어 말산업에 대한 일반인들의 관심이 높아지면서 한국마사회에서 시행하는 국가자격증말 조련사, 장제사, 재활승마지도사과, 국민체육진흥법에 따라 국민체육진흥공단이 시행하는 전문스포츠지도사, 생활스포츠지도사, 유소년스포츠지도사, 노인스포츠지도사, 장애인스포츠지도사 등 말과 관련된 자격증도 인기를 끌고 있다. 현재 말산업의 흐름을 보건대, 향후 다양한 영역에서 제주마의 활용과 그 가치 역시 더욱 확대될 것으로 전망된다.

최초의 국민 자동차 '포니'에 담긴 상징

제주말의 평균 크기는 수말의 경우 키가 121.8센티미터에서 128.9센티미터, 암말은 113.2센티미터에서 127.3센티미터 사이이다. 천연기념물 심사 기준에서 제시한 이상적인 크기는 수말 125.2센티미터에서 128.2센티미터, 암말 118.3센티미터에서 124.7센티미터로 규정되어 있다. 제주마는 비록 키는 작지만 체질이 매우 강건해 질병에 대한 저항력과 생존력이 뛰어나다. 또한 운동할 때 끈기를 보이면서도 동작은 침착하고, 체질과 지구력이 강하며, 다리는 짧고 굵으며, 발굽은 단단하고 견고하다. 걸음걸이는 바르고 탄력이 있으며, 좌우 흔들림이 적고 발 디딤이 안정적이고 확실하다는 장점이 있다. 이러한 특성 덕분에 한동안 군마軍馬로도 활용되었다.

1972년, 1군사령부 예하 부대에서 우리 재래마인 조랑말 20마리로 중대급의 '타마駝馬부대'가 창설되었다. 이 부대의 임무는 두 가지였다. 첫째, 악천후 시 전방 부대에 보급품을 수송하는 역할, 둘째, 무장공비가 침투했을 때 산악지대에서 조랑말을 타고 은밀하고 신속하게 이동하며 대간첩 작전을 수행하는 것이었다. 타마 부대는 한때 말의 수가 200여 마리에 이르렀으나, 군 장비의 기계화가 이루어지면서 1982년 해체되었다. 어쨌든, 작지만 강인한 체형과 특유의 인내심, 생존력, 단단한 발굽을 지닌 제주의 제주마는 '작지만 강한 존재'의 상징이라 할 수 있다.

한겨울 엄청난 눈이 내리면 제주섬은 온통 순백의 세상으로 변한다. 펑펑 쏟아진 눈이 만들어낸 설경은 그야말로 절경을 이루고, 이루 말할 수 없이 아름답다. 때로는 수은주가 곤두박질치며 온 세상이 꽁꽁 얼어붙는다. 체감온도가 섭씨 영하 수십 도에 이르는 매서운 한파가 몰아치는 날, 하얀 눈이 수북이 덮인 한라산 중산간 들판에서는 가만가만 움직이는 생명체들이 종종 눈에 띈다. 그들은 폭설과 동장군의 냉기 속에서도 하얀 입김을 내뿜으며, 발끝으로 흙바닥을 헤집어 묵묵히 풀을 찾아 먹이를 뜯는다. 또 어떤 녀석들은 눈을 껌벅이면서 꼿꼿한 자세 그대로 그 자리에 서 있다. 누군가 싶어 조심스레 다가가 보면, 그 주인공은 다름 아닌 방목된 조랑말임을 알 수 있다.

가까이서 보면 말꼬리에 녹다 만 눈이 얼어붙어 구슬처럼 주렁주렁 매달려 있기도 하다. 제주 특유의 얼굴에 착착 달라붙는 칼바람이 몰아치는 겨울철, 한라산 자락에서 마주하는 조랑말의 모습은 특별하다. 살을 에는 추위 속에서도 믿기 어려울 만큼 우직하고 의연하게 그 자리를 지키는 조랑말들의 방목 풍경을 보노라면 척박한 땅에서 묵묵히 삶을 일구어온 제주인들의 인내심과 근성, 나아가 한국인 특유의 끈질긴 생존 본능의 원형질이 겹쳐 보인다.

말의 가장 대표적인 이미지는 이동 수단으로서 기능과 질주 본능에 대한 상징성이다. 이러한 이미지를 적극적으로 활용한 분야가 바로 자동차 업계이며, 실제 여러 자동차 브랜드를 통해 이를 쉽게 확인할 수 있다.

먼저, 우리나라 근대화 시대의 기념비적인 자동차로 기억되는 포니Pony는 수입 모델을 조립하는 수준에 머물던 국내 초기 자동차 산업에서 순수하게 자체 제작된 최초의 국민 자동차로, '꿈을 현실로 만든 차'로 평가받는다. 여기서 '포니'란 조랑말을 뜻하며, 말과馬科에 속하는 작은 말을 총칭한다. 국내에는 천연기념물로 보호받는 제주마가 대표적인 예다.

현대자동차는 포니 이후 갤로퍼Galloper, '질주하는 말'와 에쿠스Equus 등 말의 이미지를 활용한 차 이름을 지속적으로 사용해왔다. 라틴어로 에쿠스는 '개선장군의 말', '천마天馬'를 뜻하지만, 현대차에서 사용한 에쿠스는 '세계적으로 독창적인 명품 자동차'를 의미하는 브랜드명으로 재탄생되었으며, 이는 Excellent, Quality, Unique, Universal, Supreme의 약자를 담고 있다.

말의 이미지는 한국 자동차에만 국한되지 않는다. 예를 들어 페라리Ferrari의 엠블럼에는 노란 방패 한가운데 앞발을 치켜든 검은 말이 도약하듯 그려져 있고, 포르쉐Porsche 역시 비슷한 말 문양을 상징으로 사용한다. 또한 미국의 수제 스포츠카 제조사인 에쿠스 오토모티브Equus Automotive 역시 앞발을 들고 달릴 준비를 마친 듯한 말을 상징물로 내세운다.

　　　　　　　　　　　　　　　　　　　　　　　　　　　　　　　2부 말

이와 같은 사례에서 알 수 있듯이, 과거 주요 교통수단이었으며 탄력과 순발력의 상징이었던 말의 이미지는 현대의 이동 수단인 자동차 브랜딩에서도 여전히 강력한 영향력을 발휘하고 있다. 이는 지극히 자연스러운 현상일 수도 있다. 말과 자동차는 시대를 달리하지만 본질적으로는 같은 역할을 담당하고 있기 때문이다. 둘 다 인간의 이동 욕구를 충족시키는 수단이며, 속도와 자유로움을 상징한다. 또한 말이 과거 지위와 권력의 상징이었듯이 자동차 역시 현대 사회에서 개인의 사회적 지위를 나타내는 도구로도 이용된다.

말과 말속馬屬 동물들의 학명이 'Equus'로 시작되듯, 말은 생물학적으로도 이동의 대명사로 자리매김했다. 현대 사회에서 이동과 질주의 상징인 말을 모티브로 한 네이밍은 자동차 브랜드에서 시작해 다양한 이동 수단으로 퍼져 나가고 있다. 미래에는 전기차, 자율주행차, 우주선, 초고속 열차 하이퍼루프 같은 첨단 이동 수단에서도 말의 전통적 역동성과 현대 기술을 결합한 브랜드명이 더욱 활발하게 등장할 것으로 기대된다. '빠르게, 멀리, 자유롭게 이동하고 싶다'는 인간의 원초적 욕망은 시대를 초월하여 불변하기에 말은 이러한 갈망을 가장 직관적으로 표현하는 영원한 상징으로 남을 것이다.

말 로고를 사용하는 자동차 산업의 질주 본능과 관련된 흥미로운 사례가 바로 제주 조랑말이다. 농촌진흥청에서 실시한 제주마의 진화 과정 연구 결과에 따르면, 제주마 집단에서는 아시아 품종, 몽골 품종, 유럽 품종과는 다른 독특한 유전적 특성이 발견되었다. 특히 속도 유지에 관여하는 유전자^{ACTN3, MSTN}가 제주마에서 특이하게 진화한 것으로 확인되었으며, 유산소 호흡, 체형, 작은 키, 근육 발달 등에 관여하는 유전자들도 우선적으로 선택된 것으로 밝혀졌다. 다시 말해, 제주마의 유전적 본능은 이동과 질주 본능과 밀접하게 연관되어 있다는 사실이 과학적으로 입증된 셈이다.

중국의 『후한서^{後漢書}』에는 다음과 같은 대목이 나온다.

"고구려에 과하마^{果下馬}라는 조랑말이 있는데, 이를 타고 산을 오르내리며 사냥을 했다."

'과하마'란 몸집이 작아 과수나무 밑을 통과할 수 있는 말을 뜻하는데, 이는 곧 '제주마' 혹은 '향마^{鄕馬}'로 불리는 한국의 토종 말을 일컫는다.

「축산법」에 따르면, 토종 가축이란 한우, 돼지, 닭, 오리, 말, 꿀벌 중 예로부터 우리나라 고유의 유전 특성과 순수 혈통을 유지하며 사육되어 외래종과 명확히 구분되는 특징을 지닌 가축으로, 농림축산식품부령에 따라 인정된 품종을 말한다. 국가 차원에서 유전자원을 보존해야 할 만큼 가치 있는 여섯 개 축종^{畜種}에 '토종말'이 포함되어 있다. 앞서 언급했듯이 제주마가 바로 그 토종말임은 과학적으로 입증되었다. 선사 시대부터 우리 민족과 함게 한반도에서 오랜 역사를 이어온 제주말은, 이러한 과학적 사실이 언급되기 이전부터 이미 제주인들의 마음속에 '토종말-제주마-조랑말'이라는 이미지로 굳건히 자리 잡고 있었다.

제주말의 상징성은 옛 그림 속에서도 확인할 수 있다. 조선 숙종은 도화서圖畵署 소속 화원에게 말을 그리게 하였고, 그 결과물이 바로 『팔준도첩八駿圖帖』이다. 이 도첩에는 빠르고 잘 달리는 여덟 마리의 준마駿馬들이 그려져 있으며, 그중 하나인 '응상백凝霜白'은 제주에서 태어난 제주말로, 이 그림에 등장하는 유일한 제주마다. 응상백이 포함되어 있다는 사실은, 제주말이 이미 조선 건국 이전부터 한반도 전역에 걸쳐 우수한 말로 널리 알려졌음을 시사한다. '서리가 어린 것 같은 흰색의 말'로 묘사된 외양은 그 미모와 품격 또한 뛰어났음을 보여준다.

또한 우리나라 보물 제652-6호인 『탐라순력도耽羅巡歷圖』에도 제주말이 등장한다. 이 그림에는 공마봉진貢馬封進, 산장구마山場驅馬, 우도점마牛島點馬 등의 장면을 통해 당시 제주말을 관리하던 모습이 상세히 그려져 있다. 특히 '공마봉진'은 제주도 각 목장에서 선별된 제주마를 임금께 진상하기 위해 제주 목사가 최종 점검하는 장면으로, 제주말이 왕에게 바쳐질 정도로 뛰어난 준마로 인식되었음을 뚜렷이 보여준다. 이처럼 옛 그림들 속에서도 제주마는 단순한 가축이 아니라 명마이자 준마의 상징으로 묘사되어왔다.

말을 점검하는 장면을 그린
〈우도점마〉
ⓒ 제주학연구센터

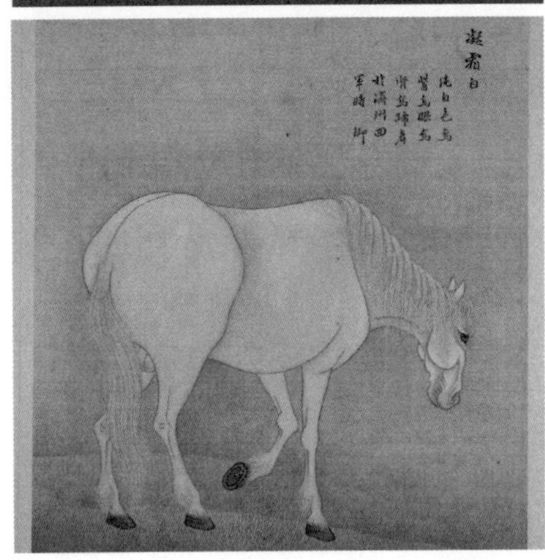

『전윤두서필 팔준도』에
실린 제주 백마, 응상백
ⓒ e뮤지엄

3 말이 주인공인 우화들

여우와 말

한 농부에게 충성스러운 말이 있었는데 늙어서 더 이상 일을 할 수가 없었다. 농부는 사료를 주는 것이 아까워 말에게 말했다. "이제 쓸모없는 너를 데리고 있을 수가 없구나. 네가 만약 사자를 데려와 힘을 증명한다면 살아 있을 때까지 데리고 있으마. 하지만 그러지 못한다면 마구간을 떠나 초원에서 편안히 살거라."

그 말을 듣고 슬퍼진 말은 쓸쓸히 숲속을 돌아다니다가 궂은 날씨를 피해 한 나무 아래 은신처를 마련했다. 우연히 만난 여우 한 마리가 말했다. "친구여, 왜 고개를 떨어뜨리고 그렇게 외로워하나?" 말이 대답했다. "아, 한 집안에 탐욕과 충실이 함께 살 수는 없는 법이지. 내 주인은 내가 얼마나 오랜 세월을 충직하게 봉사해왔는지, 자신을 이곳저곳 안전하게 데려다준 일을 다 잊어버렸어. 그러고는 이제 내가 더 이상 밭을 갈 수 없다고, 먹을 것도 주지 않은 채 나를 내쫓아버렸지." 여우가 말했다. "아무런 위로 도 없이?" 말이 대답했다. "위로는 소용없어. 그는 나에게 말했지. '내가 만약 사자를 데려올 정도로 힘이 세면 나를 다시 받아들이 겠다'고. 하지만 그는 내가 그 일을 할 수 없다는 것을 잘 알지." 그러자 여우가 말했다. "상심하지 말게. 내가 도와줄 수 있어. 그 러니 그냥 여기에 누워 있어. 죽은 것처럼 사지를 쭉 뻗고 움직이 지 말아."

말은 여우가 시키는 대로 했다. 그사이 여우는 그리 멀지 않은 곳에 있는 사자에게 가서 말했다. "저기에 죽은 말이 누워 있는 데 나와 함께 가면 어디 있는지 가르쳐줄게. 그럼 넌 멋진 식사를 즐길 수 있을 거야." 사자는 여우와 함께 갔다. 그러나 그들이 여 우가 말한 장소에 도착했을 때 여우가 말했다. "여기선 네가 편안 히 식사를 즐길 수 없을 거야. 내가 방법을 알려주지. 내가 말의 꼬리를 너에게 묶어줄 테니 이것을 너의 거처로 끌고 가서 마음 껏 즐기도록 해." 사자는 이 제안에 만족해하며 자신을 말에 바 짝 붙이고 여우가 꼬리를 안전하게 묶을 수 있게 얌전히 앉아 있 었다. 그사이 여우는 자기의 모든 힘을 다해 사자의 다리에 말꼬 리를 단단히 묶어놓았다. 사자가 움직이지 못하도록 몰래 계략을 꾸민 것이었다.

여우는 작업을 끝낸 후 말의 어깨를 치고는 소리쳤다. "일어나,

늙은 말아! 달려!" 일어난 말은 사자를 끌고 전속력으로 달리기 시작했다. 그들이 숲속을 달릴 때 사자는 포효했고, 그 소리가 너무나 커서 모든 새들이 두려워 날아가 버렸다. 그러나 말은 사자가 포효하게 내버려 둔 채 밭과 초원을 지나쳐 그를 끌고 주인 집 문 앞까지 달려갔다. 주인은 자기 말이 한 일을 보자마자 그에게 말했다. "내가 요구한 일을 완수했으니 지금부터 나와 함께 살면서 네가 살아 있는 동안 먹을 것과 잘 곳을 제공하겠다."

🐎 말과 사자

늙고 기운이 빠진 사자는 우연히 멋지고 살찐 작은 말을 보았다. 먹잇감으로 삼고 싶었지만, 말이 자신보다 훨씬 빠르다는 것을 잘 알고 있었다. 사자는 정면 승부 대신 계략을 쓰기로 마음먹었다. 그는 자기가 수년 동안 의술을 공부했고 지금은 짐승들이 걸릴지도 모르는 모든 질병이나 불안증을 치료해줄 준비가 되어 있다고 널리 알렸다. 사자는 이 방법으로 다른 짐승들 속으로 들어가 자기 식욕을 채울 기회를 얻으려 했다. 의심 많은 말은 자기 뒷발 중 하나에 가시가 박혀 심하게 아픈 척을 하며 사자에게 다가갔다.

사자는 자기에게 발을 보여달라고 한 뒤 진지하게 들여다봤다.

말은 은밀히 돌아보며 튀어 일어나 자기 두 발뒤꿈치를 힘차게 차서 사자 얼굴에 한 방을 먹였다. 사자는 그대로 사지를 뻗고 기절해버렸다. 그리고 말은 자기 계략이 성공했음에 큰 웃음을 터뜨리며 즐겁게 터벅터벅 걸어갔다.

🐴 정직한 말

어느 날 로마의 황제 칼리굴라는 모든 대신을 데리고 자신이 아끼는 말을 타러 나섰다. 대신들은 황제가 고삐를 어색하게 다루는 것을 알고 있었지만, 그가 가장 뛰어난 기수라며 아부를 늘어놓았다. 그러던 중 황제가 말에서 떨어지자, 그는 그제야 대신들 가운데 오직 말만이 진실한 존재였다는 사실을 깨달았다. 이에 황제는 자신 다음으로 가장 높은 영예를 그 말에게 수여하겠다는 결의안을 채택했다.

🐴 밤색 암말과 주인

아름다운 밤색 암말은 사냥꾼 주인이 가장 아끼는 말이었다. 주인을 태우고 울타리도 웅덩이도 거침없이 뛰어넘었으며, 단 한

번도 주인을 위험에서 구해내지 못한 적이 없었다. 하지만 오랜 세월 힘든 봉사로 기력이 다하자 밤색 암말은 이제 주인을 모시는 대신에 하인들을 뒷바라지하게 되었다. 이런 상태로 수년간 지내다 보니 하인들도 더 이상 그 말을 타려고 하지 않았다. 승마장에서 여생을 즐기길 바랐지만, 주인은 불쌍한 밤색 암말을 상인에게 내다 팔았다.

몇 달 후 주인이 급히 런던으로 가게 되었다. 가는 도중에 사륜 역마차의 말이 넘어져 마차가 뒤집혔다. 그 사고로 심하게 다친 주인은 사고를 낸 불쌍한 말을 격렬히 저주했다. 방금 죽어가던 말은 머리를 들고 주인의 얼굴을 보며 애처로운 목소리로 온화하게 말했다. "당신이 나를 승마장에 있도록 배려했더라면 이처럼 불행한 사고는 절대 일어나지 않았을 겁니다." 당황한 사냥꾼은 그제야 눈앞의 말이 예전에 자신이 역마로 팔아버려 죽을 만큼 고통을 겪은 불쌍한 밤색 암말이라는 사실을 깨달았다.

🐎 좋아하는 말

튀르키예 황제의 말은 전장에서 적의 추격을 뚫고 황제를 무사히 구해냈다. 이에 감동한 황제는 말에게 특별한 보상을 내렸다. 대리석으로 된 마구간을 지어주고, 금으로 된 편자를 박았으며, 상아로 만든 구유에 사료를 담아주고, 은으로 만든 받침대까지 주었다. 황제는 마구간 옆에 여러 벌판과 풀밭, 호수와 시냇물이 있는 곳에 마구간을 마련해주었다. 그리고 제국에서 손꼽히는 가장 아름다운 암말들까지 곁에 두어 말의 노고에 보답했다. 여기에다 적절한 말 관리사, 정장 제복과 작은 호텔을 겸비한 말 사육사, 장제사^{편자 관리사}, 발판 관리사로 구성된 일련의 관리인들도 꾸려주었다. 황제의 목숨을 지켜준 말에게 도움이 될 것 같은 것은 하나도 빠뜨리지 않고 주었다.

그럼에도 말은 이 모든 훌륭한 것들에 전혀 감흥을 느끼지 못했다. 그에게 중요한 것은 오직 식욕과 성욕을 충족하는 일이었고, 그 외의 것들은 말 그대로 아무 쓸모도 없어 보였다. 더 나쁜 것은, 이런 풍요로움이 오히려 말을 나태하게 만들었고, 결국 병에 걸리게 했다는 점이다. 주어진 행복이 오히려 고통의 씨앗이 된 셈이었다.

🐎 말 의회

옛날에 풀을 뜯던 수많은 말들 가운데 한 마리가 크게 히힝 울더니 대열에 불을 질렀다. 말들은 큰 혼란에 빠졌고, 이 문제를 해결하기 위해 의회가 소집되었다. 분노로 눈알이 뒤집힌 한 수

말이 급히 무리 앞으로 나오더니 힘과 젊은 혈기로 고무되어 큰
소리로 외쳤다.

"어떻게 이런 일이! 노예 생활과 수치로 저주받은 우리 종족은
참으로 비참하네요. 우리 조상이 사슬에 묶였기 때문에 이 노예
상태를 계속 유지해야 합니까? 친구들이여 여러분의 힘과 용기
를 생각해보십시오. 우리의 권리를 주장하기 위해 투쟁하는 겁
니다. 금박 마차는 얼마나 거추장스럽습니까! 인간의 자존심은
우리의 치욕입니다. 우리는 매일 고생하기 위해 태어난 걸까요?
밭을 갈기 위해 쟁기를 끌고, 마구를 차고 땀을 흘리며 먼 길을
달리고, 무거운 짐을 지고 신음하기 위해 만들어진 걸까요? 저
두 발 달린 존재들은 얼마나 연약하며, 우리는 얼마나 강한 힘을
지녔는데! 그런데도 짜증 나는 재갈을 물고, 거품을 흘리며 달리
도록 우리의 고귀한 턱이 순종해야 한다니, 이게 과연 옳은 일일
까요? 거만한 자가 내 등을 타야 합니까? 날카로운 박차가 내 옆
구리를 차야 합니까? 용납해서는 안 됩니다. 우리의 수치, 오명,
무시당함의 고삐를 거부하십시오. 우선 사자가 다스리도록 하여
굶주린 호랑이의 으르렁거림을 조용케 합시다. 그들처럼 우리의
자유를 쟁취합시다. 우리 이름을 듣고 온몸을 떨게 만듭시다."
그 주장에 대하여 모두 고개를 끄덕여 인정했다. 그리고 그 자리
에 모인 종족들이 요란스레 박수를 쳤다.

그때 심각하고 엄숙한 얼굴을 한 나이 든 말 한 마리가 군중

앞으로 나아갔다. 그는 그윽한 눈으로 주위를 돌아봤다. 웅성거리는 무리를 보며 나이 든 말이 말했다. "내가 자네처럼 건강하고 힘이 있었을 때 나도 노예 상태의 고생을 겪었지. 지금은 감사할 줄 아는 인간이 내 고통을 보상해준다네. 나에게 이 모든 넓은 영지를 주고 내 마음대로 한 해의 성과를 수확하게 하지. 내 여생은 편안하고 평화롭다네. 나는 인간에게 우리 고통을 빌려주고 그가 평원을 정지하는 작업을 돕는 것을 허락했지. 그런데 그는 한 해의 모든 일을 하면서도 우리에 대한 돌봄을 줄이지 않은 것을 모르겠나? 수천 개의 막대기를 세워 궂은 날씨 속에서 우리를 울타리로 보호해주었지. 폭염 속에서도 겨울을 대비해 우리에게 줄 건초를 미리 저장하고, 씨를 뿌려 곡물을 거두며, 고생도 나누고 이익도 함께 누려왔잖은가. 모든 생물은 서로의 필요를 채워주기 위해 태어났다는 게 하늘의 뜻이야. 그러니 자네 마음속 불만을 거두고, 주어진 역할을 받아들이게." 그 말이 끝나자 소란은 가라앉았다. 수말은 순순히 순종했고, 그의 조상들처럼 다시 재갈을 물었다.

🐴 기병과 말

기병이 자기 말을 치장하고 있을 때 발굽의 못 하나가 떨어져 나간 것을 발견했으나 일단 미뤄두었다. 곧바로 부대를 소집하는 트럼펫 소리가 들렸다. 부대는 즉시 전진하여 적을 추격하라는 명령을 받았다. 치열한 전투 끝에 느슨해진 발굽이 떨어져 나가면서 그의 말은 절름발이가 되어 비틀거렸고, 결국 기병을 땅바닥에 내던졌다. 그는 곧바로 적군에게 목숨을 잃고 말았다.

🐴 망아지와 농부

혈통이 우수하고 속도가 빠른 젊은 말이 있었다. 이 망아지는 고삐를 거부하며 주인의 말을 듣지 않았다. 마부가 재주를 부리며 다루려 했지만, 오히려 말의 자존심만 건드릴 뿐이었다. 주인은 걱정스러웠지만 강압보다는 인내로써 말을 달래려 했다. 하지만 자유를 갈망하고 인간의 지배를 경멸하던 이 오만한 말은 결국 속박을 뿌리치고 끝없는 벌판을 가로질러 야생의 품으로 달려갔다.

풍성한 자연은 넓은 풀밭에 꽃밭 양탄자를 깔아놓았고, 졸졸거리는 시냇물은 부드럽게 흐르며 풀들의 더위를 식혀주고 상쾌하게 해줬다. 풀들을 눕히며 거침없이 달리는 말은 대지를 마음껏 휘젓고 다녔다. 그렇게 풍요로운 여름이 지나고 겨울이 돌아왔다. 나무들은 더 이상 거처를 내주지 않고 신록은 들판에서 시

들어간다. 부단히 내리는 눈은 대지를 덮는다. 얼음 사슬은 벌판을 둘러싸는 경계를 만든다. 쌀쌀하고 살을 에는 바람과 덜거덕거리는 싸라기눈은 그의 야위고 아무것도 걸치지 않은 옆구리를 엄습한다. 그는 회한에 잠긴 눈초리로 주위를 돌아본다. 그의 눈에 멀리 서 있는 초가지붕의 움막이 들어온다. 그의 심장은 기대감으로 벅차올랐다. 친절한 구원이 곧 다가올 것을 약속받은 듯했다. 한때 경멸과 증오의 대상이었던 그 오래된 마구간이 이제는 안전한 피난처가 되었다. 말의 뜨거운 열정은 사그라들었고, 자존심도 서서히 잊혀졌다. 그가 찾아낸 것은 바로 농부의 마당이었다.

주인은 말의 비참한 상태를 보았다. 말의 사지는 몸의 무게로 비틀거렸다. 주인은 마구간에 짚을 깔고 먹이를 주었다. 말은 밤새 편안하게 누워 잤다. 하인은 먼동이 틀 때 일어났다. 말의 등에는 무거운 짐을 실어야 하고 길을 따라 장에 가야 한다. 반항이나 불평은 부질없는 짓이다. 끊임없는 매질이 기다리기 때문이다. 내일도 마찬가지겠지만 고된 일은 여전히 계속된다. 쟁기에 매어 땅을 갈아야 하고, 밤에는 힘겨운 노동의 대가로 턱없이 부족한 식사만이 주어진다.

애써 분노를 참고 고통을 삭이며 말은 자신의 과거를 돌아보았다. "정말 어리석었구나! 젊었을 때 너무 거만해서 순순히 따르지 않았던 것이 잘못이었어. 만약 그때 착하게 굴었다면 조상들처럼 훌륭한 말로 대접받았을 텐데! 이제는 평생 힘든 일만 하며 살아야 하는 신세가 되었어. 좋은 혈통을 타고났는데도 소용없고, 빨리 달릴 수 있는 능력도 아무 의미가 없어졌어. 그때 잠깐 자존심을 부렸다가 이제 매일매일 고생만 하며 살아야 하는구나." 말은 깊은 한숨을 쉬며 후회했다.

🐎 수탉과 말

수탉은 마구간에 들어가 말들 사이에 놓인 짚단 위에 편안히 드러누워 몸을 긁곤 했다. 말들은 때때로 발을 구르고 뒷발을 찼다. 그래서 수탉은 그들에게 훈계하기로 마음먹었다. "기도하게, 좋은 친구들이여. 우리 서로 짓밟지 않도록 조심합시다." 수탉이 말했다.

🐎 여우, 늑대 그리고 말

여우가 난생처음 벌판에서 풀을 뜯고 있는 말을 보았다. 즉시 자기 친구인 늑대에게 달려가 자기가 발견한 동물을 설명했다. "아마 그것은 행운이 우리 앞에 놓아준 맛있는 먹이일 거야. 나와 같이 가서 확인해보자." 그들은 달려가서 곧 말 앞에 도착했다. 말은 거의 고개를 들지 않았다. 말은 수상한 인상을 풍기는 녀석들과 관계를 맺는 것에 그리 관심이 없어 보였다. "보세요." 여우가 말했다. "여기 당신의 겸손한 종들에게 귀하의 성함을 알려주십시오." 위트가 없는 말은 자기 이름을 발굽 위에 써놓았다고 말했다. "저는 기쁘게 읽겠습니다." 교활한 여우는 즉시 무언가 잘못되었다고 의심하며 대답했다. "그러나 우리 부모님이 가난한 탓에 저는 읽기를 배운 적이 없습니다. 반대로 여기 있는 제 친구는 부자여서 읽고 쓸 수 있고, 다른 것도 천 가지나 할 수 있습니다." 늑대는 여우의 아첨에 기분이 좋아 아는 체하며 말이 들어 올린 발굽 하나를 들여다보려고 즉시 앞으로 나갔다. 늑대가 충분히 가까이 오자 말은 갑자기 힘차게 뒷발을 차올렸다. 턱이 부서진 늑대는 피를 흘리며 바닥에 쓰러지고 말았다. "음, 자넨 결코 이름을 다시 물을 필요가 없네. 지금 자네 눈 아래에 그 이름을 명백하게 썼으니 말일세." 여우는 이빨을 드러낸 채 활짝 웃으며 크게 소리쳤다.

말과 돼지

햇볕이 내리쬐는 똥 더미 위에 게으르게 누워 있던 돼지는 전

투마가 전장으로 나아가는 모습을 지켜보았다. 말은 유쾌하게 뽐
내며 마치 적을 추격하고 싶어 안달이 난 것처럼 땅을 차고 있었
다. 돼지는 머리를 바로 들고 꿀꿀거리며 그에게 말했다. "이런 바
보야! 죽으려고 그렇게 서두르냐?" 말이 대답했다. "네 말은 비열
한 동물에게는 어울리지. 먹고 살찌기만 하다가 결국 도살당하
는 그런 존재 말이야. 하지만 내가 전장에서 죽는다면 나는 임무
가 부르는 곳에서 죽는 거고, 나는 선한 이름의 기억을 남기게
되는 거지."

🐎 당나귀와 군마

　당나귀는 힘든 일을 해야만 겨우 먹을 것을 얻을 수 있는 자신
과 달리, 말은 일도 하지 않고 좋은 먹이를 실컷 받아먹는 것을
보며 부러워했다. 그런데 전쟁이 일어나자 무거운 갑옷을 입은 병
사가 말을 타고 적진을 향해 돌진했다. 말은 전장에서 상처를 입
고 쓰러져 죽고 말았다. 이 모습을 지켜본 당나귀는 고개를 떨구
며 말을 부러워하는 대신 불쌍히 여겼다.

🐎 늑대와 말

늑대가 귀리밭에서 나오다가 말을 만났다. 그는 능청스럽게 말에게 말했다. "저기 밭에 귀리가 잔뜩 있단다. 정말 맛있는 귀리지. 넌 내 친구니까, 일부러 손도 대지 않고 남겨뒀어." 그러자 말이 조용하지만 단호하게 대답했다. "만약 귀리가 네 식사였다면, 내 귀를 즐겁게 하자고 네 배를 비우는 일은 결코 하지 않았을 거야."

🐎 전투마

잘 차려입고, 반듯이 세운 목과 당당한 걸음걸이로 길을 가던 말이 있었다. 그는 무거운 짐에 짓눌린 채 터벅터벅 걷고 있는 병든 당나귀를 내려다보며 오만한 목소리로 말했다. "비켜라. 귀찮게 하지 말고, 내 길을 막지 마라."

불쌍한 당나귀는 조용히 길을 비켰고, 운명의 불공평함에 가만히 한숨을 내쉬었다. 그로부터 얼마 지나지 않아, 둘은 다시 같은 길 위, 거의 같은 지점에서 마주쳤다. 하지만 이번에는 모든 것이 달라져 있었다. 말의 주인은 죽었고, 말은 전장에서 한쪽 다리를 다쳐 절룩였다. 말 등엔 무거운 짐이 실렸다. 말은 거친 마차꾼

의 채찍질을 받으며 피로와 고통 속에서 끌려가고 있었다. 그제
야 당나귀는 낮은 목소리로 속삭였다. "운명이 항상 같은 자리에
머무는 것은 아니지."

수퇘지와 말

수퇘지와 말은 푸른 풀이 무성하고 맑은 연못이 있는 넓은 풀
밭을 함께 사용하고 있었다. 그러나 수퇘지는 주둥이로 땅을 파
서 흙투성이가 되었고, 그 지저분한 몸을 연못에서 씻으며 물속
에서 뒹굴고 있었다. 그래서 말은 돼지에게 조심해달라고 요구했
지만, 돼지는 그것이 자기 천성이니 싫으면 다른 곳으로 가라고
대꾸했다. 말다툼은 점점 격해졌고, 참다못한 말은 사람에게 가
서 복수를 도와달라고 했다. 사람은 조건을 하나 내걸며 동의했
다. 그는 칼을 차고 말에 올라탔고, 말은 그를 수퇘지가 있는 곳
으로 데려갔다. 결국 수퇘지는 사람의 손에 죽었고, 말은 그 모습
을 눈앞에서 보며 복수에 만족해했다.

말은 기병의 친절에 감사를 표하고 막 자리를 뜨려는데 그 사람
이 말에게 또 다른 용무가 있다고 말했다. 그리고 말은 마구간에
묶였다. 그제야 말은 자유가 사라진 것을 알아차렸으나 해결할 방
법이 없었다. 그는 복수를 위해 소중한 것을 지불하고 말았다.

당나귀와 말

지쳐 있던 당나귀가 말에게 다가가 간절히 부탁했다. "제발, 사료를 좀 나눠줄 수 있겠니? 하루를 버티기가 너무 힘들어." 말이 고개를 들고 당당하게 대답했다. "그래, 먹고 남는 것이 있다면, 내가 자비를 베풀어 너에게 주지. 그리고 오늘 저녁, 내가 외양간에 도착했을 때 네가 거기 있다면, 보리가 가득 담긴 자루 하나쯤은 줄 수 있을 거야." 그러자 당나귀는 피곤한 눈을 들어 조용히 말했다. "지금처럼 사소한 것 하나도 아끼는 네가, 과연 더 큰 것을 나눌 수 있을지 모르겠구나."

군인과 말

한 군인이 자기 말을 정성껏 돌보았다. 전쟁 중에는 그 말을 잘 먹이고, 자신과 다름없이 아끼고 소중히 여겼다. 그러나 전쟁이 끝나자 군인은 말에게 왕겨만 주고 무거운 짐을 나르게 했다. 군인은 말을 홀대했다. 한참 후 전쟁이 다시 시작되었고, 군인과 말은 동시에 징집되었다. 군인은 군장을 얹고 무거운 갑옷 외투를 입고 올라탔다. 말은 무게를 못 이기고 쓰러졌다. 말은 주인에게 말했다. "당신은 이제 걸어서 전쟁에 가셔야 합니다. 저는 이제 당나귀가 되어버렸으니 순식간에 말로 돌아가기를 기대할 수 없을 겁니다."

군마와 제분업자

늙어가는 군마가 전장에 가는 대신 제분소에서 일하도록 보내졌다. 밀을 가는 동안 말은 자신의 운이 변한 것을 애통해했다. "전쟁 동안 나는 가슴에서 꼬리까지 무장했고, 대접도 잘 받았고 필요한 것은 뭐든 얻었어. 도대체 무엇 때문에 내가 전장보다 제분소를 더 좋아한다고 했는지 이해할 수 없어." 제분업자가 대답했다. "지난 일을 자꾸 말하지 마라. 누구에게나 행운은 좋은 때와 나쁜 때를 함께 안고 오는 법. 그 이유를 궁금해하는 건 우리의 숙명이니까."

말과 마부

정직하지 못한 마부가 말에게 할당된 하루치 먹이의 절반을 팔아먹었다. 그러나 그는 말의 상태가 좋아 보이도록 털과 피부를 관리하느라 하루 종일을 보냈다. 말이 말했다. "만약 당신이

정말로 내 몸맵시가 좋아 보이기를 바란다면 털 관리는 덜 하고
내 몫의 귀리를 팔아먹지 마시기 바랍니다."

말과 기수

기병이 되기를 꿈꾸는 한 젊은이가 아직 제대로 길들지 않은
말을 타고 있었고, 그 말은 도무지 통제되지 않아 큰 어려움을
겪고 있었다. 말은 자기 등에 있는 안장의 무게를 느끼기가 무섭
게 튀어 나갔고, 누구도 멈추어 세우지 못했다. 길에서 만난 말을
탄 사람의 친구가 소리쳐 물었다. "어디를 그렇게 서둘러 가는 거
야?" 말을 탄 친구가 자신의 말을 가리키며 대답했다. "나도 모르
겠어. 이 말에게 물어보게."

사냥꾼과 말 탄 사람

사냥꾼이 사냥을 나가서 산토끼를 잡는 데 성공했다. 사냥꾼
이 잡은 산토끼를 들고 집으로 가는 도중에 말을 탄 사람을 만
났다. 말 탄 사람이 말을 걸었다. "오늘 좋은 사냥감을 잡으신 것
같군요." 그리고 그것을 사고 싶다고 했다. 사냥꾼은 즉시 승낙했

다. 그러나 말 탄 사람은 산토끼를 받아 들자마자 박차를 가해 전속력으로 말을 달려 달아났다. 사냥꾼은 약간의 거리를 두고 그를 추격했다. 곧 그는 자신이 속았다는 생각이 들었고 말 탄 사람을 따라잡기를 포기했다. 그리고 자신의 체면을 살리기 위해 그가 낼 수 있는 가장 큰 소리로 외쳤다. "좋아요, 좋아. 산토끼는 당신 것이오. 그건 당신에게 주려던 선물이었소."

짐마차 말과 승용마

거세마와 암말, 두 마리의 짐마차 말이 사모아섬으로 옮겨져, 승용마와 함께 섬의 넓은 운동장에서 자유롭게 뛰어다니게 되었다. 짐마차 말들은 자신들이 일하는 말이어서 감히 승용마에게 말을 걸지 못할 거라고 생각했다. 그래서 승용마 근처에 가는 것을 망설였다. 반면, 승용마는 그렇게 큰 짐마차 말을 처음 본 터라 '저들은 틀림없이 위대한 족장일 거야'라고 생각하며 조심스럽고 공손하게 다가갔다. "신사 숙녀 여러분, 저는 당신들이 식민지에서 온 걸로 압니다. 저의 친애하는 인사를 드립니다. 진심으로 이 섬에 오신 것을 환영합니다." 식민지 주민들은 그를 곁눈질로 쳐다보며 상의했다. 거세마가 물었다 "누구신가?" 암말이 말했다. "이 친구 의심스러울 정도로 정중하네." 거세마가 말했다.

"이 친구, 별 가치가 없어 보이네." 암말이 말했다. "이 친구 틀림없이 카나카 출신일 거야." 그러고 나서 그들은 그에게 돌아서서 거칠게 말했다. "꺼져버려!" 이어서 암말이 소리쳤다. "우리 같은 말에게 말을 걸려는 뻔뻔함이 궁금하구만." 승용마는 슬그머니 자리를 피하면서 말했다. "내가 맞았어. 그들은 위대한 족장들이야."

🐎 나무에 묶어놓은 말

한 여행자가 길을 걷다 잠시 쉬려고 자기 말을 나무에 묶어두고 누워 잠이 들었다. 이때 도둑이 나타나 말을 훔쳐 달아났다. 조금 후, 도둑은 여행자의 짐까지 훔치기 위해 다시 돌아왔지만, 뜻밖에도 여행자가 잠에서 깨어났다. "내 말이 어디 갔지?" 그가 소리쳤다. 도둑이 말했다. "나무가 네 말을 먹어버렸어." "그건 불가능해!" 여행자가 반박했다. "저 여우 봤어? 아마도 우리에게 무슨 일이 있었는지 말해줄 거야." "난 나무가 말을 먹는 것을 보지 못했어. 난 저기 연못에서 불꽃이 튀어나오는 것을 보느라 너무 바빴거든." 여우가 말했다. "하지만 불꽃은 연못에서 튀어나올 수 없지." 도둑이 말했다. "나무가 말을 먹을 수 있다는 것과 같은 이야기이지." 여우가 말했다.

　　　　　　　　　　　　　　　　　　　2부 말

짐을 진 말

두 마리의 말이 짐 두 개를 운반하고 있었다. 앞쪽의 말은 일을 잘했지만, 뒤쪽의 말은 게을렀다. 주인은 뒤쪽 말의 짐을 앞쪽 말에 얹기 시작했다. 그들이 모든 짐을 운반했을 때 뒤쪽 말은 일이 한결 수월해진 것을 알아챘다. 그래서 앞쪽 말에게 말했다. "수고와 땀! 노력해봐야 더 힘들어질 뿐이야." 술집에 도착했을 때 주인은 말했다. "한 마리만 짐을 졌는데, 두 마리에게 건초를 먹일 필요는 없지. 차라리 한 마리만 먹이고 나머지는 잡아서 가죽을 갖는 편이 낫겠어." 그리하여 그는 그렇게 했다.

황소와 말

황소와 말은 주인이 전쟁에 참여하기 위해 떠날 준비를 하고 있다는 것을 알아차렸다. 말은 전장에서 겪을 위험을 생각하여 걱정이 매우 컸다. 반면에 황소는 주인이 없으니 할 일도 줄어들 것이라며 기뻐했다. 그러나 얼마 후 항복 소식과 함께 이 모든 것이 뒤바뀌었다. 승리를 축하하기 위해 기병은 엄청난 양의 구운 고기로 거창한 잔치를 열었다. 황소의 목숨은 어떻게 되었을까?

당나귀
Donkey

● 지혜 없이 단순히 배우기만 하는 것은, 마치 당나귀 등에 책
을 잔뜩 싣는 것과 같다.

—조라 닐 허스턴

1 사회적 약자를 상징하는 가축

당나귀는 말과에 속하며, 야생[wild], 떠돌이[feral, 가축이 야생화 된 것], 가축의 세 종류가 있다. 야생 당나귀는 모로코에서 소말리아에 이르는 북아프리카의 사막과 사바나, 아라비아반도와 중동, 중국, 그리고 파키스탄·인도·네팔·부탄의 북부 지역에서 발견된다. 전 세계적으로는 주로 중저소득 국가에서 빈곤층의 일상생활에 필수적인 역할을 한다. 농촌, 준도시, 도시 지역에서 당나귀는 주로 쟁기질, 경작, 교통수단, 건축 자재와 농작물 운반 수단 등으로 이용된다. 당나귀는 가축 가운데서도 착취와 학대를 가장 많이 당하는 동물이다.

대부분 사회에서 당나귀는 가난과 하층 계급을 연상시키는 존재로 여겨진다. 부유층은 소, 말, 낙타 등 대형 동물을 사용하며, 이 중 소를 소유하는 것은 많은 사회에서 부富를 상징하기도 한다. 반면, 당나귀는 오랫동안 가난과 사회적 약자를 상징해왔다. 역사적으로 당나귀는 주로 수송 수단으로 활용되었으며, 동아프리카와 안데스 지역, 사하라 및 사헬 지대 등지에서는 짐을 나르거나 물을 긷고, 사람을 태우는 역할을 맡아왔다. 이러한 이유로 당나귀는 발전을 이끄는 긍정적인 존재라기보다는, 생계의 고단함과 결핍을 떠올리게 하는 존재로 여겨져 왔다.

개발도상국의 일상에서 당나귀는 여느 가축보다도 중요한 존재임에도 불구하고, 이를 생활 향상이나 지역사회 발전, 더 나아가 국가 발전의 수단으로 활용하려는 투자는 거의 이루어지지 않고 있다. 그러나 당나귀의 활용 가능성에 주목하고, 이에 대한 과학 기술적 투자와 연구가 뒷받침된다면, 그 잠재력은 매우 커서 미래 또한 상당히 밝을 것으로 기대할 수 있다.

가축으로서 당나귀는 평균 수명이 약 47~50년이며, 전 세계적으로 총 160개 품종이 사육되고 있다[표 '당나귀 품종의 분포' 참고]. 2020년 기준, 전 세계 당나귀 사육 두수는 약 5,296만 마리에 달한다. 당나귀를 가장 많이 사육하는 나라는 에티오피아이며, 과거에는 중국이 사육 두수 1위 국가였으나 최근 경제 성장과 함께 당

당나귀 품종의 분포

지역	품종 수	지역	품종 수
아프리카	24	근중동 아시아	13
아시아	42	북아메리카	6
유럽	48	남서 태평양	3
중남미	24	전 세계	160

나귀 아교^{어지아오, Ejiao}의 수요가 급증하면서 지난 20년간 사육 두수가 약 80퍼센트 감소하였다. 최근에는 아프리카 지역의 당나귀 사육 두수 역시 위협받고 있다. 한편, 우리나라의 당나귀 사육 두수는 2016년 685두, 2020년 759두, 2024년 624두로 소폭 변동하며 비교적 안정적으로 유지되고 있다.

당나귀에 대한 모순적인 태도

당나귀는 기원전 2600년경 수메르^{현재의 이라크와 쿠웨이트 지역}에서 짐을 나르거나 전차를 끄는 데 활용되었다. 그러나 당나귀에 대한 인간의 태도는 오늘날까지도 별로 달라지지 않았다. 여전히 당나귀는 잔인하게 이용되고 있으며, 일부 관광지에서는 체중이 100킬로그램이 넘는 사람을 태우고 다니기도 한다. 전 세계에서 당나귀를 가장 많이 사육하는 동아프리카의 에티오피아에는 "당나귀가 없는 농부는 자신이 당나귀다"라는 말이 있다. 이처럼 당나귀는 거의 모든 농가에 없어서는 안 될 필수적인 존재였다. 그런데도 이토록 중요한 동물이 학대받는 현실은 쉽게 이해하기 어렵다. 짐을 지고 가는 당나귀를 보면 인간의 무정함이 느껴져 안쓰러운 마음이 든다.

에티오피아에는 "여자와 당나귀는 실어주는 대로 짐을 진다",

"여자와 당나귀는 때려야 말을 잘 듣는다"라는 속담도 있다. 작고 왜소한 당나귀조차 자기 몸집의 몇 배에 달하는 짐을 아무 불평 없이 지고 간다. 조금이라도 속도가 느려지면 어리든 나이가 있든 어김없이 매를 맞는 모습은 다르지 않다. 이곳에서 당나귀는 부정하고 불결한 존재로, 존중할 가치가 없는 동물로 여겨진다. 에티오피아에서는 당나귀가 가장 학대받는 동물이면서도 거의 모든 가정에서 사육되는 동물이기도 하다. 그러나 당나귀가 병에 걸리면 치료하지 않고 그대로 버린다. 마치 다 쓴 물건처럼, 혹은 과거의 흑인 노예처럼 내팽개쳐지는 것이다.

서아프리카 가나에는 '엘미나 캐슬'이라는 노예 거래소가 있었

건초나 곡물 등 대량의 짐을 싣고 가는 에티오피아의 당나귀 모습이다. 당나귀는 지구력이 뛰어나고 환경 적응력이 높아, 기계화된 운송이 어려운 지역에서 중요한 운송 수단으로 활용된다.

다. 이곳에서는 유럽인들이 아프리카 흑인 노예 수백 명을 한방에 몰아넣고, 마치 물건처럼 고객이 데려갈 때까지 방치했다. 병에 걸려도 치료해주지 않고 버리는 유럽인들의 사고방식은 노예를 인간이 아니라 물건으로 여겼다는 사실을 보여준다. 에티오피아 사람들이 그런 유럽인들의 노예 취급 방식을 배웠는지는 알 수 없지만, 생활에 필수적인 존재인 당나귀를 노예처럼 다루는 모습은 참으로 아이러니하다. 일반적으로 당나귀의 수명은 최대 50년에 이르지만, 이 나라에서는 혹독한 노동과 열악한 환경 때문에 그 수명이 10년 남짓으로 줄어든다.

말보다 3,000여 년 앞선 역사

현대 당나귀*Equus asinus*는 약 6,000년 전, 이집트 선왕조 시대 이전 북동아프리카에 서식하던 야생 당나귀에서 가축화된 것이다. 일반적으로 현대 당나귀는 두 가지 야생 당나귀 종인 누비아 당나귀*E. africanus africanus*와 소말리아 당나귀*E. africanus somaliensis*에서 유래한 것으로 알려졌으나, 최근의 DNA 염기서열 분석에 따르면 누비아 당나귀 단일 종에서만 기원했을 가능성이 제기되고 있다. 고고학적 증거에 따르면 현대 당나귀는 야생종보다 전체 크기와 발뼈가 작고 약하며, 털색 또한 암갈색 일색이던 야생종과 달리 다양한 색으로 변했다. 당나귀는 주로 무거운 짐을 지기 때문에 등뼈에 손상이 많아, 세계 여러 나라에서는 이들을 보호하기 위한 전용 보호소가 운영되고 있다.

고고학적으로는 기원전 4600~기원전 4000년경 가축화된 당나귀의 뼈가 카이로 근처의 하이집트 선왕조 시대 마디 지역기원전 6500~기원전 6000년 전과 엘오마리 지역기원전 6800~기원전 6500년 전에서 발굴되었으며, 아비도스기원전 5000년 전, 타크한기원전 4800년 전 등 여러 선왕조 지역에서도 같은 유형의 뼈가 출토되었다. 한편, 시리아·이란·이라크 등 서남아시아 지역에서도 이집트와는 별개로 기원전 2800~기원전 2500년경의 가축화된 당나귀 뼈가 발굴되었고, 리비아의 우안 무후기아그Uan Muhuggiag 지역에서는 약 3,000년 전의 뼈가 출토되었다. 특히 아비도스 지역에서 발견된 뼈는 야생종과 현대 당나귀의 중간 형태로, 이 시기가 가축화 완료 이전의 과도기적 단계였음을 시사한다.

당나귀의 가축화는 금석병용기 시대기원전 3800년경의 북아프리카, 특히 이집트 지역에서 시작되었거나, 초기 청동기 시대기원전 3700~기원전 2500년경에 이루어졌다는 주장이 있다. DNA 분석 결과에 따르면, 아프리카 야생 당나귀는 누비아·소말리아·아시아계 야생 당나귀E. hemionus에서 유래한 것으로 보인다. 최근의 유전체 분석에 따르면, 당나귀의 가축화는 세 지역, 즉 이집트를 포함한 북아프리카, 서아시아, 그리고 8,500년 전에 당나귀 가축화가 시작된 것으로 추정되는 아라비아반도 예멘의 아쉬슈마Ash Shumah에서 각각 독립적으로 이루어진 뒤, 주변 지역으로 급속히 확산한 것으로 보고되었다. 이는 당나귀가 인류 문명에 얼마나 중요했는지를 보여주는 동시에 서로 다른 문화권에서도 당나귀의 가치를 인식했음을 시사한다.

동물고고학적 기록에 따르면, 선왕조 및 초기 왕조 이집트의 엘오마리 지역기원전 4600~기원전 4400년경, 수단과 아라비아반도기원전 3000년경, 북부 레반트 및 메소포타미아의 후기 우르크 시대기원전 3600~기원전 3100년경에 사하라 지역의 점진적 사막화에 대응하여 당나귀의 가축화가 시도된 것으로 추정된다.

2022년 9월에는 31개국에서 수집한 207개의 현대 당나귀 유전체와 약 4,000년 전부터 100년 전까지 살았던 31마리의 고대 당나귀 유전체, 그리고 15종의 야생말과 동물의 유전체를 분석한 연구 결과가 발표되었다. 이 분석에 따르면 당나귀는 약 7,000년 전 동아프리카에서 처음 가축화되었으며, 이는 말의 가축화보다 약 3,000년 앞선 시점이다. 사하라 사막화가 시작되던 이 시기에 당나귀는 동아프리카 전역으로 퍼져 나갔으며, 이후 인간 사회를 형성하는 데 결정적인 역할을 했다는 사실은 역사적으로도 명백하다. 이처럼 우리는 오랜 시간 인간과 함께해온 당나귀에게 감사의 빚을 지고 있는 셈이다.

2 이야기 속 당나귀의 두 얼굴

『피노키오』와 『이솝 우화』의 당나귀

서양 속담에는 "당나귀처럼 고집이 세다"라는 말이 있지만, 그 기원이 확실하지는 않다. 사실 고집스러움은 인간의 특성이다. 어쩌면 반대로, 당나귀야말로 동료에게 이렇게 말해야 할지 모른다. "너는 인간처럼 고집불통이야!"

당나귀는 겸손하고, 부지런하며, 성격이 온순하고 튼튼한 동물이다. 그러나 모든 사람이 그렇게 생각하는 것은 아니다. 많은 이들은 당나귀를 느리고, 멍청하고, 반항적이며, 고집 센 동물로 여긴다. 반면, 당나귀를 존중하는 사람들은 그 많은 장점을 인정한다. 당나귀는 매우 쾌활하고, 부지런하며, 튼튼하고, 심지어 아름답기까지 하다.

다양한 문헌에서 당나귀는 처벌의 상징으로 등장한다. 대부분 인간의 결함을 상징하는 부정적인 맥락에서 나타나며, 존경과 찬사를 받을 가치가 있는 존재로 그려지는 경우는 매우 드물다. 잘 알려진 문학 작품에서도 그 사례를 들 수 있다. 루키우스 아풀레이우스^{Lucius Apuleius}의 『황금 당나귀』에서는 주인공 루키우스가 당나귀로 변한다. 다른 동물이 아닌, 세상에서 가장 하찮고 미움받는 동물인 당나귀로 말이다. 고대에는 당나귀가 우둔함, 게으름, 수치, 모욕의 상징으로 여겨졌고, 그 유일한 용도는 무거운 짐을 나르는 것뿐이었다. 주인공이 당나귀로 변하는 것은 인간의 도덕적 타락과 생명의 무가치함을 상징한다. 육체적 쾌락에서 행복을 찾으려다 헛되이 고독에 빠졌던 루키우스는, 진정한 행복이 영적 가치에 있다는 사실을 깨달은 뒤에야 다시 인간으로 돌아온다.

인간이 당나귀로 변하는 것을 가장 극심한 형벌로 묘사한 또다른 문헌이 있다. 바로 카를로 콜로디의 『피노키오』다. 이야기 속에서 소년들은 당나귀로 변해 소금 탄광에서 노예처럼 일하게 되는데, 이는 게으름과 지나친 장난에 대한 처벌이었다.

당나귀는 특히 가까운 친척인 말과 비교했을 때 불공정한 대우를 받는 경우가 많다. 일반적으로 말은 더 높은 계급에 속하는 고상하고 아름다운 동물로 여겨지는 반면, 당나귀는 구타와 모욕을 당하며 인간에게 봉사하는 존재로 인식된다. 기사가 말을 타고 하인이 당나귀를 탄다는 사실은 당나귀를 더 낮은 계급의 동물로 인식하게 만든다.

당나귀는 흔히 완고함과 어리석음의 상징으로 여겨지지만, 동시에 인내와 겸손, 충성을 상징하기도 한다. 문학 작품에서 당나귀에 대한 인간적이고 감성적인 태도의 예는 『돈키호테』에서 찾아볼 수 있다. 산초 판사의 당나귀 다플이 그 대표적인 예다. 미겔 데 세르반테스의 이 유명한 소설에서 용감한 기사 돈키호테는 말을 타고, 하인 산초 판사는 당나귀를 탄다. 산초는 당나귀를 존중할 자격이 있는 믿음직한 동물로 대한다. 이러한 그의 태도는 여러 문헌에서 드러나는 인간의 당나귀에 대한 태도 가운데, 가장 긍정적이고 따뜻한 사례 중 하나라고 할 수 있다.

당나귀는 이솝 우화에서 많은 역할을 한다. 당나귀는 특유의 천진난만함 때문에 늘 고통을 받고, 자신의 정체성을 바꾸어 다른 누군가가 되기를 원한다. 「사자 가죽을 쓴 당나귀」에서 당나귀의 행동은 자신의 한계를 넘어서고자 하며 자신이 아닌 척하는 사람에 대한 경고로 읽힌다. 이솝에 따르면 사회에서의 자아와 위치는 개인의 근원에 의해 결정된다. 당나귀는 그리스 공동체의 모든 구성원과 마찬가지로, 태생부터 한계를 지닌 존재로 그려진다. 이는 하층 계급 사람들에 대한 당시 사회의 태도를 반영한 것이다.

그렇다면 사회를 변화시키고자 하는 사람들도 결국 당나귀처럼 되어버리는 것일까? 이러한 교훈은 불공정한 사회 질서를 바꾸려는 열망 자체를 꺾어버릴 위험이 있다. 하지만 우리는 젊은 독자들에게 사회의 변화는 필요하며 가능하다고 가르치고 싶지 않은가? 당나귀의 행동을 다른 시각으로 해석한다면, 그것은 다른 사람을 모방하여 성공하려 하지 말고 진정성을 지니라는 메시지로도 읽힐 수 있다. 어느 경우든, 우리는 우화 속 당나귀로부터 배울 것이 많다.

어린이들이 『당나귀 의사』라고 부르는 그림책 속에서, 당나귀는 사랑받는 주인공으로 그려진다. 이 책은 한 섬에서 살아가는 당나귀의 힘겨운 삶을 그린 감동적인 이야기다. 어느 날, 동물들과 특별한 유대감을 지닌 한 소년이 부모와 함께 그 섬을 방문하게 된다. 참을 수 없는 더위 속에서 당나귀를 타는 관광객들 사이에서, 소년은 당나귀에게 연민의 마음을 품고 언젠가 그를 돕기 위해 다시 섬으로 돌아오겠다고 약속한다. 이 이야기는 어린이들에게 당나귀가 단순히 사람들을 즐겁게 해주는 존재 이상의 의미를 지닌다는 것을 가르친다. 다른 모든 동물처럼 그들도 친절하게 대접받을 자격이 있는 우리의 친구들이다.

현대에 이르러 당나귀는 인간의 잔인성으로 인해 학대와 고통을 겪는 희생자로 우리의 보호와 돌봄이 필요한 동물로 인식되고 있다. 고대 그리스와 로마 군대에서 짐꾼, 교통수단, 전차를 끄는 동물로 착취당했던 당나귀는 오늘날의 전쟁터에서도 여전히 중요한 역할을 맡고 있다. 현대 전쟁에서는 차량이 접근하기 어려운 험준한 산악 지형이나 파괴된 지역에서 군수품 운반과 부상

자 후송 그리고 주민들의 생계와 농업 지원에 필수적으로 활용
된다. 아프가니스탄, 시리아, 예멘 등 분쟁 지역에서 이러한 역할
이 특히 두드러진다. 그러나 당나귀는 전쟁 과정에서 폭격, 총격,
지뢰 등 직접적인 피해를 입고, 과도한 노동과 식량 부족, 돌봄 부
재로 인해 심각한 고통을 겪는다. 이처럼 당나귀는 현대 전쟁의
지원군이자 동시에 보호와 관심이 절실한 희생자로 여겨진다. 호
주 문화에서 당나귀는 제1차 세계대전 갈리폴리 전투 당시 영웅
존 심슨[1892~1915]이 부상병들을 구하기 위해 당나귀를 이용한 역사
적 사건 덕분에 보다 특별한 의미를 지닌다. 심슨은 험난한 지형
을 당나귀와 함께 누비며 수많은 부상병을 안전하게 후송했으며,
1915년 전투 중 전사했지만, 그의 희생과 용기는 갈리폴리 전투
의 상징으로 오늘날까지 기념되고 있다. 이러한 이유로 당나귀는
전쟁의 피해자이자 절망 속에서 생명을 구한 희망의 상징으로
존경받고 기억될 가치가 있는 존재로 여겨지고 있다.

여왕과 함께 묻힌 당나귀 부대

당나귀는 서아시아, 이집트, 이라크, 시리아 등지에서 각종 부
장품과 함께 지도층 인사의 무덤에 묻혔다. 이는 당나귀가 고대
장례 의식에서 특별한 지위를 차지하고 있었음을 보여준다. 고대

이집트에서 가장 신성한 지역 중 하나인 아비도스Abydos는 저승으로 가는 문이자 순례와 매장의 중심지로, 이집트 왕들의 무덤이 위치한 곳으로 유명하다. 이곳에서 당나귀의 온전한 골격이 발굴되었다는 사실은, 당나귀가 고대 이집트인들의 삶에 크게 기여한 중요한 가축이었으며, 왕의 무덤에 함께 묻힐 만큼 높은 존중을 받았음을 뜻한다. 더 나아가 이들은 사후세계에서도 인간과 함께하는 영성·생존·동행을 상징하며, 우주의 중요한 요소로 여겨졌음을 보여준다.

수메르 도시 우르Ur의 파아비Piabi 여왕은 자신의 무덤에 시종들과 함께 수레를 끄는 당나귀또는 야생당나귀인 오나거를 포함한 동물들을 매장한 것으로 알려져 있다. 이를 보면 서아시아 지역에서 당나귀는 삶과 죽음의 의례 속에서 매우 특별한 지위에 있었던 것으로 보인다. 당나귀는 많은 부장품 중 하나로 장례식에 포함되는 중요한 요소였으며, 죽은 이가 사후세계에서 신의 환영을 받기 위한 제물로 여겨졌을 가능성도 있다. 고대 문헌은 당나귀를 죽음과 관련된 종교적 또는 의례적 존재로 묘사하고 있다. 이러한 기록을 종합해보면, 서아시아 고대 문화에서 당나귀는 단순한 가축이 아니라 상징적이고 영적인 의미를 지닌 존재였음을 알 수 있다.

중동의 '비옥한 초승달 지대'에서 발굴된 청동기 시대 유적은, 당나귀가 주로 짐을 나르는 운반 수단으로 이용되었음을 입증한다. 가축화된 이후, 당나귀는 아프리카와 아시아의 운반 체계에 중요한 변화를 가져왔다. 반사막 환경에서도 물과 식량을 적게 소비하면서 무거운 짐을 실을 수 있는 능력 덕분에, 수렵-채집민들은 더 많은 짐과 무리를 이끌고 이동할 수 있게 되었다. 인간의 생활 방식이 수렵-채집에서 농경으로 전환되면서, 당나귀에 대한 인식도 달라지기 시작했다. 당나귀는 다양한 기능을 수행했기 때문에 다른 가축보다 더 밀접하고 복잡한 관계를 맺었고, 그 결과 삶과 죽음의 영역에서 독특한 지위를 얻게 된 것으로 보인다. 이러한 이유로 서아시아 지역에서는 당나귀가 다른 가축들보다 더 특별한 상징성을 갖게 되었다.

고대 그리스와 서양 문화는 현대 사회에서 당나귀의 부정적인 이미지에 큰 영향을 미쳤다. 이들 문화권에서는 당나귀를 어리석은 노예와 같은 존재로 묘사함으로써 이후 시대에도 그러한 인식이 반복 재생산되었다. 특히 서양 문화, 그중에서도 문학에서 당나귀는 중요한 위치를 차지한다. 서양 문학에서 당나귀에 대한 인용은 『성경』과 고대 그리스 신화에 뿌리를 두고 있다. 고대 그리스에서는 당나귀의 이미지가 주로 부정적이었으나 이후 기독교 전통과 연계되면서 그러한 인식에 변화가 생겼다. 당나귀는 종종 어리석음과 고집, 그리고 긍정적으로 보더라도 맹목적인 순종을 상징하는 동물로 여겨져 왔다. 이러한 인식은 당나귀를 주로 하층민이나 사회적 약자를 상징하는 존재로 바라보게 만들었

다. 특히 호메로스의 『일리아스』, 이솝 우화, 아풀레이우스의 『황
금 당나귀』 등에서 당나귀는 이런 이미지로 등장한다.

당나귀는 종종 강인함과 아름다움을 상징하는 말과 비교된다.
아풀레이우스의 『황금 당나귀』에서는 주인공이 고집불통, 어리
석음, 사악함, 저속함을 상징하는 당나귀로 변한다. 이 작품은 이
후 중세와 르네상스 유럽 문화에서 당나귀를 묘사하는 데 큰 영
향을 미쳤다. 이 시기 동안 당나귀는 멍청하고 서툴며 느린 존재
로 묘사되었다. 윌리엄 셰익스피어는 '당나귀'라는 단어를 어리석
고 광대 같은 인물을 비하하는 표현으로 자주 사용했다. 반면 수
년 후 미겔 데 세르반테스는 소설 『돈키호테』에서 당나귀를 끈기
있고 충성스러운 동반자로 묘사하며 훨씬 긍정적인 시각을 제시
했다. 이러한 차이는 당나귀가 스페인 사람들의 삶에서 매우 중
요한 존재였기 때문이다. 14세기의 철학자 장 뷔리당은, 목마름
과 배고픔에 시달리던 당나귀가 건초와 물을 발견하자 둘 중 어
느 것을 먼저 먹을까 고민만 하다가 결국 굶주림과 갈증으로 죽
게 되는 딜레마를 보여주면서 인생의 우유부단함을 당나귀의 모
습에 빗대어 설명하기도 했다.

스페인의 카탈로니아 지방, 이란, 러시아, 미국 등지에서는 당
나귀가 정치적 상징으로 사용되기도 한다. 동시에 당나귀는 형편
없는 축구선수나 포커에서 실력이 부족한 사람을 비하할 때 쓰
이기도 한다. 그러나 영적인 맥락이나 일반적인 상징으로 볼 때,

당나귀는 당신의 짐을 덜어주는 존재, 즉 도우미나 동료로 여겨진다. 많은 문학 작품과 우화에서 묘사되는 모습과는 달리, 정령 신앙에서는 당나귀가 똑똑하고 지적인 존재로 나타난다. 영적인 삶에서 작은 당나귀는, 자신의 입장을 고수해야 할 때나 독자적인 결정을 내려야 할 때, 혹은 옳고 그름에 대한 확신이 서지 않을 때, 그리고 타인의 의견을 과감히 외면해야 할 때, 조용하지만 단단한 영적 안내자로 등장한다.

19세기 이후에 들어서서야 당나귀는 많은 작가에 의해 보다 긍정적으로 묘사되기 시작했다. 특히 20세기 조지 오웰의 『동물농장』에서는 당나귀가 쾌활하고 충성스러운 친구이자, 현명하지만 변화에 냉소적인 동물로 그려졌다.

'당나귀 투표'라는 말도 있다. 이는 후보자들의 이름을 위에서 아래로 순서대로 기계적으로 표시하는, 즉 깊은 판단 없이 형식적으로 이루어지는 투표를 의미한다. 또한 당나귀의 울음소리는 정치적으로 시끄럽고 어리석은 연설을 직접적으로 풍자하는 데 사용되기도 한다.

인간을 도우려는 신의 의지

당나귀는 경제적 가치, 인간과의 밀접한 관계, 종교 의식과의 연계 등에서 다른 동물들과는 구별되는 특별한 상징성을 지녀왔다. 당나귀는 농경 작업과 짐 운반, 교통수단뿐만 아니라 의식 행사에도 활용되었으며, 유목 생활을 하던 초기 이스라엘의 『성경』 속에서는 독특한 지위를 확립했다. 『구약성서』의 「민수기」 22장, 「열왕기」 1장 등에서는 당나귀가 예언이나 죽음과 연결되어 있으며, 『신약성서』에서는 인간의 고난과 구원의 희망을 상징하는 우화적 존재로 등장한다.

기독교 『성경』에서 당나귀는 봉사, 고난, 평화, 겸손의 상징으로 묘사된다. 『구약성서』 「민수기」에서 예언자 발람의 당나귀는 지혜와 관련되어 있고, 예수가 당나귀를 타고 예루살렘에 입성하는 장면에서는 긍정적인 상징으로 표현된다. 아그리파[H. Cornelius Agrippa]는 당나귀를 단순한 짐승이 아니라 사도와 같은 영적 존재로 여겼다. 그는 "너희가 당나귀를 돌보지 않는다면 성스러운 신비를 받을 수 없다"라고 말하며, 성스러움을 성취하는 수단으로 당나귀를 보았다.

르네상스 철학자인 조르다노 브루노[Giordano Bruno]는 신학적 깊이를 표현할 때 당나귀의 성질을 활용했다. 그는 당나귀 혹은 고집불통의 특성을 지혜의 상징으로 해석하며, 끊임없이 기도하면 하느님이 당신을 당나귀로 변신시킬 것이라고 말했다. 『성경』 속 당나귀는 겸손한 인물을 돋보이게 하는 존재로, 대개 지적 능력의 은유로 사용되지만, 동시에 인간의 고통과 희망을 드러내는 역할도 한다. 또 다른 성경적 상징으로, 당나귀는 하느님의 말씀과 권위를 전달하는 매개체로 등장한다. 예수가 최후의 만찬을 앞두고 당나귀를 타고 예루살렘에 입성하는 장면은 그가 평화의 존재로 왔음을 상징하며, 이는 전쟁의 상징인 말[馬]을 타고 성 안으로 돌진하던 장군들의 모습과 강렬한 대조를 이룬다. 많은 기독교인은 꿈에 당나귀가 나타나는 것을 신이 자신을 도우려 하고 고난에서 구원하려는 의지를 보여주는 징표라고 믿는다.

또 다른 해석에 따르면, 당나귀는 신이 숭배자들을 하인처럼 사용하려는 의도를 상징한다고도 한다. 당나귀의 성격, 특히 고집이라는 특성은 동물에 대한 기독교인의 신념을 반영한다. 꿈에 반복적으로 당나귀가 나타나는 것은, 신이 올바른 길을 보여주려 애쓰고 있다는 뜻일 수 있다.

당나귀는 기독교 『성경』에서 심오한 상징적 의미를 지닌다. 당나귀는 『성경』에 총 173회 언급되며, 이는 양[羊] 다음으로 많다. 173회 언급 중 가장 유명한 이야기는 예수가 당나귀를 타고 예루살렘에 영광스럽게 들어오는 장면일 것이다. 이 장면에서 당나귀는 그 위에 탄 사람을 반영한다. 예수는 모든 덕목의 바탕으로 겸손과 봉사를 두었다. 선교사 마테오의 기록에 따르면, 사람들은 "호산나, 다윗의 자손!"이라고 외쳤다. 그 순간 당나귀는 매질과 모욕을 받는 멍청한 동물이 아니라, 존경과 찬사를 받을 자격이 있는 존재로 그려진다.

  3부 당나귀

또한, 당나귀는 나사렛에서 임신한 마리아를 태우고 예수가 태어날 베들레헴까지 데려간다. 거의 모든 품종의 당나귀 등에는 십자가 문양이 있다. 전설에 따르면, 예수를 등에 태우고 예루살렘에 입성했던 그 작은 당나귀는, 예수가 십자가를 지고 골고다 언덕을 오를 때 도와주려 했지만, 몰려든 군중 속을 뚫고 다가갈 수 없어 끝내 도움을 줄 수 없었다. 예수가 십자가형을 받고 군중이 흩어진 뒤, 당나귀는 조용히 다가와 십자가 뒤에 섰다. 해가 지고 있었고, 십자가의 그림자가 당나귀 어깨 위에 드리워졌다. 그리하여 지금 모든 당나귀는 십자가를 영구적인 표시로 지니게

일부 당나귀 품종은 어깨와 등 쪽에 십자가 모양의 무늬를 가지고 있다. 이는 예수님이 예루살렘에 입성할 때 탔던 당나귀의 십자가 그림자 흔적이라는 전설 때문에 '예루살렘 당나귀' 또는 '성스러운 당나귀'라고 불리기도 한다.

되었다고 전해진다.

전해지는 또 다른 전설에 따르면, 예수는 자신을 예루살렘까지 태워 도와준 친절한 당나귀에 대해 하나님께 이야기했다. 이 이야기를 들은 하나님은 당나귀의 선행에 감동하여 그를 축복하고, 모든 당나귀의 등에 거룩한 징표로 십자가를 새겨주었다고 전해진다.

전해오는 또 다른 이야기에는, 당나귀가 예수의 고통과 고난을 인식했다고 한다. 끔찍한 십자가 처형 장면을 목격한 당나귀는, 예수가 겪는 고통을 차마 볼 수 없어 등을 돌려 십자가를 등진다. 당나귀의 충성심과 겸손한 사랑에 감동한 하나님은, 예루살렘의 모든 당나귀 등에 십자가 그림자가 드리우도록 해주었다.

또 다른 이야기도 있다. 도시 근처에 사는 가난한 농부가 있었다. 그는 너무 작아 아무 쓸모도 없는 당나귀 한 마리를 가지고 있었는데, 당나귀를 죽이려 하자 아이들이 살려달라며 간청했다. 아이들의 애원에 마음이 움직인 농부는 당나귀를 예루살렘으로 가는 길가의 나무에 묶어 아무나 데려가도록 두었다. 이때 두 남자가 농부에게 다가와, 예수께 당나귀가 필요하다고 전했다. 그래서 농부는 기꺼이 당나귀를 내어주었고, 그 당나귀는 500년 전에 예언된 대로 구세주를 등에 태우고 예루살렘까지 갔다.

이 이야기들은 당나귀가 단순한 가축 그 이상으로, 겸손과 헌신, 그리고 평화를 상징하는 존재로 여겨졌음을 보여준다.

3 당나귀가 주인공인
우화들

🫏 아버지, 아들 그리고 당나귀

아버지와 아들이 당나귀를 시장에 내다 팔려고 끌고
가고 있었다. 지나가던 사람들마다 부자를 비웃으며 "멍청하긴!
당나귀는 타라고 있는 것인데 모시고 가는군" 하며 한마디씩 던
졌다. 아버지는 얼른 아들을 당나귀에 태우고 길을 갔다. 한참 가
다가 또 다른 사람이 혀를 차며 한마디 한다. "참으로 버르장머
리 없는 젊은이구먼. 어른은 걷고 젊은이는 타고 가니." 아버지는
얼른 아들을 내리게 하고 자기가 당나귀에 올라탔다. 한참을 가
는데 지나가던 여인네들이 소리친다. "참으로 뻔뻔스럽고 게으른
아버지구먼. 어린 아들은 걸어가게 하고 자기는 타고 가네." 아버
지는 얼른 아들을 자기 뒤에 태우고 길을 계속 갔다. 한참을 가
는데 사람들이 수군댄다. "참으로 잔인한 사람들이구먼. 덩치가
큰 두 사람이 한꺼번에 저 불쌍한 당나귀를 타고 가다니!" 아버

지는 내려서 생각했다. 결국 나무를 잘라서 긴 막대를 만든 후 당나귀 앞다리와 뒷다리를 묶어 매단 뒤 아들과 함께 짊어졌다. 당나귀를 짊어지고 시장으로 가는 다리를 건너는 중에 아버지와 아들은 수많은 사람을 만났다. 그들의 비웃음 속에서 아버지와 아들은 당황하며 허둥댔고, 그사이 당나귀는 발버둥 치다가 강물에 빠져버리고 말았다. 다리가 묶인 당나귀는 결국 익사했다.

![당나귀] 당나귀와 여우

어느 날 정직한 늙은 당나귀가 가시덩굴을 뜯어 먹고 있었다. 옆에서 거위로 저녁을 푸짐하게 즐긴 여우가 건방을 떨며 말했다. "미안, 당나귀야. 이 계절에 치아도 없는 턱으로 씹어야 할 게 그게 전부야? 먹을 거라곤 땅에서 난 그 자작나무 빗자루야? 그 낡은 곡물 통은 더 이상 없는 거야? 너에게 네 성격에 딱 맞는 가시덩굴을 허락할게. 내가 말하건대, 그 가시덩굴이 너의 위트를 더욱 예리하게 다듬어줄 거야. 하지만 잠깐, 너의 위트를 다듬어 줘? 그건 결코 이루어질 수 없지. 당나귀는 위트가 없다는 것을 세상이 다 알지." 그러나 당나귀는 자기 식사에 매우 만족해하는 듯 보였다. 마치 머릿속을 완전히 비우고 조용히 있기로 결심한 것 같았다. 실제로 당나귀는 여우를 무시하여 별다른 신경을 쓰지 않았다. 그럼에도 불구하고 이렇게 대답했다. "네 눈에는 내가 바보로 보이지? 당연해. 조용히 생각해봐, 그건 나에게 아무런 고통도 줄 수 없어. 그게 내가 너보다 우월한 거지. 네 생각엔 내가 멍청이 같겠지만, 나는 네가 악당이라는 것을 잘 알지."

🫏 노래하는 당나귀와 여우

당나귀 한 마리가 호숫가 언덕에서 풀을 뜯고 있었다. 여우가 당나귀에 다가와 말했다. "친구야, 오늘 밤 근처 논에 가세. 경비원들이 자고 있을 것이니 우리는 벼를 먹을 수 있을 거야." 당나귀는 함께 가기로 약속했다. 그날 밤 둘은 논으로 가서 배불리 벼를 먹었다. 당나귀가 여우에게 말했다. "친구야, 오늘 밤 네 덕분에 좋은 음식을 먹을 수 있어서 지금 엄청 행복해. 오늘 밤 달빛이 밝게 비추니 너를 위해 노래를 한 곡 불러줄게." 여우는 겁이 나서 말했다. "이 멍청한 당나귀야, 입도 벌리지 마라. 네가 노래를 시작한다면 경비원들은 잠에서 깰 것이고 우리는 그들에게 잡혀서 혼이 날 거야."

당나귀는 여우의 말을 듣지 않았고, 오히려 이 들에서의 잔치를 기념하기 위해 여러 곡을 부르겠다고 확실하게 말했다. 여우는 상황을 이해했고 당나귀에게 자기가 근처 숲으로 숨을 때까지 기다려달라고 말했다. 그리고 여우는 근처 숲으로 도망가서 안전하게 몸을 숨겼다. 기분 좋은 당나귀는 노래를 부르기 시작했다. 그순간 경비원들이 잠에서 깨 당나귀가 논을 얼마나 망쳐놓았는지 보았다. 그들은 당나귀를 심하게 때린 뒤 목을 나무 기둥에 묶어놓았다. 당나귀는 기절하여 쓰러졌다. 한참 후 당나귀는 기절 상태에서 깨어났고 여우는 숲에서 나왔다. 여우가 당나귀에게 노래를 매우 잘 불러 경비원들로부터 목에 일등상을 받았다고 말해주었다. 당나귀는 창피해하며 고개를 들지 못했다.

당나귀와 교활한 여우

옛날에 사이좋은 당나귀와 여우가 살았다. 어느 날 당나귀와 여우는 여행을 떠났다. 그들은 길을 가다가 보물상자를 발견하고는 기쁘게 마을로 돌아왔다. 당나귀는 보물을 똑같이 나누자고 제안했다. 그러나 여우는 그럴 생각이 전혀 없었다. 여우가 말했다. "친구야, 지금은 우리가 필요한 만큼만 갖고 나머지는 개울가 나무 밑에 묻어두자. 그러면 안전할 거야. 우리 말고는 아무도 그곳을 알지 못하니까. 그리고 필요할 때마다 이곳에 오면 되지." 당나귀는 여우의 제안을 받아들여 필요한 보물만 챙기고 나머지는 나무 밑에 묻었다.

잠시 후 여우는 돌아와 나머지 보물을 모두 가져갔다. 며칠 후 당나귀가 보물이 필요해서 여우에게 갔다. 당나귀는 여우에게 보물이 필요하다고 말했다. 그들은 보물을 묻은 곳으로 갔다. 여우가 자기 발로 나무 밑을 팠으나 당연히 보물상자는 나오지 않았다. "내가 너를 믿는 게 아니었어. 네가 여기 와서 보물을 훔쳐 갔어!" 여우가 당나귀에게 소리를 질렀다. 당나귀는 훔치지 않았다고 했지만 여우는 당나귀에게 말할 기회조차 주지 않은 채 목소리를 더욱 높였다. "우리 말고는 여기 보물이 있는 걸 아는 사람은 없어. 보물이 어디 갔어? 누가 우리 보물을 훔쳐 갔지?"라고 여우는 말했고 그들은 오래 말다툼했다.

여우와 당나귀는 법정으로 가기로 했다. 당나귀는 끈질기게 여우의 주장을 인정하지 않았고, 계속 자신을 옹호했다. 판사는 여우를 의심했다. "당나귀가 보물을 훔쳤다고 확신한다면 그 증거를 보여라." 판사가 말했다. "판사님, 저는 증인이 있습니다. 보물을 묻은 곳에 있는 나무가 증인입니다"라고 여우가 말했다.

판사는 여우가 제시하는 증거를 납득할 수 없었지만 담담한 목소리로 말했다. "만약 나무가 이 사건의 증인이라면 가서 물어보자." 판사, 여우, 그리고 당나귀는 나무 앞에 도착했다. 여우는 미리 자기 동생을 나무 속에 넣어두었고, 그에게 판사의 질문에 대답하라고 일러두었다. 판사가 나무에게 다가가 물었다. "늙은 플라타너스 나무여, 누가 보물을 훔쳤는지 우리에게 말해주시오."

나무 안에 있던 여우의 동생은 마치 나무가 말하는 것처럼 대답했다. "당나귀." 판사는 이 대답에 무척 놀랐다. 그는 나무에 다가가서 자기 귀를 나무에 댔다. 한참 후 "이 나무는 저주를 받았군. 이 나무를 즉시 태워버려라" 하고 자기 직원들에게 명령했다. 나무가 타기 시작하자 안에 있던 여우가 비명을 지르기 시작했다. "도와주세요! 도와주세요! 제발 도와주세요. 저는 불타고 있어요." 판사는 불을 끄라고 명령했다. 그리고 여우의 동생을 나무에서 끄집어냈다.

가까스로 살아난 동생 여우는 자기 형이 계획했던 모든 것을 고백했다. 판사는 여우에게서 보물을 빼앗아 당나귀에게 전해주었다. 여우는 다시는 남을 속이지 않겠다고 서약했다.

농부와 당나귀

어느 날 한 농부의 당나귀가 우물에 빠졌다. 농부가 어떻게 해야 할지 궁리하는 동안 당나귀는 우물 속에서 계속 가련하게 울어댔다. 마침내 농부는 당나귀가 늙었고 우물도 어찌 됐든 메꿀 필요가 있으므로 당나귀를 구할 가치가 없다는 결론을 내렸다. 농부는 이웃 사람들에게 와서 자신을 도와달라고 청했다. 그들은 모두 삽을 들고 와서 흙을 퍼서 우물을 메꾸기 시작했다. 당나귀는 무슨 일이 벌어지는지 알아차리고 두려움에 울어댔다. 그러다 모두가 놀랍게도 갑자기 당나귀가 조용해졌다. 삽으로 여러 번 흙을 퍼 넣은 후 농부는 드디어 우물을 내려다보았다. 그는 눈앞에 펼쳐진 광경에 놀랐다. 한 삽씩 퍼 넣은 흙이 당나귀 등에 떨어질 때마다 당나귀는 놀라운 행동을 했다. 당나귀는 흙을 털어내고 그 위를 밟고 올라서고 있었다. 농부의 이웃들이 계속 흙을 퍼부어도 당나귀는 그것을 털어내고 그 위를 밟고 올라섰다. 얼마 지나지 않아 당나귀가 흙을 밟고 올라와 즐겁게 우물가를 걸어 나오자 모두가 놀라움을 금치 못했다.

바보와 당나귀

어느 날 아침 바보는 잠에서 깨어 생각했다. "나에게 필요한 게 하나 있어. 난 당나귀가 필요해." 그래서 그는 집을 떠나 시내에 도착할 때까지 걸어갔다. 그는 당나귀 축사에 도착했다. 거기엔 많은 당나귀가 있었다. 어떤 것은 크고 어떤 것은 작았다. 어떤 것은 긴 귀를, 어떤 것은 아주 짧은 귀를 가졌다. 그들 중에 길고 부드럽게 늘어진 귀를 가진 당나귀가 있었다. "이것이 내 당나귀야." 바보는 당나귀 주인에게 돈을 지불하고 축사에서 당나귀를 밧줄로 묶어 시내의 거리를 지나 몰고 갔다. 거기에 두 소년이 있었다.

"우리가 저 바보를 속여서 당나귀를 빼앗을 수 있을 거야." 한 소년이 다가와 당나귀의 목을 감고 있던 밧줄을 풀어 자신의 목에 두르고, 전혀 알아차리지 못한 바보를 따라갔다. 다른 소년은 당나귀를 몰고 가서 축사에 다시 팔았다.

바보는 거리를 지나 시내에서 자기 집으로 걸어갔다. 집에 도착한 그가 뒤를 돌아보며 말했다. "어, 내가 너를 샀을 때 넌 당나귀였는데. 지금은 소년으로 변했구나." "맞아. 네가 나를 샀을 때 난 당나귀였지. 그러나 있잖니, 전에 난 소년이었어. 내가 내 어머니에게 너무 버릇없게 굴어서 어머니가 '네가 만약 나에게 또다시 그렇게 거칠게 굴면 마귀가 너를 당나귀로 변하게 할 거야'라고 말씀하셨어. 그래서 이렇게 된 거야. 하지만 이제 네가 나를 샀으니 나는 다시 한번 소년이 되었고 난 너의 소유가 되었어." "네가 내 소유라고?" 바보가 말했다. "난 소년을 소유할 수 없어. 가라, 가. 다만 한 가지 약속해. 네 어머니에게 돌아가거든 다시는 어머니에게 거칠게 굴지 마라."

바보는 그날 밤에 잠을 자고 아침에 일어나 보니 자신에게 여전히 필요한 것이 남아 있다는 것을 깨달았다. 그는 지금도 당나귀가 필요했다. 그는 집을 떠나 자기의 마지막 남은 동전 몇 개를 가지고 시내에 도착할 때까지 걸었다. 거리를 지나 당나귀 축사에 도착했다. 그곳에는 크고 작은, 어떤 것은 다른 것보다 더 큰

귀를 가진 당나귀들이 있었다. 그는 여러 당나귀 가운데서 길고, 늘어지고, 부드러운 귀를 가진 그 당나귀를 발견했다. 그는 그 당나귀를 알아보고 다가가 귀를 들어 올리며 말했다. "야, 이 멍청한 소년아, 내가 너의 어머니에게 다시는 버릇없이 굴지 말라고 했지!"

🫏 당나귀 이야기

한 당나귀가 나무에 묶여 있었다. 마귀가 다가와 그 끈을 풀어주었다. 당나귀는 밭으로 달려가 작물을 망가뜨리기 시작했고, 이를 본 농부의 아내는 총으로 당나귀를 쏘아 죽였다. 자신의 당나귀가 죽은 것을 본 주인은 분노하여 농부의 아내를 총으로 쏘았다. 집으로 돌아온 농부는 아내의 죽음을 보고 격분하여 당나귀 주인을 쏘아 죽였다. 당나귀 주인의 아내는 두 아들에게 아버지의 복수를 부탁했고, 두 아들은 농부의 집을 불태웠다. 그들은 농부 또한 집에 함께 타 죽었을 것이라 생각하며 기뻐했지만, 안타깝게도 농부는 살아 있었다. 검게 타버린 집의 잔해를 본 농부는 곧바로 당나귀 주인의 아내와 두 아들을 쏘아 죽였다.

갑자기 죄책감에 휩싸인 농부는 이 모든 끔찍한 일이 왜 일어났는지 악마에게 물었다. 그러자 악마가 대답했다. "왜? 난 아무

것도 하지 않았어! 오직 당나귀를 풀어준 것 말고는. 그 뒤 반응하고, 과잉 반응하고, 스스로 마음속 악마를 풀어준 것은 모두 너희였어! 알겠느냐?"

당나귀를 빌려달라는 이웃

어느 날 물라 나스루딘에게 그가 별로 좋아하지 않는 이웃이 찾아왔다. 이웃은 그에게 "당나귀를 빌릴 수 있을까요?" 하고 물었다. 그는 자기가 좋아하지 않는 이웃에게 당나귀를 빌려주고 싶지 않아서 이렇게 말했다. "제가 당신에게 당나귀를 꼭 빌려주고 싶지만 불행하게도 내 동생이 어제 와서 나에게 똑같이 당나귀를 빌려달라고 했습니다. 방앗간에서 밀가루로 분쇄하기 위해 자기가 수확한 밀을 당나귀에 싣고 옆 마을로 갔지요. 그래서 슬프게도 당나귀는 여기 없습니다."

"오, 참 안됐네요. 어찌 됐든 감사합니다." 이웃은 이렇게 말하고는 돌아서서 집으로 향했다. 이웃이 단지 몇 발자국을 걸었을 때 그의 집 뒤편에 있는 물라 나스루딘의 당나귀가 크고 시끄러운 울음소리를 냈다. 이웃은 뒤돌아서서 "물라 나스루딘, 당신 당나귀는 여기에 없다고 말한 것으로 아는데요" 하고 말했다. "당나귀는 없어요" 그가 말했다. "하지만 전 방금 당나귀가 우는 소리를 똑똑히 들었는데요." 이웃이 말했다. 물라 나스루딘은 이웃을 돌아보며 말했다. "여보시오, 당신은 나와 당나귀 중에서 누구를 믿을 것이오?"

🫏 당나귀와 애완용 개

당나귀와 애완용 개를 가진 사람이 있었다. 당나귀는 귀리와 건초가 풍부한 마구간에서 지냈다. 당나귀로서는 더없이 좋은 환경이었다. 작은 개는 주인에게 애완견으로 역할을 잘해 주인은 개를 무척 귀여워하여 종종 자기 무릎에 눕게 했다. 주인은 저녁을 먹으러 나갔다 돌아올 때면 자신을 반기며 달려오는 개에게 주려고 한두 조각 맛있는 것을 가져오곤 했다. 한편 당나귀는 짐마차를 끌고, 옥수수를 분쇄하고, 농장의 짐을 나르는 등 해야 할 일이 많았다. 그러던 어느 날, 당나귀는 자신이 땀 흘려 일하는 삶과 달리 편하게 놀며 지내는 애완견의 모습을 보고는 심한 질투심에 사로잡혔다. 드디어 어느 날 자기 고삐를 부수고는 주인이 저녁을 막 먹으려고 앉아 있는 집으로 뛰어 들어갔다. 작은 애완견의 장난을 흉내 내며 껑충껑충 뛰고 신나게 뛰놀면서 그의 서투른 노력으로 탁자를 뒤엎고 도자기 그릇을 박살 냈다. 그것으로도 모자라 당나귀는 주인이 애완견에게만 허락하던 행동인 주인의 무릎 위에 뛰어오르는 것까지 따라 하려 했다. 주인의 사랑을 받고 싶었던 것이다. 그것을 본 하인들은 주인이 위험에 빠진 줄 알고 막대기와 곤봉으로 당나귀를 두들겨 패 반쯤 죽인 상태로 마구간으로 돌려보냈다. "슬프다!" 당나귀는 울부짖었다. "내가 이 모든 일을 자초했구나. 나의 이 자연스럽고 영광스러운 자리에 만족하지 못하고 왜 쓸모없는 작은 애완견의 우스꽝스러운 어릿광대짓을 흉내 냈을까?"

🐴 당나귀와 소금 장수

어느 날, 당나귀를 키우던 한 소금 장수가 많은 소금을 사서, 당나귀가 견딜 수 있는 최대한의 양을 등에 실었다. 집으로 가는 길에 당나귀가 시내를 건너다가 장애물에 걸려 넘어져 물속에 빠지고 말았다. 소금은 완전히 젖었고 많은 양이 물에 녹아 빠져나갔다. 이후 당나귀가 발을 딛고 일어서자 자기 짐이 훨씬 가벼워졌음을 깨달았다. 주인은 당나귀를 다시 몰고 마을로 돌아가 더 많은 소금을 사서 등에 진 바구니에 남아 있는 소금에 더한 뒤 길을 나섰다. 그들이 개울에 도착하자마자 당나귀는 전처럼 물에 누웠다가 훨씬 가벼워진 짐을 지고 일어섰다. 하지만 주인은 당나귀의 꾀를 알아채고, 이번에는 다시 돌아가 많은 양의 스펀지를 사서 당나귀 등에 쌓았다. 그들이 개울에 도착했을 때 당나귀는 다시 물 위에 드러누웠다. 그러나 이번에는 스펀지가 많은 양의 물을 흡수했고 그는 네발로 일어설 때 전보다 훨씬 무거운 짐을 지게 됐다는 것을 알았다.

🐴 사자의 가죽을 쓴 당나귀

한 당나귀가 사자의 가죽을 발견하고 그것을 입었다. 그러고는 돌아다니며 만나는 모든 이들을 놀라게 했다. 사람이건 동물이건 모두 그를 사자로 알고 다가오면 도망치기 바빴다. 자기 꾀가 성공하자 신이 나서 당나귀는 승리의 기쁨에 취해 크게 울부짖었다. 여우가 그 소리를 듣고는 그가 당나귀라는 사실을   한번에 알아차리고 말했다. "아하, 친구야, 너지, 그렇지? 내가 만약 너의 목소리를 듣지 않았다면 나 또한 무서워했었을 거야."

🐴 당나귀와 늙은 농부

한 늙은 농부가 가까이에서 풀을 뜯고 있는 자기 당나귀를 바라보며 풀밭에 앉아 있었다. 별안간 무장한 사람이 몰래 다가오고 있는 것이 그의 눈에 들어왔다. 그는 즉시 뛰어 일어나 당나귀에게 할 수 있는 한 빨리 함께 달아나자고 사정했다. "아니면 우리 둘 다 적에게 잡히고 말 거야"라고 농부가 말했다. 그러나 당나귀는 그저 주위를 천천히 둘러보며 말했다. "그렇다면 당신은 그들이 내가 지금 지고 있는 짐보다 더 무거운 것을 지게 할 거라고 생각하십니까?" "아니" 하고 주인이 대답했다. "그렇다면 전괜찮습니다. 더 나빠질 게 없으니까요" 하고 당나귀는 체념하듯말했다.

🐴 당나귀와 수탉과 사자

당나귀와 수탉이 축사에 함께 있었다. 얼마 지나지 않아 여러 날 동안 굶은 사자가 들어와서 막 당나귀를 덮쳐 잡아먹으려 했다. 그때 수탉이 날개를 심하게 펄럭이면서 최대한으로 뛰어올라 엄청난 목소리로 울어 젖혔다. 세상에 사자가 두려워하는 한 가지가 있다면 그건 바로 수탉의 울음소리였다. 이 시끄러운 소리를 듣자마자 사자는 겁을 먹고 도망쳤다. 이를 본 당나귀는 몹시 고무되어 이렇게 생각했다. '사자가 수탉을 이기지 못한다면, 나도 사자를 물리칠 수 있을 거야!' 그래서 당나귀는 달려 나가 사자의 뒤를 쫓았다. 그러나 수탉의 울음소리가 들리지 않고 그 모

습도 보이지 않을 정도로 멀어지자 사자는 갑자기 뒤돌아서서
당나귀를 잡아먹었다.

🐴 당나귀와 그의 주인

당나귀가 산길을 내려가고 있었다. 잠시 종종걸음치던 당나귀
는 갑자기 방향을 틀어 절벽 끝을 향해 달려갔다. 막 뛰어내리려
는 순간, 주인은 재빨리 당나귀의 꼬리를 붙잡고 필사적으로 끌
어당겼다. 하지만 절벽 끝에 선 당나귀는 꼼짝도 하지 않았다. 결
국 주인은 손을 놓으며 외쳤다. "좋아, 네 뜻대로 해! 하지만 그
길이 얼마나 빨리 죽음에 이르는 길인지 곧 알게 될 거다."

🐴 당나귀와 구매자

어떤 사람이 당나귀를 사려고 시장에 갔다. 그는 겉모습이 제
법 괜찮아 보이는 당나귀를 발견하고는, 주인과 흥정을 벌인 끝
에 당나귀를 집으로 데려가 시험해볼 수 있도록 허락받았다. 집
에 온 그는 당나귀를 다른 당나귀들과 함께 있도록 외양간에 집
어넣었다. 그 신참 당나귀는 외양간을 둘러보더니 즉시 그곳에서

가장 게으르고 욕심 많은 당나귀 옆에 자리를 잡았다. 구매자는 그 모습을 보자마자 결정을 내렸다. 그는 곧바로 당나귀에게 고삐를 채워 주인에게 다시 돌려줬다. 주인은 구매자가 너무 일찍 돌아와 놀라서 물었다. "아니, 벌써 당나귀를 시험해봤다는 말입니까?" "더 이상 시험해볼 필요도 없습니다. 그 당나귀가 어떤 친구를 골랐는지를 보면 어떤 녀석인지 충분히 알 수 있었거든요" 하고 대답했다.

짐 나르는 당나귀와 야생 당나귀

하는 일 없이 돌아다니는 야생 당나귀가 어느 날 양지바른 곳에 퍼져 누워 완전히 느긋하게 여유를 즐기는, 짐 나르는 당나귀를 만났다. 그에게 다가가 말했다. "넌 정말 운이 좋구나! 반지르르한 털이 네가 얼마나 잘 사는지를 보여주는군. 네가 정말 부럽다." 야생 당나귀가 그 친구를 만난 지 얼마 안 된 후 짐 나르는 당나귀가 이번에는 무거운 짐을 나르고 있었다. 그의 주인이 뒤에서 따라오면서 두툼한 막대로 그를 때리고 있었다. 야생 당나귀가 말했다. "아, 친구야, 이제는 더 이상 네가 부럽지 않아. 네가 누리고 있는 그 안락함을 위해 어떤 대가를 치르고 있는지, 나는 똑똑히 알았거든."

당나귀와 주인의 종류

한 정원사가 기르던 당나귀는 부족한 식량, 무거운 짐, 지속적인 매질에 지쳐 있었다. 견디기 어려웠던 당나귀는 주피터에게 자신을 정원사에게서 벗어나 다른 주인을 섬기게 해달라고 간청했다. 주피터는 머큐리를 보내 정원사에게 당나귀를 도공에게 팔라고 명했고, 정원사는 그대로 따랐다. 그러나 도공 아래에서 더 고되게 일하게 된 당나귀는 이전보다 상황이 나아지지 않음을 깨닫고, 다시 주피터에게 구원을 호소했다. 주피터는 친절하게 무두장이에게 팔려 가도록 주선했다. 그러나 당나귀는 새 주인의 직업을 알고 절망하며 울부짖었다. "왜 나는 예전 두 주인 중 한 사람에게 만족하지 못하고, 더 나은 대우를 바라며 애써 일했던 걸까? 그들은 적어도 나를 품위 있게 묻어주었을 텐데… 이제 나는 무두질 통에서 생을 마감하게 생겼구나."

짐 나르는 당나귀, 야생 당나귀 그리고 사자

야생 당나귀가 무거운 짐을 지고 달리는 짐 나르는 당나귀를 보고 그가 살고 있는 노예 생활의 형편을 조롱했다. "내 생활과 비교해봐라. 네 인생이 얼마나 비참하냐! 난 공기처럼 자유롭고 일이라곤 털끝만치도 하지 않는다. 식량이 필요하면 언덕에 올라가 내가 먹기엔 충분하고도 남을 만큼의 풀을 마음껏 뜯을 수 있지. 하지만 너는 식량을 위해 주인에게 의존해야만 하지. 주인은 너에게 매일 무거운 짐을 지우고, 때때로 가차 없이 매질하기도 해." 그렇게 말하던 순간, 사자가 나타났다. 사자는 주인이 옆에 있는 당나귀는 건드리지 않았지만, 보호받지 못하는 야생 당나귀에게는 곧바로 달려들어 아무런 저항도 받지 않은 채 먹잇감으로 삼았다.

🐴 성상을 지고 가는 당나귀

어떤 사람이 자기 당나귀 등에 성상을 얹어서 마을의 한 사원으로 가져갔다. 그들이 길을 지나는 동안, 마주친 모든 사람은 그 성상에 대한 존경심으로 모자를 벗고 고개를 숙여 인사했다. 그러나 당나귀는 사람들이 자기를 존경하여 인사를 한다고 생각했고 그에 따라 우쭐대기 시작했다. 결국 당나귀는 자만심이 극에 달해 스스로 원하기만 하면 무엇이든 할 수 있다고 믿어버렸다. 등에 탄 주인에게 반항하듯 당나귀가 갑자기 걸음을 멈추더니 앞으로 나아가기를 단호히 거부했다. 주인은 당나귀가 고집을 피우자 막대기로 세게 그리고 오래 내려치기 시작했다. 그리

　　　　　　　　　　　　　　　　　　　　　3부 당나귀

고 말했다. "야, 이 멍청이 바보야, 그 사람들이 너에게 경배한다
고 생각하니?"

세탁업자의 당나귀와 개

옛날에 한 작은 마을에 세탁업자가 살았다. 그는 개와 당나귀
를 기르고 있었다. 개는 주인의 집을 지켰고 당나귀는 매일 자기
등에 옷들을 가득 싣고 세탁업자의 집에서 강으로 나르곤 했다.
어느 날 밤에 도둑이 세탁업자의 집에 침입했다. 개는 도둑을 보
고 짖기 시작했다. 자기 개가 짖는 소리를 듣고 세탁업자는 즉시
일어나 도둑을 잡았다. 세탁업자는 자기 개가 매우 자랑스러워
그날 이후로 개에게 특별대우를 하고 관심을 쏟기 시작했다. 이
광경을 본 당나귀는 질투를 느끼고 마음이 불편해졌다. 당나귀
는 생각했다. "나의 주인은 나보다 개가 더 유용한 동물이라고 생
각해서 그를 더 사랑한다." 당나귀는 주인이 자기의 공헌을 중요
하게 여기지 않는다고 느꼈다. 당나귀는 주인에게 더 가치 있고
사랑받으려면 자신도 개처럼 쓸모가 많다는 것을 주인에게 보
여줘야 한다고 결론 내렸다. 며칠이 지났다. 어느 불행한 밤에 또
다른 도둑이 세탁업자의 집에 침입하려고 시도했다. 그러나 도둑
은 대문 밖에 개가 앉아 있는 것을 보고 무서워서 달아났다. 이

것을 본 당나귀는 생각했다. "이건 내가 개처럼 주인에게 쓸모 있다는 걸 보여줄 절호의 기회야. 이제부터 주인은 나에게도 특별한 대우를 해주겠지." 당나귀는 가장 큰 소리로 울어대기 시작했다. 그 소리에 세탁업자는 잠에서 깨어 주위를 둘러보았다. 도둑은 이미 도망갔기 때문에 세탁업자는 아무도 발견할 수 없었다. 그는 한밤중에 자기 잠을 방해한 당나귀에게 단단히 화가 났다. 세탁업자는 막대기를 들고 나와 당나귀를 심하게 때렸다. 불쌍한 당나귀의 상태를 본 개는 그에게 말했다. "나를 흉내 내려고 하지 말고 너의 임무에 충실한 게 나을 거야." 당나귀는 그제야 바보 같은 자신의 행동을 반성했다. 이후 당나귀와 개는 좋은 친구로 지냈다.

🐴 수소와 당나귀

가난한 농부가 늙은 수소를 가지고 있었다. 수소는 일하기를 좋아하지 않았다. 그는 농부의 밭을 갈고 싶지 않았다. 집에 머물며 풀이나 뜯고 물을 마시고 그저 쉬고 싶을 뿐이었다. 농부는 당나귀도 가지고 있었다. 당나귀는 수소의 친구였다. 하루가 끝나면 수소와 당나귀는 서로 이야기를 나눴다.

"나는 너무 피곤해. 하루 종일 열심히 일만 했어. 게다가 쟁기는 얼마나 크고 무거운지. 농부는 결코 나를 쉬게 하지 않아" 하고 수소가 말했다. 당나귀가 수소를 쳐다보며 '수소는 게을러서 일하기를 싫어하지'라고 생각하며 말을 꺼냈다. "넌 너의 쟁기가 무겁다고 생각하지? 믿어라, 친구야! 그건 가벼워. 난 오늘도 내 등에 밀 한 가마를 지고 날랐어. 자신 있게 말하건대 그건 너의 쟁기보다 훨씬 무거웠어."

다음 날 둘은 다시 만났다. "난 오늘도 나쁜 날이었어. 주인의 밭이 너무 멀리 있는 데다 완전 자갈밭이었어. 하루 종일 일만 하느라 쉬지도 못했어" 하고 수소가 말했다. "열심히 일했다고? 난 오늘 시장에 갔는데, 그곳은 여기서 엄청나게 먼 시내에 있어. 확실히 난 너보다 더 힘들게 일했어" 하고 당나귀가 말했다.

다음 날 수소가 늦은 시간에 집으로 돌아왔다. "어이 친구, 오늘도 나에겐 아주 나쁜 날이었어" 하고 수소가 당나귀에게 말했다. 그러나 당나귀는 더 이상 수소의 불평을 듣고 싶지 않았다. 당나귀는 말했다. "넌 항상 피곤하고 매일이 나쁜 날이지. 들어봐, 나에게 좋은 생각이 있어. 내일 농부가 오면 바닥에 누워 눈을 감고 울어봐. '음매, 음매' 하면서 말이야. 그러면 농부가 네가 아픈 줄 알고 쉬게 해줄 거야." 수소는 당나귀의 생각이 마음에 들었다. "고맙다, 친애하는 당나귀야. 아주 좋은 생각인걸" 하고 수소는 말했다. 다음 날 아침 수소는 바닥에 누워 농부를 기다렸다. 농부가 왔을 때 그는 눈을 감고 '음매, 음매' 하고 울었다. 농부가 수소를 쳐다보았다. "내 불쌍한 수소가 아프구나. 하지만 나는 밭을 갈아야 해. 누가 나를 도울 수 있을까? 와, 당나귀가 있구나. 오늘은 당나귀가 밭을 갈 수 있겠다." 농부는 당나귀를 밭으로 데리고 나가 쟁기를 당나귀에 묶은 뒤 채찍으로 때리기 시작했다. 그는 당나귀를 다그치며 "앞으로 가라, 더 빨리!" 외쳤다. 당나귀는 하루 종일 힘들게 일한 탓에 저녁이 되자 녹초가 되어버렸다. 수소가 그를 기다리고 있었다. 수소가 말했다. "친애하는 당나귀여, 나는 오늘 정말 멋진 시간을 보냈네. 풀을 먹었고 물도 마셨어. 큰 나무 아래에서 잘 쉬었어. 내일도 다시 쉬었으면 하네. 그러려면 내가 어떻게 해야 하지? 나한테 좋은 아이디어를 좀 주게." 당나귀가 수소를 바라보며 '소가 하는 일은 내 일보다 훨씬 더 힘들어. 내일 그 일을 다시 하고 싶지 않아'라고 생각했다. 한참 후 "친구여, 넌 조심해야만 해. 농부가 오늘 자기 아내에게 말하는 걸 내가 들었는데, '내 수소가 항상 피곤한 걸 보면 어디 아픈 것 같아. 내일도 상태가 나아지지 않으면 그를 잡아다 고기로 먹자'라고 하더라" 하고 당나귀가 말했다. 수소는 겁 먹은 목소리로 말했다. "뭐라고? 농부가 그렇게 말했어? 그럼 내일 일할 거야. 난 지금 아주 기분이 좋아. 전혀 피곤하지 않아."

당나귀와 황소

한 상인이 당나귀와 황소를 가지고 있었다. 황소는 상처를 입었으나 여전히 짐을 운반하느라 갖은 애를 쓰고 있었다. 반면에 당나귀는 별다른 도움을 주지 않았다. 황소의 부상은 악화되었고 결국 죽고 말았다. 상인은 황소의 사체를 당나귀에 실었다. 당나귀가 그 짐을 옮기기를 꺼리자 상인은 무자비하게 때렸다. 당나귀는 매질과 무거운 짐 때문에 쓰러졌고 결국 죽고 말았다. 독수리 떼가 몰려와 그 시체를 먹어치웠다. 그들은 말했다. "당나귀가 자기 동료를 도와줄 정도로 친절하기만 했으면 이처럼 때아니게 죽지는 않았을 텐데."

총명한 당나귀

어느 날 당나귀 한 마리가 마을 경계에서 풀을 뜯고 있었다. 그는 달콤한 푸른 풀을 먹느라 자기도 모르게 근처 숲속으로 들어가게 되었고, 정신없이 여기저기를 돌아다녔다. 곧 날이 저물자 당나귀는 집으로 돌아가기로 결심하고 마을로 향하는 길을 따라 걸어갔다. 그러다 별안간 사나운 큰 사자를 만났다. 사자의 큰 갈기와 날카로운 발톱을 본 당나귀는 겁을 집어먹었다. 그러나 당나귀는 매우 영리했다. 그는 사자에게 예의를 차려 말했다. "오, 폐하! 뵙게 되어 매우 기쁩니다. 폐하의 저녁거리로 저 자신을 바치게 되어 영광입니다. 다만, 감히 당나귀를 먹는 적절한 방법에 대해 한 말씀 드리고자 합니다. 전해오기를, 당나귀는 뒷다리부터 먹어야 한다고 합니다. 그 부위가 가장 맛있기 때문이지요." 그 말을 들은 사자가 당나귀의 말을 곧이곧대로 믿고 그의 뒷다리 쪽으로 갔다. 당나귀는 있는 힘껏 사자를 뒷발로 찼다. 사자는 나가떨어져 가시밭에 처박히고 말았다. 사자가 일어나 몸을 추스를 즈음, 당나귀는 이미 마을로 달아나 있었다.

놀기 좋아하는 당나귀

한 당나귀가 건물의 지붕 위에 올라가 뛰듯이 돌아다녀 타일을 부서뜨렸다. 주인이 쫓아 올라가 급히 당나귀를 끌어 내리고 두툼한 나무 곤봉으로 심하게 팼다. 당나귀가 말했다. "왜 이러십니까? 저는 어제 원숭이가 이와 똑같은 짓을 하는 것을 보았는데 그땐 주인님은 시원하게 웃으셨습니다. 마치 이것이 대단히 큰 즐거움을 가져다주는 것처럼 말입니다."

🐴 사악한 농부와 당나귀

사악한 농부가 있었다. 이웃집 밭에는 작물이 풍부하게 자라고 있었고, 그는 그것을 보고 질투심이 발동했다. 그래서 이웃집 밭의 작물을 망칠 계획을 세웠다. 그는 당나귀 한 마리를 붙잡아 꼬리에 활활 타는 횃불을 붙들어 매고는 이웃집 밭에 풀어놓았다. 당나귀는 너무 놀라서 어디로 가야 할지를 몰랐다. 당나귀는 이웃집 밭으로 달려가지 않고, 그 사악한 농부의 밭으로 뛰어들었다. 그 결과 사악한 농부의 밭작물이 모두 망가졌다.

🐴 농부와 멍청한 당나귀

옛날에 한 농부가 있었다. 그는 매우 열심히 일했으며, 일을 시키는 수소, 말 그리고 당나귀를 가지고 있었다. 어느 날 수소가 농부에게 말했다. "주인님, 당신이 이제 트랙터를 가지셨으니 밭을 갈기 위해 더 이상 제가 필요 없으시네요. 그러니 저를 놔주시어 제가 여생을 숲속에서 지내게 해주십시오." 농부는 수소를 놔주었다. 그러자 말이 농부에게 말했다. "주인님, 당신은 이제 차를 소유하셨으니 저도 필요 없으시죠. 저도 수소와 함께 가도록 놔주십시오." 농부는 말도 가도록 허락했다. 수소와 말이 숲속으로 돌아가는 것을 본 당나귀 역시 가기를 원했으나 농부에게 뭐라고 말을 꺼내야 할지 몰랐다. 불현듯 당나귀에게 아이디어가 떠올랐다. 당나귀는 주인에게 말했다. "주인님, 이제 당신은 짐마차를 가지셨으니 저도 수소와 말과 함께 갈 수 있도록 허락해주십시오." 하지만 농부는 "난 짐마차를 끌어야 할 네가 필요하단다" 하고 말했다.

🐴 세탁업자의 말과 당나귀

옛날 한 마을에 세탁업자가 살았다. 그에겐 말과 당나귀가 있었는데, 당나귀는 마을에서 강으로 많은 옷가지를 운반하는 데 사용했다. 반면에 말은 자기가 가고 싶은 곳을 갈 때 타고 다녔다. 어느 날 세탁업자는 아주 많은 옷가지를 당나귀 등에 싣고 말에게는 아무것도 운반시키지 않았다. 그 짐은 당나귀가 운반하기에 너무 무거웠다. 그들이 강까지 가는 길의 절반 정도 왔을 때 당나귀는 지쳐서 더는 움직일 수 없었다. 그래서 말에게 도움을 청하기로 작정했다. 그는 말에게 요청했다. "친구야, 이 짐이 너무 무거워 내가 죽을 지경이네. 자네가 나 좀 도와주게. 내 짐의 일부를 나눠질 수 있겠나?" "내가 왜? 말은 타는 것이고 당나귀 너는 무거운 짐을 나르는 게 일이라고"라며 말이 대꾸했다. 불쌍한 당나귀는 무거운 짐을 싣고 계속 걸어갔다. 얼마 후 당나귀는 너무 지쳐서 땅바닥에 쓰러지고 말았다. 그제야 세탁업자는 자기의 실수를 깨닫고 당나귀에게 물을 주고 짐 전체를 말의 등에 옮겨 실었다. 잠시 쉰 다음 그들은 다시 강을 향해 걷기 시작했다. 걸은 지얼마 지나지 않아 말은 자기의 실수를 깨닫고 곰곰이 생각했다. "이건 정말 무겁다. 당나귀가 부탁했을 때 내가 그를 도와서 짐절반을 나눠서 졌어야 했어. 이제 난 강까지 이 짐을 온전히 혼자지고 가야 하겠지. 이제부터는 항상 짐을 나눠서 질 거야." 그 일이 있고 나서 말과 당나귀는 좋은 친구가 되어 일을 나눠서 하기시작했다.

🐴 당나귀와 메뚜기들

당나귀는 메뚜기 우는 소리에 매혹되었다. 그 멜로디를 자신도만들어보고 싶었던 당나귀는, 그런 아름다운 목소리를 내기 위해 그들이 어떤 음식을 먹으며 사는지 궁금해하며 물었다. 메뚜기들은 "이슬"이라고 대답했다. 그 후 당나귀는 이슬만 먹고 살기로 결심했는데, 얼마 지나지 않아 굶어 죽고 말았다.

농부, 말 그리고 당나귀

옛날에 비열하고 참을성 없는 한 농부가 자기 밭을 갈아야 했다. 그는 당나귀에게 가서 말했다. "당나귀야, 내 밭을 갈아주겠니?" 당나귀는 밭을 갈아주긴 하겠지만 일하는 동안 정기적으로 휴식 시간이 필요하다고 말했다. 농부는 당나귀의 요구에 겉으로는 동의했지만, 속으로는 전혀 신경 쓰지 않았다. 분명 당나귀는 밭을 갈기 시작했고 고랑의 맨 끝에 도착하자 자리에 앉아 휴식이 필요하다고 말했다. 농부는 분개하며 당나귀에게 계속 일하라고 다그쳤다. 하지만 당나귀는 움직이지 않았다. 화가 난 농부는 말에게 가서 말했다. "내 밭을 좀 갈아줄 수 있겠니? 저 당나귀 녀석이 일을 그만두는 바람에 내가 직접 밭을 갈게 생겼다." 주인을 기쁘게 해주고 싶었던 말은 흔쾌히 대답했다. "문제없어요. 제가 하겠습니다."

그렇게 말은 즉시 밭일을 시작했고, 농부는 말이 끝까지 밭을 갈도록 몰아세웠다. 말은 하루 종일 단 한 번도 쉬지 않고 일했고, 결국 탈진해 쓰러져 죽고 말았다. 당황한 농부는 도대체 왜 말이 죽었는지 이해할 수 없었다. 그리고는 자신에게 남은 가축이 이제 당나귀 하나뿐이라는 사실을 깨달았다. 그제야 농부는 알게 되었다. 공로를 알아주지 않는 주인에게 묵묵히 복종하는 것보다, 때로는 지혜롭게 멈추는 당나귀가 더 현명했다는 것을.

🐴 염소와 당나귀

염소와 당나귀가 농부의 집에서 살고 있었다. 당나귀에게는 먹을 것이 더 주어졌기에 염소는 당나귀를 질투했다. 염소는 당나귀에게 골탕 먹이려는 마음으로 말을 걸었다. "넌 항상 무거운 짐을 지고 다녀야 하고, 농부는 거의 매번 너를 때리기까지 하잖아. 그는 너를 제대로 돌보지 않아. 그러니 내 말을 들어. 발작이 온 척하고 몸을 그대로 구덩이에 내던져. 그러면 농부가 분명 너를 더 잘 챙기기 시작할 거야." 당나귀는 염소가 말해준 대로 구덩이에 떨어지는 바람에 심하게 다쳤다. 의사가 와서 말했다. "당나귀를 치료하기 위해 물약이 필요합니다. 물약의 주성분은 염소의 허파입니다." 그래서 염소는 당나귀를 치료하기 위해 즉시 도살당했다.

🐴 당나귀, 개 그리고 늑대

당나귀는 짐을 싣고 길을 걷고 있었고, 주인은 지친 몸을 이끌고 그 뒤를 따라가고 있었다. 주인의 발뒤꿈치를 따라 한 마리 개가 배고픔에 지쳐 터벅터벅 걸었다. 그들은 초원을 가로질러 갔다. 이윽고 주인은 잔디 위에 몸을 쭉 뻗어 잠이 들었다. 당나귀는 풀밭에서 풀을 뜯어 먹었다. 다시 길을 떠날 기미는 전혀 보이지 않았다. 개는 혼자 배고픔의 고통에 시달리며 시간이 마치 멈춘 듯 느껴졌다. "제발 부탁이야. 친구야, 바구니에서 내 저녁을 꺼낼 수 있도록 몸을 낮춰줄 수 있겠나?" 개가 당나귀에게 말했다. 당나귀는 못 들은 체하며 계속 푸르고 부드러운 풀을 뜯어 먹었다. 개는 끈질기게 부탁했고 당나귀는 드디어 대답했다. "기다려. 주인님이 깨어나면 틀림없이 네가 먹을 몫을 챙겨주실 거야. 그분을 기다리는 게 낫지 않겠니?" 바로 그때 굶주린 늑대가 눈앞에 나타났다. 그리고 달려와 당나귀의 목을 물었다. "도와줘, 도와줘, 친구야!" 당나귀는 울부짖었다. 그러나 개는 조금도 움직이지 않았다. "우리 주인님이 깨어나실 때까지 기다려. 그분이 틀림없이 너를 도와주러 오실 거야." 개가 말했다. 그 말이 끝나자마자 늑대에게 목이 물린 당나귀는 잔디 위에 쓰러지고 말았다.

🫏 엉겅퀴를 먹는 당나귀

한 당나귀가 수확 철에 주인과 일꾼들을 먹이기 위해 밭으로 운반할 여러 종류의 좋은 음식을 등에 싣고 있었다. 가는 길에 그는 배가 고팠고 마침 좋고 큰 엉겅퀴를 발견하고는 그것을 우물우물 먹었다. 엉겅퀴를 먹으면서 그는 이런 생각에 잠겼다. '얼마나 많은 탐욕스러운 미식가가 내가 지금 운반하는 이 고급스러운 음식물 한가운데서 자신들이 행복하다고 생각할까. 나에게는 이 가시 많고 거친 엉겅퀴가 호화로운 잔치보다 훨씬 더 입맛을 돋우고 맛있구나.'

🐎 짐승들의 역병과 당나귀

옛날에 동물들 사이에 심한 역병이 돌았다. 많은 동물이 죽었고, 살아남은 자들도 심하게 앓아 먹을 것과 마실 것을 찾지 못한 채 무기력하게 야위어갔다. 여우 대장의 유혹적인 저녁거리였던 살찐 영계를 더는 찾아볼 수 없었고, 연한 양이 탐욕스러운 늑대 경의 식욕을 불러일으킬 수도 없었다. 결국 사자는 위원회를 소집하기로 결정했다. 모든 동물이 모였을 때 사자는 일어나서 말했다. "친애하는 친구들이여, 나는 우리의 죄에 대한 처벌로 신이 이 역병을 보냈다고 믿는다. 따라서 우리 중의 가장 죄가 많은 자가 희생 제물로 바쳐져야 한다. 아마도 우리는 그렇게 해서 용서받고 모두가 치유될 것이다. 나는 제일 먼저 내 죄를 모두 고백할 것이다. 나는 매우 탐욕스러웠고 많은 양을 잡아먹었음을 인정한다. 그들은 나에게 아무런 해도 끼치지 않았다. 나는 염소와 수소 그리고 수사슴들도 잡아먹었다. 사실 나는 때때로 목동조차도 잡아먹었다. 자, 만약 내가 가장 죄가 많다면 나는 희생될 준비가 되어 있다. 그러나 내 생각에는 우리 각자 자기 죄를 내가 한 것처럼 고백하는 것이 최선이다. 그러고 나면 우리는 누가 죄를 많이 지었는지를 공정하게 결정할 수 있을 것이다." 여우가 말했다. "폐하, 너무나 옳으십니다. 양을, 그런 멍청한 양 대가리를 잡수신 것이 범죄일 수가 있나요? 아닙니다, 폐하. 폐하께서는 그들을 잡수심으로써 그들에게 커다란 영광을 수여하신 겁니다. 그리고 목동에 관해서도, 우리는 모두 그들이 우리의 주인인 체하는 하찮은 족속에 속한다는 것을 압니다." 모든 동물이 여우에게 크게 박수갈채를 보냈다. 그러고 나서 호랑이, 곰, 늑대 그리고 모든 야만스러운 짐승들이 가장 사악한 행위들을 낭송했고 모두 용서받아 마치 성인^{聖人}처럼 결백하게 보이게 되었다.

이제 당나귀가 고백할 차례였다. "저는 기억합니다. 어느 날 제가 어떤 신부에게 속한 밭을 지나가다가 배도 고프고 부드러운 풀이 너무 유혹적이어서 그것을 살짝 뜯어먹지 않을 수가 없었습니다. 제게는 그럴 권리가 없었습니다만 저는… 인정합니다." 당나귀가 죄진 것처럼 말했다. 짐승들 사이에서 벌어진 엄청난 소란이 그의 말을 끊게 만들었다. 그들 모두에게 불행을 가져온 범인이 여기 있다! 다른 사람에게 속한 풀을 먹다니 이 얼마나 끔찍한 범죄인가! 그것은 누구라도 아니, 더욱이 당나귀는 목매

　　　　　　　　　　　　　　　　　　3부 당나귀

달기에 충분했다. 즉시 모두가 당나귀에게 달려들었다. 늑대가 앞장을 서고 모두가 뒤따라 그를 죽인 후, 제사의 형식도 갖추지 않은 채 신들에게 희생 제물로 바쳐졌다.

당나귀와 정원사

당나귀가 자기 꼬리를 잃어버렸다. 이건 그에게 쓰라린 고통이어서 찾으러 나갔다가 우연히 풀밭과 정원을 지나가게 되었다. 그를 본 정원사가 당나귀가 자기 정원을 짓밟고 자기 채소를 먹어 치우려 왔다고 믿어 격렬하게 분노했다. 그는 당나귀에게 달려가 자기 전정용 칼로 두 귀를 잘라버렸다. 꼬리를 잃은 것만으로도 슬퍼하던 당나귀는, 이제 귀마저 없는 자신을 보고 훨씬 더 큰 충격에 빠졌다.

4부
소
Cattle

● 소는 물을 마시고 그것을 우유로 바꾸지만, 뱀은 물을 마시고 그것을 독으로 바꾼다.

—불교 경전

● 살림이 거덜 나면 봄에 소를 판다.

—한국 속담

1 농경사회와 소

소를 뜻하는 영어 단어 'cattle'은 인도게르만 공통 조어에서 '머리'를 뜻하는 어원과, 중세 영어에서 '재산'을 의미하는 어원이 결합해 생겨난 말이다. 한자에서 소를 뜻하는 '소 우^牛' 자는 소의 머리 모양을 본뜬 상형문자이다. 이처럼 소는 '재산'이나 '머리'를 의미하듯 인간 생활에서 오랜 세월 중요한 위치를 차지해왔다.

1960년대 한국의 대학가에서는 대학을 상징하는 '상아탑'에 빗대어 '우골탑'이라는 자조적인 표현이 유행한 적이 있다. 농사짓는 부모들이 자식 교육을 위해 농사에서 가장 중요한 소를 팔아 대학 등록금을 마련하던 현실을 우회적으로 표현한 것이다. 그만큼 소는 동서양을 막론하고 농경사회에서 논을 갈고 밭을 일구는 데 필수 가축이었으며, 각 가정의 재산을 상징하는 존재였다.

우리가 일상에서 사용하는 가정의 물건 중에는 이중의 정체성을 지닌 것들이 많다. 평소에는 일상용이지만 비상시에는 재산의 저장 수단이 되는 소도 그중 하나다. 오늘날에도 아프리카나 동남아시아 등지의 가난한 나라들에서는 소가 농사에 쓰이는 동시에 여전히 중요한 재산 축적의 수단으로 여겨진다. 전 세계에 약 15억 마리나 되는 소는 닭 다음으로 가장 많이 사육되는 가축이며, 역사적으로 인류 생활에서 매우 중요한 역할을 해왔다.

우리가 고기, 우유, 가죽 생산이나 노동력을 목적으로 기르는 가축으로서의 소는 일반적으로 유럽과 인도, 아프리카의 소를 가리키지만, 넓은 의미에서는 아시아의 물소, 티베트의 야크, 동

넓은 의미에서의 소 종류. 모두 소과에 속하지만, 각 지역의 서식 환경과 지역적 특성에 따라 다른 형태와 생태적 특징을 갖는다.

남아시아의 가얄gayal과 반텡Bos javanicus, 북미 대륙의 들소까지 포함하기도 한다. 소를 이용한 전통 농업은 여전히 세계 여러 지역에서 중요한 역할을 하고 있다. 에티오피아, 인도, 쿠바 등에서는 소를 이용해 밭을 경작한다. 소는 여전히 기계화가 어려운 지역에서 농부들에게 중요한 노동력으로 쓰이고 있다.

현재 가축으로 사육되는 모든 소는 유럽종인 보스 타우루스Bos taurus, 제부Zebu종인 보스 인디쿠스Bos indicus, 또는 이 두 종의 교잡종에 속하는 경우가 대부분이다. 타우루스 종은 품종만 해도 250가지가 넘는다.

타우루스와 인디쿠스의 교잡종인 우간다의 안콜레(Ankole) 품종은 세계에서 뿔이 가장 긴 소로 유명하며, 우유의 유지방 함량이 10%에 달한다.

소는 매우 뛰어난 감각 능력을 가진 동물이다. 330도라는 거의 전방위에 가까운 넓은 시야를 보유하고 있어 주변 상황을 광범위하게 파악할 수 있으며, 후각 또한 발달하여 약 10킬로미터 떨어진 거리의 냄새까지 감지할 수 있다. 신체적으로도 상당한 능력을 보여준다. 시속 40킬로미터의 빠른 속도로 달릴 수 있으며, 대부분의 동물과 달리 하루에 단 4시간만 잠을 자도 정상적인 활동을 유지할 수 있다. 의사소통 방식은 주로 몸짓에 의존하며, 이를 통해 동료들과 효과적으로 정보를 교환한다. 소의 가장 독특한 특징 중 하나는 되새김질이다. 반추동물인 소는 하루 동안 약 8시간에 걸쳐 지속적으로 턱을 움직이며, 총 4만 번 정도의 씹는 동작을 반복한다. 이러한 행동은 섬유질이 많은 풀과 같은 식물성 먹이를 충분히 소화하기 위한 특별한 적응 과정으로 소가 효율적으로 영양분을 흡수할 수 있게 해준다.

1만 년을 함께한 인류의 조력자

소는 인간 역사에서 가장 중요한 동료 중 하나이다. 가축화의 징후는 체구의 축소, 뿔 형태의 변화 등 표현형의 변화를 통해 나타난다. 약 25만 년 전, 후기 홍적세^{Pleistocene}와 후기 홀로세^{Holocene} 사이 북아프리카와 유라시아의 대서양 및 태평양 연안에 널리 서식하던 소는 '아우록스^{aurochs}'였다. 타우루스 소는 약 1만 500년 전 중동 지역에서, 인디쿠스 소는 약 8,000년 전 인더스 계곡에서 각각 가축화되었으며, 가축화 이후에는 특징적인 등의 혹^{Hump,} ^{육봉}을 갖게 되었다. 최근의 미토콘드리아 DNA^{mtDNA} 연구에 따르면, 타우루스 소는 이후 유럽과 아프리카로 퍼져 나가면서 야생 아우록스와 교잡이 이루어졌음을 보여준다. 현대의 소는 초기 가축화된 소들과는 그 모습이 현저히 다르다.

1만 년도 훨씬 이전, 중동의 '비옥한 초승달' 지역에서 아우록스로부터 가축화된 소가 현대 타우루스 소의 조상이 되었다. 그로부터 약 1,500년 후, 인더스강 계곡에서 두 번째 가축화가 이루어져 오늘날 인디쿠스 소인 제부 소$^{Bos\ indicus}$가 분화되었다. 세 번째 가축화는 약 8,000~9,000년 전 북동 아프리카, 이집트 서쪽 사막에서 일어난 것으로 추정되며, 이로 인해 아프리카 타우루스 소가 탄생했다는 주장이 있다. 134개 품종에 대한 게놈 연구를 통해 이 세 번의 가축화가 있었음이 밝혀졌다고 하나, 세 번째 가축화의 사실 여부에 대해서는 학자들 사이에서 의견이 엇갈린다.

현존하는 유럽종, 중동종, 아프리카종 타우루스 소들과 멸종된 영국 아우록스 소를 분석한 결과, 그 조상은 약 2만 2,000~2만 6,000년 전에 아프리카계와 유럽계로 갈라졌다는 주장이 제기되었다. 그러나 아프리카, 유럽, 아시아, 아메리카 대륙의 타우루스 및 인디쿠스 소에 속한 180개 집단, 총 3,196마리의 개체에서 SNP 배열을 수집·분석하여 유전적 다양성, 집단 구조, 가축화 과정, 통계적 역학 등을 조사한 결과, 이른바 '세 번째 가축화'는 비옥한 초승달 지역에서 가축화된 타우루스 소가 아프리카에서 지역 야생 아우록스와 교잡된 결과로 해석되었다. 결국 현재까지 의 정설은, 소의 가축화는 두 번에 걸쳐 이루어졌다는 것이다.

육봉이 없는 타우루스 소는 아구석기^{Epipaleolithic} 시대인 약 1만 1,000년 전, 비옥한 초승달 지역인 북부 시리아 유프라테스강 상 류 계곡에서 가축화되었다는 주장이 있다. 그러나 가축화의 주요 증거인 체구 축소와 뿔 형태 변화는 약 1만 500년 전, 토기가 등 장하기 이전 신석기 시대의 유프라테스강·티그리스강 상류 계곡 및 남부 레반트 다마스쿠스 분지의 초기 농촌에서 확인되었다.

67개의 고대 소 게놈을 분석한 결과, 남서아시아의 비옥한 초 승달 지역에서 기원한 신석기 시대 소는 발칸, 아나톨리아와 이 란, 그리고 남부 레반트 등 세 지역의 아우록스가 합쳐져 형성된 것으로 보인다. 이후 이 소들은 코카서스, 남동유럽, 북아프리카 등지에서도 관찰되었다.

유럽, 서부 아나톨리아와 이란에서 수집한 193개의 고대 소와 597개의 현대 가축 타우루스 소의 미토콘드리아 DNA 분석을 통해 신석기 시대 타우루스 소의 확산 경로를 추적한 결과, 타우 루스 소는 약 9,000년 전부터 중앙 아나톨리아에서 서부 아나톨리아와 에게해 지역으로 이동했다. 근동과 아나톨리아에서 유럽으로의 확산은 8,400년 전 유럽 신석기 초기에는 막힘 없이 이루어졌으며, 남동유럽에는 약 8,200~7,500년 전, 중앙 및 서유럽에는 약 7,500년 전경, 북유럽에는 약 6,100년 전에 도달했다.

그러나 약 7,000년 전 이후 유럽 내에서 이루어진 타우루스 소의 확산은, 아나톨리아 및 근동으로부터의 유전적 이입 없이 자생적으로 이루어졌음을 보여준다. 반면, 북동아시아 지역^{중국, 몽골,} ^{한국}에는 약 5,000년 전에 타우루스 소가 도입되었다.

타우루스 소(Bos taurus)는 전 세계적으로 널리 사육되는 주요 소 종류 중 하나다. 한우는 이 타우루스 소의 한 품종으로, 한국의 고유한 재래종으로 발달했다. 한우는 오랜 세월에 걸쳐 한반도의 기후와 환경에 적응하면서 독특한 특성을 갖게 되었다.

가축화된 타우루스 소는 처음에는 긴 뿔^{장각}을 가진 종이었으며, 현재도 영국, 프랑스, 지중해 연안, 아프리카의 일부 품종에서 이러한 표현형이 나타난다. 약 5,000년 전 메소포타미아 지역에서 짧은 뿔^{단각}을 가진 소가 처음 등장했으며, 이들은 해당 환경에 더 적합한 것으로 보인다. 이후 아시아와 다른 대륙에 형성된 장각종에게 자리를 내주었으나, 단각종은 약 3,000~4,000년 전에 영국에 도달하였고, 기원전 1000년경부터는 유럽 대륙에서 가장 일반적인 소 품종이 되었다.

인더스 계곡에서 아프리카까지

유럽 신석기 시대의 유물은 소가 지중해 연안과 다뉴브강을 따라 두 경로로 확산되었음을 보여준다. 비옥한 초승달 지역에서 출발한 소는 터키를 거쳐 발칸반도와 북이탈리아를 지나, 지중해 연안과 다뉴브강을 따라 유럽 전역으로 퍼져 나갔고, 약 5,000년 전에는 북해 지역에 도달했다.

또한 북아시아에는 코카서스 경로를 통해, 북아프리카에는 약 6,000~7,000년 전에 소가 유입되었으며, 이후 이베리아반도로 퍼져 나갔다. 이와는 별도로, 타우루스 소의 또 다른 대규모 이동은 서유럽 제국의 멸망과 함께 시작된 게르만 민족의 대이동 시기에 발생했다.

육봉이 있는 제부^{인디쿠스소}의 가축화는 고고학적 증거에 따르면 약 8,000년 전, 현재의 파키스탄 지역인 인더스 계곡에서 시작되었다. 이후 약 5,000년 전에는 남부 인도, 약 4,000년 전에는 갠지스 지역에서 야생 아우록스와 교류하면서 2차 가축화가 이루어졌으며, 남중국과 동남아시아 지역에는 약 4,000년 전 이후^{기원전 3500~기원전 3000년 전}에 확산한 것으로 보인다.

아시아 19개국에서 수집한 844마리 제부 소의 미토콘드리아

인디쿠스 제부(Zebu)는 어깨 위로 솟은 혹과 늘어진 목덜미 피부가 특징이다. 뜨거운 열대 기후에 잘 적응하며 질병에 강해, 특히 인도와 아프리카 지역에서 농경과 운송용으로 쓰인다.

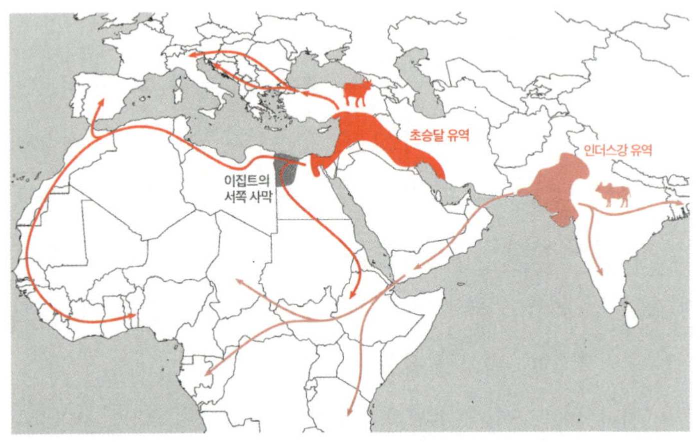

소의 가축화는 비옥한 초승달 지역(■)과 인더스강 유역(■)에서 시작되어 점진적으로 다른 지역으로 전파되었다. 또한 먹색(■)으로 표시된 지역은 3차 가축화 지역으로 주장되는 한 곳이다.

DNA를 계통발생학적으로 분석한 결과, 두 개의 주요 1배체형 Haplotype이 확인되었으며, 이 중 가장 오래된 유형은 인도 아대륙 북부, 즉 인더스 계곡에서 기원한 것임을 보여준다.

인디쿠스 소인 제부는 인더스 계곡을 기점으로 대륙의 열대 지역으로 퍼져 나갔다. 그 확산 경로는 중국과 인도차이나반도, 인도네시아 등 동남아시아를 거쳐 동아프리카, 중앙아프리카, 남아프리카에 이르렀다.

아프리카에는 기원전 4000~기원전 3000년 전에 도입되었다. 아프리카에서는 인디쿠스 종제부과 타우루스 종 간의 교잡이 광범위하게 이루어졌으며, 인디쿠스 종이 타우루스 종보다 더위,

4부 소

기생충, 전염병, 그리고 열대 지방의 다양한 환경 조건에 더 잘 적
응하면서 아프리카 전역에 번성하게 되었다.

동아시아에는 기원전 3500~기원전 2500년 전에 소가 확산되
었다. 이 지역에서는 남부에 인디쿠스가, 북부에 타우루스가 우
세하였다. 이는 동아시아 지역에서 해발 고도에 따라 각 종의 분
포 비율이 달라졌다는 것을 의미한다. 또한 반텡과의 교잡도 인
디쿠스 종의 동아시아 적응에 도움을 주었다.

현대 유럽에서는 인디쿠스 종이 뚜렷하게 나타나지 않지만, 유
전자 이입은 이루어졌으며, 남서아시아에서 북서 유럽으로 갈수
록 그 강도는 점차 약해진다. 특히 남부 유럽, 그중에서도 중앙
이탈리아 지역의 타우루스 소에서는 인디쿠스 소의 유전자 이입
이 뚜렷하게 관찰된다. 인디쿠스가 아메리카 대륙에 도달한 것은
불과 150년이 채 되지 않았다.

아우록스 외에도 지난 9,000년 동안 다양한 야생 소들이 가
축화되었다. 반텡은 약 7,000년 전 동남아시아에서 가축화되었으
며, 가얄은 현재 아쌈과 미얀마 지역에 분포한다. 야크는 중앙아
시아에서 약 7,000~1만 년 전에 가축화되어, 주로 티베트 지역에
서 사육되고 있다. 세포 내 에너지 공장인 미토콘드리아의 DNA
분석에 따르면 물소는 약 4,000년 전 남부 중국과 인도차이나반
도에서 가축화되었으며, 이는 쟁기질이 필요한 벼농사의 시작 시
기와 맞물린다.

전 세계 각 지역에 분포한 다양한 소들은 그 지역의 환경에 적
응하면서 서로 다른 생태형으로 발전하였다. 18세기에 이르러 조
직적인 육종이 본격화하면서 수백 가지에 이르는 다양한 품종이
개발되었다.

성스러운 모성의 근원

동물은 오랜 옛날부터 신앙, 신화, 전설의 일부로 인간과 함께
해왔다. 이러한 인간 생활 속에서 특별한 존재가 바로 소다. 소는
인간에 의해 가축화된 이후, 여러 지역의 문화와 신화, 고대 신앙
에서 중요한 상징으로 자리해왔다. 특히 암소는 풍요, 관대함, 모
성, 생명의 근원을 상징했다.

신화와 신앙 속에서 암소는 모성과 관련된 주제를 전달하기 위
한 매개체로 지속적으로 언급된다. 어떤 문화에서는 암소를 성스
러운 존재로 여기며 '대지Mother Earth'의 개념과 연결 짓기도 한다.
더 나아가 암소는 모성과 관련되어 가족 관계를 상징하기도 한다.

실생활에서는 암소와 마주치는 일을 긍정적인 전조로 간주한
다. 암소는 평화와 번영을 가져다주는 존재로 여겨지며, 이는 재
산, 사랑, 자원, 혹은 그 밖의 다양한 측면에서 풍요를 의미하는
전조로 해석된다. 암소를 만나는 것은 또한 삶에 곧 나타날 변화

를 상징하기도 한다.

흰 암소는 결백과 순결을 의미할 뿐 아니라, 새로운 시작이나 기회를 상징한다. 이것은 노력한다면 성공할 수 있으며, 모든 것이 잘 정리되어 앞길이 환히 열릴 것이니 주저하지 말고 나아가야 한다는 메시지를 담고 있다. 힌두교 문화에서는 흰 소를 성스러운 동물로 여긴다.

검은 소는 긍정적인 의미와 부정적인 의미를 모두 지닌다. 검은 소는 숨겨진 생각이나 재정적 운을 상징하며, 미지의 세계 또는 변형과도 관련된다. 신비함과 관련된 이 상징은 때로 배반이나 예상치 못한 사건을 의미하기도 하며, 자신의 목표를 다시 평가해야 함을 알리는 신호가 되기도 한다. 이는 기존의 목표가 낡고 더 이상 더 큰 목적을 이루는 데 도움이 되지 않는다는 것을 암시한다.

갈색 소는 그 색이 토양과 관련되어 있어 자연과 근원적 바탕을 상징한다. 갈색 소는 평온, 만족, 안락과 욕망을 상징한다.

신들이 먹는 음식, 우유

페르시아 문명에서 암소는 빛과 어둠 사이의 갈등을 상징한다. 암소는 신비로운 존재인 프레이둔[Freydoon]에게 젖을 먹여, 빛과 악에 대항하는 선^善이 다시 태어나도록 한다. 암소는 창조 과정에서 중요한 역할을 하며, 지구에 비를 내리게 하는 구름과 바람을 통제한다. 고대 이란에서는 달의 여신이 암소의 형상으로 묘사되며, 조로아스터교의 경전에서는 달을 '암소 영의 자손'이라고 기록하고 있다. 페르시아 사산 왕조의 왕관에서는 뿔, 초승달, 태양이 함께 디자인되어 있다.

미트라교^{Mithraism, 미트라(Mithras)라는 신을 주된 신앙 대상으로 하는 밀의종교(mystery religion)}의 교리에서도 암소는 매우 중요한 존재로 등장한다. 미트라는 신성한 암소를 죽이고, 그 피를 밀이 자라는 대지 위에 뿌린다. 이슬람 윤리 교사에 따르면 암소를 희생하는 행위는 색욕과 탐욕에서 자신을 해방시키는 의미를 지닌다. 이란의 페르세폴리스 유적에서는 사자가 암소를 죽이는 장면이 새겨진 부조가 발견되었으며, 학자들은 이를 봄과 여름의 도래를 상징하는 장면으로 해석한다.

페르시아에서 전해 내려오는 '달의 이마' 이야기에서는 암소가 생산과 잉태를 상징한다. 조로아스터교 이전의 고대 이란에서도 조로아스터교 경전에서 볼 수 있는 암소의 상징성이 이미 나타난다. 당시 사람들은 암소의 등에 올라타지 않고는 한 장소에서 다른 장소로 이동할 수 없었다. 반인반소의 존재인 굼트 왕은 소를 소유하고 있었으며, 이란에서 발굴된 많은 석기 시대 유물에서도 암소 그림이 발견되고 있다.

고대 이집트인들은 동물을 제물로 바치곤 했지만, 암소는 예외였다. 이는 암소가 하토르 여신^{이집트 신화에서 사랑과 미의 여신. 오시리스와 이시스의 아들이 호루스의 부인이다}에게 성스러운 존재였기 때문이다. 이집트 신화에서 하토르는 신성한 하늘 암소가 지상에 내려온 모습으로, 모자를 쓴 암소의 형상으로 묘사된다. 이집트 밤하늘의 여신 누트는 복부에 별 네 개가 새겨진 암소로 그려지는데, 이는 각각 지구의 우주 사분면을 나타낸다. 고대 이집트 문화에서 암소는 다른 지역과 마찬가지로 모성과 수태, 풍요와 쇄신의 상징이었다.

이집트 신화에서는 하늘을 신성한 암소로 보며, 태양의 어머니인 아헤트로 묘사한다. 아헤트는 뿔 사이에 태양판을 받치고 있는 신성한 암소의 머리로 표현된다. 이집트는 또한 독자적인 암소 여신 하토르를 보유하고 있었다. 암소의 유방에서 흘러나오는 신성한 젖을 통해 은하계를 묘사하듯, 하토르는 은하수의 구체화로 여겨졌다. 그녀는 자신의 젖으로 파라오를 양육하는 책임을 지녔으며, 모든 소의 어머니이자 백성을 먹이는 존재였다. 하토르는 동시에 기쁨, 음악, 웃음, 생명의 상징이기도 했다.

한 이집트 왕은 일곱 마리의 살진 암소와 일곱 마리의 마른 암소가 각각 일곱 자루의 영글지 않은 옥수수와 마른 옥수수를 게걸스럽게 먹는 꿈을 꾸었는데, 같은 이야기가 『성경』에도 등장한다. 「히브리서」에는 모세가 부재한 동안, 아론이 이스라엘 민족을 만족시키기 위해 만든 금송아지 우상 이야기가 나온다. 황

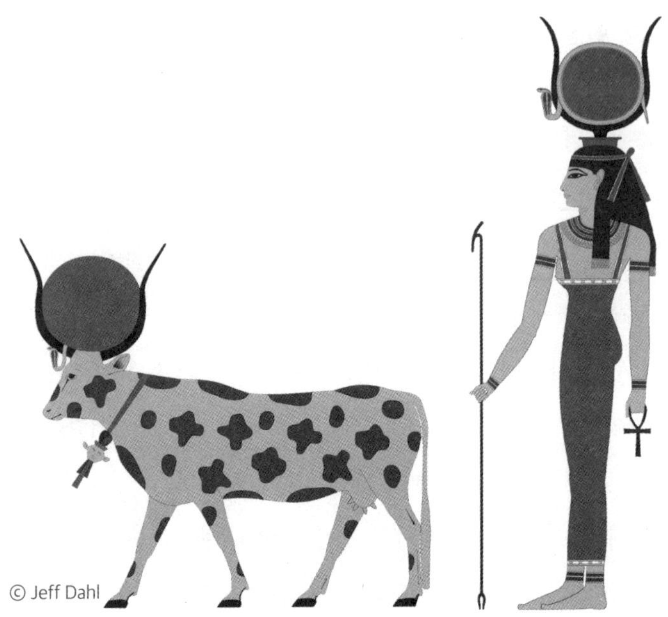

하토르(Hathor)는 다양한 형태로 나타나며 매우 폭넓은 역할로 등장한다. 하토르는 종종 소의 모습으로 묘사되었는데, 이는 그녀의 모성적 특성과 천상의 신성함을 상징하는 것이다. 하지만 가장 일반적인 형태는 소 뿔과 태양 원반으로 이루어진 머리 장식을 착용한 여성의 모습이다. 소의 형태는 풍요와 양육, 보호의 의미를 담고 있으며, 인간 여성의 모습에 신성한 상징물을 결합한 형태는 신과 인간을 연결하는 중재자적 역할을 나타낸다.

금 송아지를 숭배한 이야기는 『코란』을 비롯한 이슬람 문헌에도 등장한다. 이는 고대 이집트에서 숭배되던 신성한 소의 전통이, 히브리인들의 광야 생활 중 다시 표면화된 것으로 해석되기도 한다.

일부 학자들은 이스라엘의 하느님이 종교적 동화 또는 융합 과정을 통해 송아지 혹은 황소 신의 모습으로 형상화되었다고 해석한다. 고대 근동과 에게해 지역에서 이집트인과 히브리인의 주변 민족들은 야생 소인 아우록스를 '달月의 황소'^{자연 질서와 다산의 균형을 이루는 신성한 존재}로, 또는 셈족 신 엘티의 창조물로 여겨 널리 숭배했다.

그리스 신화에서 우유는 신들이 먹는 음식이었다. 여신 데메테르와 헤라는 암소와 밀접하게 연관되어 있으며, 아기에게 신들이 먹는 음식을 먹였다고 전해진다. 태양신 헬리오스는 신성한 소 떼를 사육했으며, 아폴론은 목축과 관련된 신으로도 숭배되었다. 제우스는 헤라의 여제사장 이오와 사랑에 빠졌고, 헤라의 질투를 피하기 위해 그녀를 암소로 변하게 했다. 이에 분노한 헤라는 아르구스에게 이오를 감시하도록 시켰다. 제우스는 헤르메스의 도움으로 아르구스를 잠재웠으나 헤라는 복수심에 불타 이오를 괴롭히기 위해 등에^{말파리과에 속하는 곤충}를 보냈다. 결국 이오는 도망치듯 이집트로 가서 아들을 낳게 된다.

고대 그리스 문화에서 암소는 종교적 희생 제물로 바쳐졌을 뿐 아니라, 식용으로도 소비되었다. 신화 속에서는 신들이 끊임없이 소를 훔쳐 갔기 때문에, 사람들은 소를 신에게 희생 제물로 바치는 것을 일종의 의무로 여겼으며, 이를 따르지 않으면 신의 분노로 벌을 받는다고 믿었다.

고대 로마인들 역시 소, 특히 황소를 국가와 국민의 안녕을 위한 희생 제물로 바쳤다. 또한 기념품이나 모자이크 장식 등 예술

작품 속에도 소의 모습이 자주 그려졌다.

켈트족 신화에서 소는 봄, 다산, 건강, 치유를 상징하는 여신과 연결되어 극진한 존경을 받았다. 암소는 모성과 탄생의 상징으로 여겨졌으며, 부의 척도로도 쓰였다. 당시에는 암소를 많이 소유할수록 사회적 지위가 높았으며, 소를 갖지 못한 사람은 공적인 문제에 참여할 자격조차 없었고, 사회적으로도 인정받지 못했다. 반면, 소를 가진 사람들은 공동체에 우유와 여러 생산물을 내어놓아 존경을 받았고, 영적 의식에 필요한 송아지와 암소 역시 제공했다.

소고기는 어머니 대지와 다산을 상징하는 의식에서 매우 중요한 재료였다. 켈트족은 종교적 축제나 의식에 쓰기 위해 신성한 암소를 따로 기르기도 했으며, 전쟁이 벌어지면 암소가 가장 귀중한 전리품 중 하나로 여겨졌다. 실제로 암소를 빼앗기 위한 전쟁이 빈번했으며, 소고기는 오직 대규모 향연과 축제를 위해서만 소비되었다.

고대 스칸디나비아 신화에서는 우주의 소인 아둠라[Authumla 또는 Authumbla]가 우주 최초의 존재로 등장한다. 아둠라는 자신의 젖으로 위미르[Ymir]를 키웠으며, 위미르는 나중에 사지가 잘린 후, 그의 몸에서 지구가 만들어졌다. 아둠라는 인간을 양육하기 위해 젖을 내어주었으며, 이 때문에 암소는 양육과 생명의 근원, 즉 양분을 공급하는 상징으로 여겨진다.

암소는 인도 국민의 어머니

중국 신화에서 소는 주인공, 조력자 혹은 이동 수단으로 여겨진다. 고대 중국, 특히 한나라 시기에는 소고기 섭취를 금기시했는데, 이는 황소와 물소가 농사에 유용하여 매우 존중받았기 때문이다. 주나라 시대에는 황제조차 소고기를 먹지 않았고, 황제들은 종종 소의 도살을 금지했다. 한의학에서는 소고기를 열성 음식으로 간주해 신체의 내적 균형을 깨뜨릴 수 있으므로 섭취를 권장하지 않는다.

미얀마에서는 특히 불교 신자들 사이에서 소고기 섭취에 대한 금기가 널리 퍼져 있다. 병든 소나 일을 할 수 없을 정도로 나이든 소^{보통 16세 이상}만 고기로 소비할 수 있으며, 고기를 얻기 위해 소를 일부러 사육하지는 않는다.

일본에서도 오랫동안 고기 소비가 금기시되어왔다. 이러한 금기는 불교의 영향으로 675년부터 시작되었으며, 1612년에는 왕이 소 도축 금지를 선포했고, 이는 1872년까지 이어졌다. 이후 메이지 왕이 국가의 현대화를 위한 식생활 전환 정책으로 소고기와 양고기 소비를 허용하였고, 유럽과의 교류가 활발해지면서 소고기의 인기가 점차 높아졌다. 아이즈 지방^{후쿠시마현 서부에 위치하며 사무라이의 고장으로 유명}에서는 붉은 소가 질병을 물리치는 힘을 지녔다고 믿었다. 일본에서는 소가 학문의 신과 관련된 신성한 존재로 여겨졌다. 교토에는 다양한 크기의 소 형상이 가득한 절이 있으며, 일본인들은 소가 병들어 죽는 것을 하나의 범죄로 간주할 만큼 소를 소중히 여긴다.

네팔에서 암소는 국가 동물이다. 암소는 사람들이 요구르트, 버터 등을 만들 수 있도록 우유를 생산해준다. 네팔에서는 힌두교가 주된 종교이기 때문에 암소와 수소의 도살이 금지되어 있다. 암소는 부와 번영의 여신으로 여겨지며, 네팔의 축제인 티하르 기간에는 암소에게 기도하는 날이 있다. 암소는 자유롭게 거리를 돌아다니며 성스러운 동물로 보호받지만, 물소는 종교적 목적에 따라 도살되기도 한다.

인도에서는 소가 가장 성스러운 동물이다. 힌두신 크리슈나가 가장 아끼는 동물로, 소는 부, 풍요, 강한 힘을 상징한다. 인도에서는 축제 기간 동안 암소에게 특별한 사료를 주고, 존경의 표시로 화환으로 장식하기도 한다. 인도 전역에는 늙거나 다친 암소를 돌보는 기관이 3,000개 이상 존재하며, 암소를 선물하는 것은 최고의 선물로 여겨진다. 간디는 "한 국가의 위대함과 도덕적 수준은 동물을 대하는 태도로 알 수 있다. 암소를 보호하는 것은 단순히 소를 지키는 것을 넘어서, 세상에 존재하는 모든 약하고 의지할 곳 없는 생명들을 보호하는 일이다. 암소는 이처럼 인간 이하의 모든 존재를 상징한다"라고 말했다.

1857년, 영국 동인도회사를 상대로 일어난 인도인들의 봉기에서 암소에 대한 존경심이 중요한 역할을 했다. 힌두교도와 이슬람교도 병사들은, 일정량의 화약이 담긴 종이상자가 돼지와 암소 지방으로 기름칠이 되어 있다고 믿었다. 총을 장전하려면 이 종이상자를 이로 물어 찢어야 했기 때문에, 병사들은 영국이 자신들의 종교적 규율을 어기도록 강요하고 있다고 결론지었다. 이에 분노한 병사들은 "나는 암소를 숭배하며, 온 세상에 대항해서 이 숭배를 옹호할 것이다. 힌두교의 중심은 암소이며, 암소는 인도 국민의 어머니이다"라고 외쳤고, 암소를 지상의 어머니보다 더 우월한 존재로 여겼다.

아프리카 문화에서도 소는 매우 존중받는다. 소는 인간에게 우유, 고기, 가죽, 꼬리, 뿔, 오줌, 똥, 혈액 등 몸 전체를 바쳐 다양한 자원을 제공하며, 이를 통해 식량, 의복, 잠자리, 북, 의약품, 술잔, 그릇, 연료, 비료 등을 얻을 수 있다. 또한 소는 신분의 상징으로, 한 가정이 소를 많이 가질수록 더 부유한 것으로 여겨지고 공동체 내에서 더 큰 존경을 받는다.

일부 부족에서는 신부의 지참금으로 소를 사용하며, 왕실에는 선물이나 봉헌물로 소를 바치기도 한다. 순결하고 흠 없는 신부일수록 더 많은 암소를 가문에 불러들일 수 있으며, 이러한 전통은 젊은 여성들에게 도덕적 가치를 높이고 방탕한 행동을 자제하게 만드는 문화적 장치로 기능한다.

북아메리카에는 15세기 콜럼버스에 의해 소가 처음 도입되었고, 이후 스페인 정복자들이 카리브해에 정착하면서 더 많은 소를 가져왔다. 이는 북아메리카 인디언들이 소와 그리 오랜 역사를 함께하지 않았다는 것을 의미한다. 대신 아메리카 인디언들은 들소^{버펄로}에 대한 신화와 민속문화를 보유하고 있다. 이들은 수 세기 동안 들소와 깊은 관계를 맺어왔고, 그 존재에 특별한 영적 의미를 부여해왔다.

아메리카 인디언 문화에서 소는 삶의 번영과 풍요를 이끄는 영적 동물로 여겨진다. 소는 모든 것을 인간에게 내어주고 아무것도 요구하지 않기에 보호와 모성, 다산, 그리고 자양의 상징으로 여겨진다. 더 나아가 소는 대지의 여신, 즉 어머니 대지와 동일시되며, 수태와 탄생을 떠올리게 하는 신성한 존재로 숭배받는다.

고대 멕시코 문화에서도 암소는 모성과 다산을 상징했다. 암소 여신은 모든 신들의 어머니로 인식되었다.

일부 종교와 많은 문화에서 암소를 온화한 에너지를 지닌 수호자로 여기며, 암소의 두개골 역시 단순한 사체의 일부가 아니라 더 깊은 의미를 지닌 상징물로 존중한다. 일반적으로 두개골은 죽음을 암시하지만 어떤 이들에게 죽음은 새로운 시작을 의미해 두개골이 죽음 이후에 일어날 변화를 암시하는 상징이 될 수도 있는 것이다. 발리섬 원주민과 아메리카 인디언과 같은 고대 부족들은 일상에 필요한 많은 것을 제공해준 암소에게 경의를 표하며, 그들의 두개골을 공물로 삼아 벽에 걸고 성스러운 의식을 거행한다. 또한 죽음의 상징에 새로운 아름다움을 부여하기 위해 그 두개골에 섬세한 조각을 새기기도 한다.

신석기 시대 남아시아에서 소의 두개골이나 뿔은 특별한 상징성을 지녔다. 제례 의식, 건축, 성상 등에서 소의 뿔이나 두개골이 두드러지게 활용되었으며, 뿔은 종종 힘과 우월성을 상징했다. 사람들은 수소를 남성과 활력의 상징으로 간주했고, 이것이 마을 생활의 확장과 수렵·채집 생활을 이어가는 데 도움을 준 것으로 보인다.

암소 타투의 의미는 위치와 문맥, 그리고 해석하는 사람에 따라 다양하게 달라진다. 일반적으로는 재산, 모성, 행운, 풍요, 긍정, 쇄신을 상징한다. 암소는 다양한 사람들에게 각기 다른 의미를 지닐 수 있는 생명의 상징이다.

우상과 신성

히브리 『성경』에 따르면, 흠 없는 붉은 암소는 고대 유대 의식에서 중요한 부분을 차지한다. 암소는 정해진 의식 절차에 따라 희생되어 불살라지며, 그 재는 시체와 접촉한 사람을 정화하는 데 사용된다. 이 의식은 「민수기」 19장 1~4절에 명시되어 있다. 유대교에서는 「민수기」에 기록된 대로, 멍에를 멘 적이 없는 흠 없는 젊은 붉은 암소를 도살한 뒤 불태워 그 재를 정결 의식에 사용한다. 전통 유대교에서는 오직 코셔^{kosher} 규정에 따라 도살된 소고기만 음식으로 섭취할 수 있다.

기독교 『성경』에서는 소에 대한 의미가 다소 모순되게 기술되어 있다. 「시편」 106장 1923절에서는 소를 우상의 전형으로 묘사하며, 유대인과 아론이 금송아지를 만들어 황소를 신으로 숭배한 이야기가 나온다. 반면, 「루카의 복음서」 15장 1132절에 등장하는 '탕자의 비유'에서는 집을 떠났던 아들이 돌아왔을 때 그를 환영하기 위해 살진 송아지를 잡아 연회를 여는 장면이 나오며, 여기서 소는 기쁨, 용서, 환영의 상징으로 그려진다.

또한 성 루카는 기독교 예술에서 황소로 상징되며, 기독교 문화에서 암소는 송아지뿐만 아니라 인간에게도 영양을 공급하는 존재로 인식된다. 요셉과 마리아가 베들레헴으로 가던 중 머물 곳을 찾지 못해 외양간에서 예수가 태어난 이야기는, 암소가 신성함과 밀접한 관계를 맺고 있음을 암시한다. 『구약성경』에서는 붉은 어린 암소와 붉은 암소가 제사장에게 바치는 희생 제물로 등장하며, 유대교와 기독교 신자들은 붉은 암소가 태어날 때 예루살렘에서 제3성전이 건축될 것이라고 믿는다.

힌두교에서 암소는 신성하고 거룩한 동물로 인식된다. 따라서 소는 극진한 대우를 받는다. 이는 힌두교의 여러 신 가운데 하나인 크리슈나가 소를 보호한다고 전해지기 때문이다. 그러나 암소는 숭배의 대상이 아니다. 신이 아니기 때문이다. 암소는 인간에게 필요한 모든 것을 공급해주는 존재로서, 어머니 대지를 상징한다고 믿어진다.

힌두교도들은 암소를 힌두교의 가르침 중 하나인 비폭력^{Ahimsa, 아힘사}을 상징하는 온화함과 연결 짓는다. 자연과의 연결, 생명에 대한 존중을 상징하는 암소의 이미지는 아힘사의 본질을 완벽하게 보여주는 예시로 간주된다. 따라서 암소는 다른 생명체에게 해를 끼치지 말라는 교훈을 전하며, 힌두교도들은 이 온화한 동물을 존중함으로써 식물을 제외한 모든 생명체에 대한 존중의 마음을 기른다.

암소는 버터와 힘을 상징하기도 한다. 힌두교도는 소를 떠받들기 때문에 소고기를 먹지는 않지만 버터, 우유, 치즈 같은 유제품은 신앙에 대한 헌신과 전념의 표현으로 기도 의식에 사용한다. 또한 힌두교도들은 소젖을 마시고, 밭을 갈며, 소똥을 비료와 연료로 활용하기 때문에 암소를 자신들의 보호자이자 어머니와 같은 존재로 여긴다.

소가 우주에서 수행하는 역할을 존중하기 위해 이들이 다치지 않도록 보호하고 간섭하지 않아야 한다고 믿는다. 이러한 이유로 소에게 고삐를 매지 않고 자유롭게 돌아다니게 내버려 둔다. 힌두교 문화권에 가면 소들이 마음껏 거리를 활보하는 모습을 쉽게 볼 수 있다.

예전에는 극소수의 운 좋은 사람들만이 소를 소유할 수 있었기 때문에, 소는 금이나 돈과 같은 가치로 여겨졌다. 암소의 젖은 사람을 세련되게 만들어준다고 믿었으며, 이 때문에 버터는 종교 의식이나 제의 음식으로 사용되었다. 암소의 똥은 비료와 연료로 쓰일 뿐만 아니라, 가정용 소독제로도 활용되었다. 현대 과학은 소똥 연기가 강력한 소독 효과를 지니며, 오염 방지에도 효과적임을 입증한다. 암소의 오줌 또한 의료 목적이나 종교적 의식에서 사용된다.

힌두교에서 소는 대지이며, 모든 생물을 양육하는 선善의 근원으로 여겨진다. 소는 땅, 양육, 인자한 공급자의 상징이며, 인간의 모든 욕구를 만족시키는 존재로 비유된다. 소의 네 다리는 각각 물질적 부유함, 욕구, 정의, 구원을 상징한다. 매년 소 축일에는 존경의 표시로 소를 목욕시키고 꽃으로 장식한다. 힌두교 문화에서는 소를 신성한 존재로 여기기 때문에 소를 죽이는 것이 금기시된다. 일부 지역에서는 차량으로 암소를 치는 사고가 발생할 경우, 운전자가 공격당하거나 차량이 파손되는 등의 격렬한 반응이 일어나기도 한다.

이슬람교에서 소는 축일 이드 알 아드하Eid Al Adha를 기념하는 데 필수적이다. 이 축일에는 붉은 소를 희생 제물로 바쳐야 죽은 이가 다시 돌아올 수 있다고 믿는다.

불교에서는 소가 평온과 거룩함의 상징이다. 일부 불교 신자들은 소가 인간의 환생이라고 믿기도 하며, 동물에게 특히 소에게 친절을 베풀고 보호하는 것이 선한 업[業]을 쌓는 길이라고 여긴다.

영적 동물은 인간에게 교훈을 주고 올바른 삶을 살아가도록 돕는 안내자이다. 토템 동물 또한 영적 안내자이지만, 인간이 도움이나 조언이 필요할 때 기도하거나 의지하는 대상이라는 점에서 영적 동물과 구별된다. 따라서 자신의 영적 동물을 스스로 선택할 수는 없지만, 특정 동물에 강하게 끌리거나 깊은 체험을 통해 그것이 자신의 영적 동물임을 깨달을 수 있다.

암소를 토템으로 하는 사람들은 어머니의 직관을 지닌 것으로 알려져 있다. 이들은 지적이고 현명하며, 잘 도와주고 종종 고통을 겪는 주변 사람들에게 조언을 아끼지 않는다. 인정이 많고 사려 깊으며, 안정감 있고 신뢰할 수 있으며, 사랑이 넘치는 사람들로 주변과 발전적인 관계를 유지한다. 가족을 매우 잘 돌보고 집단 내 관계를 촉진하며, 서로 끈끈한 유대를 형성하는 경향이 있다.

암소 토템은 지도, 보호, 생존의 근원을 꾸준히 제공하는 상징이다. 이들은 물질적인 면에서도 뛰어나 풍요와 번영을 누리며, 지속성과 안정을 열망하고 자신의 필요보다 타인의 필요를 우선시하는 성향이 강하다. 또한 부정적인 에너지를 긍정적으로 전환할 수 있는 영적 치유자일 가능성이 크다. 이들은 어머니 대지와 관련이 깊어 삶의 기반이 탄탄하지만, 타인을 맹목적으로 따르지 않도록 조심할 필요가 있다. 모든 상황을 잘 판단하고 자신을 소중히 여겨야 한다.

황소를 토템으로 하는 사람들은 자연계의 힘과 같다. 이들은 다른 사람의 말에 쉽게 흔들리지 않고 자신을 믿으며, 당당하게 자신의 자리를 지킨다. 스스로 세운 계획과 목표를 신뢰하고, 유능한 실천가이자 타고난 리더로서 주위 사람들을 이끄는 경향이 있다. 탄탄한 기반과 강력한 에너지를 지니고 있으며, 그로 인해 뛰어난 성취를 얻어 번영과 부를 누린다. 그러나 자신의 힘으로 타인을 압도하거나 의지를 강요하지 않도록 주의해야 한다. 평생의 과업은 은은함과 연민을 배우는 것이다.

송아지를 토템으로 하는 사람들은 아량이 넓고 정직하며 성실하고 생동감이 넘치며, 신에게 헌신하는 삶을 지향한다. 이 토템은 스스로에게 즐거움을 허락할 필요가 있음을 암시하며, 노력한 것 이상으로 반드시 보답을 받게 되니 자신을 사랑하라고 전한다. 이들은 영성과 사랑이 가득한 삶을 살아가고자 한다.

2 우리 민족의 소,
한우

　"우리는 민족 중흥의 역사적 사명을 띠고 이 땅에 태어났다."

　이 문구가 낯설지 않다면, 아마도 베이비부머 세대에 속한 사람일 것이다. 이렇게 단정할 수 있는 이유는, 이 문장이 1968년 12월 5일에 제정된 「국민교육헌장」의 첫머리이기 때문이다. 이 헌장은 우리나라 교육의 지향점과 '민족 중흥'을 위한 새로운 방향을 제시하는 이정표 역할을 하며, 새마을운동과 더불어 20여 년간 널리 보급되었다. 1994년 사실상 폐기되기 전까지는, 교과서 첫머리에 인쇄될 정도로 비중 있게 다루어졌고, 각급 학생들은 이 전문을 암기하여 국어는 물론 영어 암송대회에도 참가하곤 했다. 이 시기에는 헌장을 노래로 만들어 음반으로 판매하기도 했고, 합창대회가 열리기도 했다. 이와 같은 행사가 반강제적이거나 의무적으로 시행되었기에, 1970~1980년대에 학창 시절을 보낸 중장년층 중에는 지금도 이 내용을 기억하는 이들이 적지 않다. 비록 전문 전체는 아니더라도, 첫 문장 정도는 기억할 것이다.

한우 이야기를 시작하며 이처럼 생뚱맞게 「국민교육헌장」 얘기를 꺼낸 이유가 궁금할지도 모르겠다. 하지만 첫 문장의 '우리'를 '한우'로 바꿔보면, 그 의도를 곧바로 명확하게 짐작할 수 있을 것이다. 한반도에서 우리와 오랜 시간을 함께하며 진정으로 민족의 번영과 발전에 이바지해온 '우리'는 누구인가? 바로 우리 역사와 더불어 오랫동안 사랑받아온, '식구'와도 같은 소중한 가축, '한우'다.

서정주 시인은 "나를 키운 건 팔 할이 바람"이라 했지만, 초기 농경사회에서 우리나라를 키운 팔 할은 '우리 소'라고 해도 크게 틀린 말은 아니다. 물론 이 역시 다소 막무가내식의 과격한 주장일 수는 있으나, 우리나라를 '牛리나라'라고 적는다 한들, 그간 소가 우리에게 베푼 기여도를 조금이라도 생각한다면 너그럽게 용인해줄 수 있지 않을까 싶다. 우리나라에서 소는 그만큼 독보적인 존재였으니, 그냥 한번 해보는 말이다. 다시 한번 강조하거니와, 5,000년 한민족의 역사와 함께하며 가난에 찌든 대한민국의 중흥을 위해 이토록 헌신적으로 이바지한 고맙고도 소중한 동물이 또 어디 있겠는가.

한우가 단순한 소를 넘어 우리 민족문화 자산으로서 상징성을 지니는 것은 바로 이러한 역사성과 그들이 우리 문화와 생활에 끼친 눈부신 활약상에 기인한다. 이러한 관점에서 다소 과감하게, "한우는 민족 중흥의 역사적 사명을 띠고 이 땅에 태어났다"며, "민족 중흥의 팔 할은 한우의 몫"이라고 단언한 것이다. 어쨌거나 한우를 일컬어, 한반도에서 오랜 세월 동안 제 몫을 다한 명실상부한 민족 중흥의 주역이자 농산업 현장의 기수라 칭송해도 크게 틀린 말은 아닐 것이다.

바라건대, 앞으로도 우리의 한우 산업이 '민족 중흥'이라는 역사적 소임을 묵묵히 수행해가며 '소처럼 우직하게, 소처럼 뚝심 있게' 한 단계 더 성장해 궁극적으로는 대한민국을 넘어 세계적으로 인정받는 명품 브랜드로 자리매김하길 기대한다. 그래야 살아남는다.

코뚜레와 외양간

한우는 한반도에서 운반이나 농경 등 일소로 사육되어온 고유의 소를 말한다. 한우가 언제부터 존재했는지는 다양한 견해가 있으나, 『삼국지』 「위지동이전魏志東夷傳」, 고구려 무용총, 김해 패총 등 유적에서 소의 그림이나 이야기가 등장한다는 점으로 미루어볼 때, 최소 2,000년 이상 전부터 한반도에 존재했을 것으로 추정된다.

한반도에서 출토된 소뼈의 연대를 추적한 결과, 구석기 시대부터 야생 소가 서식했던 것으로 보인다. 가축으로서 사육되기 시작한 시기는 청동기 시대로 거슬러 올라가며, 고조선 유적지에서 다량의 소, 말, 돼지, 닭 등의 뼈가 출토된 점으로 보아, 소는 우리 민족사의 시작과 함께해왔음을 알 수 있다. 특히 4~6세기 농경 사회가 정착되면서 소는 쟁기를 끄는 역우役牛로 본격 활용되기 시작했다.

소와 관련된 가장 오래된 문헌은 『후한서』 「동이전」이다. 여기에는 부여, 고구려, 예, 한 등지에서도 소를 사육했다는 기록이 나온다. 이는 문헌상으로도 기원후 후한 시기부터 한민족의 생활 전반에 걸쳐 소의 사육이 일반화되었음을 보여준다.

또한 『삼국지』 「동이전」 부여조에 등장하는 우가牛加, 마가馬加, 저가猪加 등 여섯 가축의 이름으로 관명을 삼았다는 기록과 함께 삼한 시대에 논밭의 흙덩이를 잘게 부수고 바닥을 평평하게 고르기 위해 사용하던 농기구인 '써레'에 관한 언급이 나오는 등 한우가 적어도 2,000년 전부터 농경에 활용되어왔음을 뒷받침한다.

고구려 시대에는 소의 보호와 증식을 위해 도살을 금지하는 보호법이 제정되었으며, 소가 끄는 수레인 우차도 사용되기 시작했다. 당시 사회에서 소는 가축으로서 노동력과 고기를 제공하는 중요한 역할을 했을 뿐 아니라, 신에게 바치는 제물이기도 했다. 이 시기에는 전용 외양간을 마련해 소를 체계적으로 관리했으며, 코뚜레를 한 소들이 여물을 먹는 모습은 건축학적 자료나 그림을 통해서도 확인할 수 있다. 삼실총과 오회분 고분벽화에는 소가 농경을 주관하는 신의 모습으로 그려져 있는데, 이는 소가 농경에서 중요한 역할을 했음을 보여줄 뿐 아니라 고구려 사람들이 소를 경외하며 그 가치를 깊이 인식했음을 나타낸다.

고려 시대에는 목장을 관장하고 전마戰馬·역마驛馬·역우 등을 조달하던 관청인 전목사典牧司에서 정한 '축우요식畜牛料式'을 통해, 사료의 급여량을 계절과 노역의 정도에 따라 달리 규정하고, 그에 맞는 사육 방법을 권장했다.

백제에서는 육부肉部를 설치해 소 보호 정책을 펼치기도 했는데, 고구려 시대에 비해 관련 문헌은 적지만 발굴조사 결과를 통해 이 시기에도 소가 활용되었음을 확인할 수 있다. 대표적인 유적지인 풍납토성에서는 소가 다양한 용도로 사용된 흔적이 발견되었다. 이러한 자료들로 미루어 백제인들이 소를 널리 사육했으며 음식 생활에서도 소가 상당한 비중을 차지했을 것으로 추정된다.

신라에서는 당나라와의 무역품으로 우황牛黃을 수출하기 위해 소의 증산에 주력했다. 이 시기의 생활 거주지, 저습지, 우물 등 유적에서 발굴된 동물 유체, 고분에서 출토된 소뼈, 토우, 청동마탁靑銅馬鐸 등에서도 소를 사용한 양상이 확인된다. 특히 진주 중촌리 1~4호 유적에서 출토된 소뼈는, 사람들이 아주 오래전부터 소를 가축화할 필요성을 인식하고 있었음을 보여주며, 당시에도 소가 경제 성장에 실질적으로 기여했음을 시사한다.

조선 시대에 들어서는 세조가 소의 개량과 증식을 도모했으며, 고종은 근대적인 축산 기술을 도입하고 개량 사업을 본격적으로 추진했다. 조선 시대 문헌에 자주 등장하는 "농자천하지대본農者天下之大本"이라는 표현에서 엿볼 수 있듯이, 조선은 농업을 국가의 근간으로 삼은 전형적인 농업 국가였다. 그래서 농업 생산력을 높이기 위해서는 농사철에 노동력을 최대한 확보하는 것이 무엇보다 중요했다.

당시에는 열 사람의 힘도 소 한 마리만 못하다고 여겼으며, 심지어 소 한 마리의 힘이 사람 100명의 힘에 해당한다고도 했다. 또한 한 마을에 소 한 마리만 있어도 그 마을 주민 전체가 농사를 지을 수 있다고 믿었다. 이러한 점을 미루어볼 때, 조선 시대 농업 생산 기술의 발전은 주로 소의 노동력에 기반했음을 알 수 있다.

하지만 실제로는 우역이라는 가축 전염병이 자주 발생했고, 소와 소가죽이 일본으로 많이 수출되었으며, 불법으로 소를 몰래 잡는 일도 많아서 농장에서 기르는 소는 항상 부족한 상태였다. 농사에 절대적으로 필요한 일소의 부족은 결국 농업 생산량 감소와 농민의 토지 이탈로 이어졌다. 이는 농촌 사회의 불안정을 초래했으며 국가 재정에도 적지 않은 타격을 입혔다.

이에 따라 조선은 건국 초부터 소를 도살하지 못하도록 하는 '우금牛禁' 정책을 펼쳐 농우 확보를 통한 농업 생산력 향상과 농촌 사회의 안정을 도모했다.

태조 7년[1398년] 9월에 처음으로 우금령이 내려진 이후, 역대 국왕들은 시행 횟수나 강도의 차이는 있었지만 꾸준히 소 도살 금지 법령을 제정했고, 이를 어기는 사람들에 대해 처벌 규정을 두어 실행했다. 그 내용을 보면, 자기 소를 도살한 자, 남의 소를 사서 도살한 자, 남의 소를 훔쳐 도살한 자 순으로 형량이 점점 무겁게 부과되었으며, 특히 타인의 소를 훔쳐 도살한 자는 목을 옭아매어 죽이는 형벌에 처하기도 했다.

이처럼 소 도살 금지에 따른 단속과 처벌에도 불구하고, 허가 없이 몰래 소를 잡는 일이 널리 자행되었다. 이는 소극적인 단속, 가벼운 처벌, 일관성 없는 우금 정책, 그리고 백성들의 소고기 선호 경향 등이 복합적으로 작용한 결과였다.

그런데 조선의 몰락과 함께 명맥만 유지되던 우금령도 사실상 사라지면서 한반도에서 소가 공식적으로 '고기'로 인식되기 시작했다. 이후 일제는 적극적인 소 사육 정책을 펼쳤고, 그 결과 1930년대에는 소 사육 두수가 약 180만 마리까지 증가했다. 하지만 이후 근대적인 축산 기술의 도입으로 소의 개량과 생산성 향상이 이루어지면서, 소는 더 이상 농업에서 필수적인 생산 도구로서 역할을 하지 않게 되었다. 이 때문에 과거처럼 노동력 확보를 위해 소를 기르던 농가도 사실상 사라졌다.

일소 만들기

전통 시대에 소와 말은 개인은 물론 국가 차원에서도 농경의 핵심 원천이었다. 부여의 목축 기술을 계승한 고구려는 일찍부터 소, 말, 돼지, 양, 개, 닭 등 여섯 종의 가축을 사육했으며, 그 중에서도 소는 노동력과 고기를 동시에 얻을 수 있다는 점에서 매우 귀중하게 여겨졌다. 일반적으로 6세기 신라 지증왕 때부터 우경이 시작되었다고 알려져 있으나, 쟁기질을 이용한 깊이갈이 농법인 심경深耕은 이미 고구려 시대에 시행되었다. 고구려는 3세기 중엽 철기를 대량 생산하게 되었고, 이에 따라 철제 농기구의 사용도 보편화되었다. 집안集安, 고이산성, 구의동 유적에서 출토된 철제 보습소에 끌리어 논밭을 가는 쟁기의 일부을 통해 고구려가 삼국 가운데 가장 먼저 소의 힘을 이용해 농사를 지었다는 사실을 알 수 있다. 또한 안악 3호분 외양간 벽화에 등장하는 코뚜레를 한 소의 모습에서도, 고구려에서 우경牛耕이 일반화되었음을 확인할 수 있다.

예로부터 "소 없이는 농사 못 짓는다"라는 말이 있듯, 소는 농가의 귀중한 재산이자 최고의 노동력을 제공하는 필수 자산이었다. 한우는 체격이 고르지 못하고, 특히 뒷부분이 빈약하며 다리와 발굽의 형태가 좋지 않고, 만숙성晩熟性이며 비유량泌乳量도 적다는 점이 단점이다. 그러나 체질이 강건하여 병에 잘 걸리지 않고 성질이 온순하다. 거친 사육 환경에도 잘 견디며, 사육 관리를 잘 하면 번식력도 좋은 편이고, 피부가 튼튼해 양질의 가죽을 생산할 수 있는 등 여러 장점을 지닌다. 또한 다리와 발굽이 튼튼하고 동작이 경쾌하여 일을 잘한다. 일의 능력 면에서도, 암소는 하루에 약 2,000제곱미터의 무논, 약 2,500제곱미터의 마른 논을 갈 수 있으며, 수소는 이보다 각각 약 20퍼센트 더 많은 면적을 갈 수 있다.

이제 일소의 선택과 훈련, 즉 '일소 만들기'에 대해 살펴보자. 우선, 일을 잘하는 일소는 체력이 좋아야 한다. 체력이 좋은 소는 오랜 시간 무리 없이 일을 수행할 수 있기 때문에, 선택한 소가 건강하고 활발하며 충분한 체력을 갖추었는지를 먼저 확인해야 했다. 이를 위해 농민들은 나름의 기준을 가지고 좋은 일소를 골랐다. 예를 들어, 목이 굵은 소는 행동이 둔하다고 여겨져 목이 가는 소를 선호했고, 등뼈와 꼬리 부위가 튀어나오지 않으며 등뼈가 곧고, 다리가 튼튼하면서 발굽이 둥근 소, 즉 논밭에서 며칠을 일해도 발굽이 갈라지지 않는 소를 좋은 일소로 여겼다. 또한 어깨 부분의 멍에 자국을 살펴보며, 실제로 일해본 경험이 있는지도 확인했다.

소를 잘 훈련시키는 일은 농사에 있어 매우 중요한 요소였다. 농부들은 소를 잘 다루기 위해 '어뎌좌회전', '이려직진 또는 우회전', '워정지', '무로정지', '들버다리를 들어 고삐 빼기' 등과 같은 명령어를 사용했는데, 소가 주인의 명령어를 어느 정도 이해하는지를 확인하기 위해 함께 걸으며 반응을 살폈고, 그 과정에서 훈련 가능성이 높은 소를 선별했다.

농가에서 무거운 짐을 나를 때는 수소를, 농사일에는 주로 암소를 사용했다. 이는 암소가 수소에 비해 힘은 약하지만 주인의 말을 잘 따르고 지구력이 강했기 때문이다. 대부분 수소는 암소보다 가격이 비싸 송아지 때 우시장에 내다 팔거나 고기용으로 판매되는 경우가 많았다.

일단 선택한 뒤에는 이제 제대로 된 일소로 길러야 하는데, 이때 가장 먼저 하는 일이 코뚜레 뚫기와 멍에 걸기였다. 일소를 조종하고 부리기 위해 어린 송아지가 생후 6개월쯤 되면 코에 고리 모양의 코뚜레를 걸었다. 한편, 멍에는 쟁기나 마차를 연결할 때 소의 목에 거는 도구로, 소가 농기구를 끌 수 있으려면 멍에에 대한 적응은 물론 목 힘도 길러야 했다. 이를 위해 둥글게 구부러진 멍에를 목에 건 소에게 무거운 돌로 만든 '굴태'나 '끙게'를 매고, 그 위에 어린아이나 무거운 물건 등을 실어 하루 종일 끌게 했다. 이후 멍에에 어느 정도 익숙해진 소에게는 모래밭이나 한 번도 갈아보지 않은 거친 땅에서 쟁기질 훈련을 시켜 견인력을 키웠다. 이때 한 사람이 앞에서 소를 끌며, 소가 발의 보폭이나 쟁기 끄는 방법을 터득하도록 도왔다. 훈련 도중 소가 길을 벗어나 풀을 뜯는 행동을 하지 못하도록 소의 주둥이에 '부리망'을 씌

우기도 했다.

소가 길들지 않아 농부가 마음대로 다룰 수 없다면 결국 돼지처럼 고기용으로밖에 키울 수 없었을 것이다. 하지만 소는 고기 제공에 그치지 않고, 일소로서의 노동력과 무거운 짐을 나르는 운반 수단 등 다양한 방면으로 활용되었다.

소의 수명은 20~30년이며, 보통 2~3세부터 일을 시작해 10년가량 일소로 활용되었다. 이러한 활용이 가능했던 것은 소에게 스스로 적응하는 능력과, 사람에 의해 길든 학습 능력이 있었기 때문이다. 즉, 소는 스스로 현실에 적응할 뿐만 아니라, 훈련을 통해 일을 수행하는 능력이 있어 사람과 함께 일하며 상호 유익한 관계를 형성할 수 있는 존재였다. 그러나 인공지능[AI]이 도입된 스마트팜과 첨단 영농 방식이 자리 잡은 오늘날에는, 일소를 다룰 수 있는 기술을 지닌 농업인조차 거의 찾아보기 어렵다.

오직 소와 인력에 의존하던 농경사회에서 소가 제공하는 노동력의 유용성은 절대적이었다. 오늘날에도 소는 재화로서, 그리고 다양한 쓰임새 면에서 여전히 가치가 높다. 과거든 현재든 우리에게 깊은 만족감을 안겨주는 존재가 바로 '우리 소'다.

매년 한국서비스품질지수[KS-SQI]가 발표되는데, 이는 기업의 제품과 서비스를 이용한 고객을 대상으로, 전문성·진정성·적극성·사회적 가치 등 여덟 개 영역에서 서비스 품질에 대한 만족도를 종합적으로 측정하는 지표다. 각설하고, 만약 일소로서 역할이나 임무를 다한 '우리 소-우리 한우'에 대해 대국민 소비자 만족도를 조사한다면 그 결과는 어떨까? 아마도 이 여덟 개 지표 모두에서 단연 1위를 석권할 것이다.

일본이 빼앗아 간 칡소

한우는 기원전부터 우리나라에서 사육되어온 역용종^{役用種}이다. 국립축산과학원의 '축종별 품종 해설'에 따르면, 한우^{Bos taurus Coreanae}는 유럽원우^{Bos primigenius}와 인도원우^{Bos indicus}의 혼혈종에서 기원하여 북부 중국 만주를 거쳐 한반도로 유입된 뒤, 다른 품종과의 교류 없이 순종 번식을 통해 오늘에 이른 것으로 보고 있다. 현재 국제식량농업기구^{FAO} 가축 다양성 정보시스템^{DAD-IS}에 등재된 한우 품종은 황우^{누렁소}, 흑우^{검은 소}, 제주 흑우, 칡소^{호피 무늬 소}, 백우^{흰 소} 등 모두 다섯 종이다.

대다수 한국인이 생각하는 한우는 누렁소인 '황우'다. 하지만 한반도에는 누렁소뿐 아니라 다양한 털색을 지닌 소들이 존재해왔다. 조선 시대 신윤복과 김홍도가 그린 풍속화 〈춘일우경〉, 〈논갈이〉, 〈경작도〉 등에서 황우, 흑우, 칡소 등 다양한 털색을 가진 소들을 확인할 수 있다. 고구려 무용총 벽화에도 이 세 종류의 소가 외양간에서 먹이를 먹는 장면이 등장한다.

황우는 잘 자라고 성질이 온순하여 다루기 쉬우며, 병에 대한 저항성이 강하다. 전통적으로는 논농사가 활발한 평지에서 주로 사육되었으며, 동작이 경쾌하고 다리와 발굽이 튼튼해 장시간 노동에도 잘 견딘다. 번식력도 좋은 편이고, 열악한 환경에서도 사육할 수 있으며, 피부가 두껍고 질겨 훌륭한 가죽을 생산하는 장점이 있다.

한우는 각 지방의 토질, 농업 구조, 사양 관리 방식, 기후 등에 따라 체격에 다양한 차이를 보인다. 일반적으로 남부 지방에서 북부로 갈수록 체격이 크고, 육질과 비육성도 더 우수한 경향이 있다. 현재는 농업이 현대화하면서 예전처럼 일소로 활용되기보다는 고기소로서 가치에 중점을 두고 개량되고 있다. 말하자면, '힘 있는 소'에서 '맛있는 소고기'로 지향점이 바뀐 것이다.

'백우'는 일반 한우 부모로부터 100만분의 1 확률로 태어나는 '유전적 돌연변이Albino, 알비노'다. 농촌진흥청은 2009년 정읍과 대전에서 백우 암소 두 마리와 수소 한 마리를 수집하였고, 이후 인공수정과 수정란 이식 등 생명공학 기술을 활용해 개체 수를 늘려왔다. 현재는 가축유전자원센터에서 스무여 마리가 사육되고 있다.

'흑우'는 털색이 검은 소를 뜻하며, 내륙 흑우와 제주 흑우로 나뉜다. 내륙 흑우는 털이 전체적으로 검고, 입 주변에 흰 테두리가 있다. 한편 제주 흑우는 『탐라지』나 『세종실록』 등 여러 문헌에 등장하며, 다른 한우 품종과 달리 고유 혈통을 지닌 재래종이다. 한우 품종 중 가장 왜소한 제주 흑우는 네 다리가 짧고 가늘지만, 체질이 튼튼해 지구력이 좋고 질병에 대한 저항력도 뛰어나다. 또한「축산법」제6조 및 동법 시행규칙 제9조에 따라 등록된 가축으로서, 제주특별자치도 내에서 사육된다. 흑색 털을 지니고, 고유의 혈통과 표준 체형을 유지하는 재래 한우는 천연기념물 제546호로 지정되어 국가 차원에서 보호·관리되고 있다.

'칡소'는 호랑이처럼 세로로 검은 칡 무늬가 있으며, 주로 산간 지역에서 사육되었다. 흔히 얼룩소를 '칡소'라고 부르기도 하는데, 이는 칡넝쿨처럼 검은색이나 흑갈색 줄무늬가 황소의 등에서 배 쪽으로 흘러내리는 모습이, 마치 칡넝쿨이 누런 황소의 몸을 감고 있는 것처럼 보이기 때문이다. 이외에도 호랑이 무늬를 가졌다고 하여 '호반우虎斑牛', '범소'라 부르기도 한다. 지금은 멸종 위기에 처한 이러한 칡소들을, 우리의 고향 땅에서 더 자주 만나볼 수 있기를 소망해본다.

칡소는 성장 속도는 느리지만 체격이 크고 질병에 강하며, 발굽이 튼튼해 비탈진 지형에서도 힘을 잘 쓴다. 성질은 사람에게는 순종적인 데 반해 야생동물에게는 호전적인 것으로 알려져 있다. 칡소는 고구려 고분 벽화에도 등장하며, 『삼국사기』와 『동의보감』 등 다양한 역사 문헌에도 그 기록이 남아 있다.

정지용의 시 「향수」의 구절 "얼룩백이 황소가 해설피 금빛 게

으른 울음을 우는 곳, 그곳이 참하 꿈엔들 잊힐리야~"에 나오는 소, 어린 시절 누구나 불러봤을 동요 〈얼룩송아지〉의 가사 "송아지 송아지 얼룩송아지, 엄마 소도 얼룩소 엄마 닮았네", 그리고 화가 이중섭의 대표작 〈소〉에 등장하는 소 역시 주인공은 바로 칡소다.

안타깝게도 일제강점기 때 일본은 '조선 소'의 털색을 황색으로 규정하고, 자국을 대표하는 '화우和牛'를 개량하기 위한 명분 아래 칡소를 대량 공출해 갔다. 이 때문에 약 200만 마리에 달하던 칡소의 개체 수는 급감하고 말았다.

이 밖에 흑우의 일종인 '청우'도 있다. 이는 한마디로, 털색이 아주 까맣다 못해 푸른빛이 도는 듯한 '검푸른 소'를 말한다. 국어대사전에서는 이를 '청치'라 하여 '푸른 털이 얼룩얼룩한 소'라고 풀이하고 있으나, 실제로 푸른 털을 지닌 소는 현재 확인되지 않는다. 그래서인지 청우는 흔히 '푸른 소', '사전에만 있는 소', 또는 '상상의 소'라고도 불린다.

그럼에도 반가운 점은, 조선 시대 왕이 직접 농사를 짓는 모범을 보이며 백성에게 농업의 중요성을 일깨우고 이를 권장하기 위해 행해졌던 '친경親耕' 의식에 이 청우가 등장했다는 사실이다. 이 행사의 기원은 고려 성종 2년983년으로, 왕이 원구圓丘에서 풍년을 기원하고, 궁 안의 밭인 적전籍田에 나가 직접 땅을 갈고 씨를 뿌린 데서 비롯되었다.

조선 시대 태종 5년[1405년] 7월에는 의정부의 건의에 따라 적전과 원구를 한양으로 이설하였고, 그때부터 친경 의식은 지금의 서울특별시 동대문구 용두동 138번지 남쪽에 위치한 선농단先農壇에서 거행되었다. 여하튼 이러한 의식에 청우가 등장했다는 사실은, 실제로 '검푸른 소'가 존재했을 가능성을 시사하는 방증이 아닐까 싶다.

씨수소와 한우의 품종 혁신

한우는 한반도에 유입된 이래 수천 년 동안 오직 사역용으로만 길러져 왔다. 일제강점기에도 품종 개량은 이루어지지 않은 채 여전히 논밭을 가는 일소나 전쟁 물자 공출 등의 용도로 사용되었다가, 1960년대 말이 되어서야 비로소 한우 개량사업의 일환으로 외래종 소를 도입하여 몇 차례 품종 개량이 시도되었다. 이개량은 외국 육우를 도입하여 교잡우 형태로 진행된 것이었다. 하지만 당시에는 적갈색 털만 한우로 인정된다는 인식이 강해 심멘탈, 헤어포드, 에버딘 앵거스 등 털색이 다른 외래종과의 교배 시도는 단발성에 그쳤다. 별다른 성과도 얻지 못한 데다, 소값 폭락까지 겹치면서 결국 이러한 시도는 중단되고 말았다. 결과적으로 보면 털색에 대한 논란은 어쩌면 한우의 혈통 보존이라는 측면에서는 매우 다행스러운 일이었는지도 모른다.

순수 혈통의 한우 개량은 1970년 고령지시험장에서 시작된 '한우 순수번식을 통한 산육능력 개량 연구'를 계기로 법적 근거가 마련되었고, 이를 기반으로 1979년 '한우 개량단지' 사업이 본격적으로 시작되었다. 이후 정부는 1982년 축협중앙회 한우개량사업소를 설립하고, 1983년부터 한우에 대한 당대 및 후대 검정을 실시하였으며, 이를 통해 본격적인 보증씨수소 선발이 시작되면서 오늘날까지 종모우種牡牛, 씨를 받기 위하여 기르는 수소 선발을 통한 개량이 이어지고 있다.

한우는 우리나라에만 존재하는 고유한 유전자원으로, 우리 문화와 역사에 깊이 뿌리내린 민족 자산이다. 실제로 수입 개방 이후에도 한우 산업이 경쟁력을 유지할 수 있었던 원천은, 세계에서 유일한 한우의 특별한 유전자원 덕분이다.

어쨌든 우수한 유전자원인 한우를 보존하고 유지하려면 체형과 체격, 피부, 털색, 뿔, 발굽 등 외형적 특성과 경제적 능력에서 한우 품종의 특징을 고르게 갖춘 순수 혈통을 꾸준히 개량해나가는 것이 중요하다. 또한 국제 경쟁력을 갖추기 위해서는 번식력, 성장 속도, 사료 이용 효율, 고기 품질 등에서 뛰어난 유전 능력을 지닌 소로 개량해가는 것이 필요하다.

이러한 차원에서 최근 농촌진흥청 국립축산과학원은 농가에서 개량 목표에 맞는 씨수소 정액을 선택하는 데 도움을 주는

'한우 교배계획 길라잡이 33호'를 엑셀 프로그램과 책자로 보급했다. '한우 교배계획 길라잡이'는 농가가 보유하고 있는 암소로 송아지를 생산할 때, 아비 소로 어떤 씨수소를 선택해야 개량 목표에 맞는 송아지를 얻을 수 있는지를 알려주는 프로그램이다.

농가가 보유한 암소의 3대 혈통을 엑셀 프로그램에 입력하면, 현재 정액이 판매되고 있는 보증·후보 씨수소 또는 농가가 보유 중인 정액의 씨수소와의 교배 계획 결과를 확인할 수 있다. 이를 통해 태어날 송아지의 예상 능력과 근친 정도를 확인할 수 있으며, 체중, 도체 형질^{도체중·등심 단면적·등지방 두께·근내 지방도} 등에 가중치를 따로 설정할 수 있어, 농가가 개량하고자 하는 특정 개별 형질을 강화할 수 있는 정액을 선택할 수도 있다.

앞서 언급한 대로, 한우는 본래 고기를 얻기 위한 목적이 아니라 농경용 가축이었기 때문에 살코기를 늘리기 위한 개량은 오랫동안 이루어지지 않았다. 원래는 앞부분이 좁은 쐐기 모양의 몸매였으나, 이러한 체형은 고기를 많이 얻기 어렵기 때문에 육우와 같은 직사각형 또는 역쐐기 모양으로 점차 개량되었다.

앞으로도 소비자 가치 중심의 관점에서 개량에 더욱 집중해야 한다. 이러한 노력이 뒷받침될 때에야 비로소 한우 산업은 국내를 넘어 국제 시장에서도 경쟁력을 갖춘, 세계 최고 수준의 육우^{고기소}로 자리매김할 수 있을 것이다.

한우는 언제부터 먹었을까

한반도에서 소를 고기로 이용한 역사는 깊다. 육식 문화는 구석기 시대 이래 인류의 본성이며, 북방식 전통을 계승한 한민족에게는 더욱 그러하다. 고대 한민족은 소, 돼지, 말 같은 육류를 통째로 구워 칼로 잘라 먹거나, 꼬치 형태로 꿰어 불에 구워 먹는 '맥적貊炙'을 선호했다. 여기에는 '맥족貊族이 먹는 고기'라는 의미가 담겨 있다. '맥족'은 고대 한반도 북부와 만주 지역에 살던 민족으로, 오늘날 한민족의 뿌리로 여겨진다. 따라서 '맥족이 먹던 고기'라는 표현은, 이 고기가 한민족의 오랜 역사와 전통 속에서 중요한 역할을 해왔음을 뜻하며, 우리의 민족 정체성과도 떼려야 뗄 수 없는 관계에 있다는 의미로 이해할 수 있다.

고려 시대에는 육식이 일시적으로 줄었지만, 몽골의 침략 영향으로 다시 활발해졌다. 그 과정에서 소를 활용한 깊이갈이 등 목축 기술이 발전했고, 고려인들은 육식 문화를 누릴 기회를 얻게 되었다. 또한, 소의 이마를 타격하는 도축법이 도입되어 고기의 품질이 한층 좋아짐으로써 육식 선호를 더욱 부추겼다.

고려 시대의 육식 열풍은 소를 농업 생산에 필수 동물이 아닌, 음식으로서의 '식우食牛'로 인식하게 된 계기가 되었다. 이렇게 형성된 고려의 음식 문화는 오늘날 한국 음식 문화의 기반이 되었다. 앞서 언급한 대로, 조선은 농업 생산력을 높이기 위해 우금牛

禁 정책을 실시하여 노동력을 확보하고자 했고, 이를 위반한 사람에 대한 처벌 규정도 마련했다. 그럼에도 소 도살은 널리 자행되었는데, 이는 우금령 시기에도 소고기에 대한 집착과 사랑이 여전히 지속되었음을 보여준다.

그도 그럴 만하다. 생각해보라. 꽃등심살, 꽃갈비, 살치살, 제비추리, 치마살, 차돌박이 등 먹거리가 풍부한 요즘에도 이들 부위를 떠올리면 군침이 돌 텐데, 먹거리가 빈곤했던 당시 상황에서는 소고기가 얼마나 귀한 음식이었겠는가. 더욱이 우리 선조들은 소고기를 최고의 맛으로 여기며, 소고기를 먹지 않는 사람들을 특이한 식성을 가진 이라며 조롱하기도 했다고 전해진다.

이쯤에서 글의 흐름이 잠시 끊기더라도 한마디 해야겠다. "그려, 고금 막론하고 이놈의 인기란! 하긴, 뭣이 중헌디. 인생, '고기'서 '고기'거늘!" 여하튼 그 시절 '쇠갈비 뜯는 맛'에 대한 선호가 두드러졌다는 것은 어디까지나 기록에 기반한 실증이니, 귀신 씨나락 까먹는 소리는 절대 아니다.

반면, 소고기를 대체할 수 있는 고기인 돼지고기는 거래가 활발하지 않았고, 고기를 접할 기회도 적어 대체로 익숙한 식육이 아니었다. 또한 돼지고기는 가격이 비싸고 건강에 해롭다는 부정적 인식도 존재했다.

일제강점기에는 종로 일대의 요리점과 음식점들이 육류 소비의 중심지였다. 당시 명월관과 식도원 같은 대표적 요리점은 궁

중 음식을 재현하여 인기를 끌었고, 피맛골의 주막에서는 간편한 국밥이나 술국 등을 팔았다.

1980년대 이후, 경제가 급격히 성장하면서 소고기 소비량도 덩달아 증가했다. 이는 소득이 오를수록 소고기 수요가 커진다는 수요 대체 관계 분석에서도 그대로 나타난다. 어쨌든 한우를 정점에 둔 우리의 육식 문화는 오늘날까지 이어져 오며, 역사적으로도 오래전부터 특별한 날에만 먹을 수 있는 귀하고 소중한 음식으로 인정받아왔다.

오늘날에도 소고기는 '서민 고기'라기보다는 최상급의 귀한 고급육으로, 한국인에게 각별하게 인식될 만큼 고기 중에서도 단연 명품 이미지가 강하다. 아시다시피, 세상에 쉽게 탄생하는 명품은 없다. 명품에는 다 그만한 이유가 있는 법이다.

어쨌든 한 편의 걸작이 만들어지기까지, 그러니까 지금까지 이러한 명품 먹거리로서의 인기와 지위를 얻기까지는 산·학·관·연의 부단한 노력이 뒷받침되어왔음은 두말할 필요도 없다. 지금까지 한우 고기는 줄곧 시장 환경 변화에 능동적으로 대응하며, 시대를 초월한 우리나라 신토불이 대표 먹을거리 중 하나로 손꼽혀왔고, 이러한 소고기만이 갖는 아성은 쉽게 무너지지 않을 것이다. 한우가 고가의 명품 고급육이라는 타이틀을 꾸준히 유지할 수 있는 배경에는, 식품으로서 안전성과 뛰어난 품질을 보장하기 위한 유전자 관리, 쇠고기 등급 판정, 이력 추적제도, 그리고 위해요소중점관리기준[HACCP] 같은 제도적 장치들이 견고하게 작동하고 있기 때문이다.

우직함의 상징, 소

우리 민족과 함께해온 한우는 단순히 농사용만이 아니라, 다양한 분야에서 널리 활용되어왔다. 소는 국가 간 외교 선물이나 하사품, 군사용으로도 사용되었으며, 그 부산물은 의복이나 약재, 장식용 등으로도 활용되었다. 또한 세시풍속, 설화, 속담 등 생활문화 전반에 걸쳐 다양한 형태로 등장한다. 이처럼 한우는 경제, 사회, 문화 등 여러 측면에서 우리 민족과 긴밀하게 연결되어 오늘날까지 그 의미를 이어오고 있다.

속담에는 다양한 상징성이 깃들어 있다. 일상생활에서 사용되는 속담은 독특한 의미와 함축성을 내포하기 때문에, 우리가 어떤 문제나 상황을 표현하고자 할 때 종종 인용되곤 한다. 언어는 단순히 의사소통을 위한 수단을 넘어, 우리의 생각과 관념을 형성하고 전달하는 데 중요한 역할을 한다. 따라서 속담과 언어에는 사회와 문화 측면에서 다양한 상징성이 담길 수밖에 없다. 이러한 점을 고려할 때, 속담과 언어에 깃든 소의 상징성을 파악하는 일은 충분히 의미 있는 작업이다.

소와 관련된 속담으로는 "소같이 벌어서 쥐같이 먹어라", "소는 믿어도 사람은 못 믿는다", "어미 소 제 새끼 핥듯 한다", "아버지 없이는 농사를 지어도 소 없이는 농사를 못 짓는다" 등이 있다. 이는 소가 지닌 끈기, 성실함, 사랑 등의 긍정적 상징을 표현한다. 또한 소는 빠르지는 않지만 묵묵히 일을 해내는 모습에서 우직함과 충성심의 상징으로도 널리 쓰인다. 예를 들어 "걸음새가 뜬 소가 천 리를 간다", "느릿느릿 걸어도 황소걸음이다", "소더러 한 말은 안 나도 처더러 한 말은 난다" 등이 여기에 해당한다.

우리 선조들은 소를 끈기, 우직함, 헌신 등을 상징하는 긍정적인 이미지로 속담에 자주 담았지만, 때로는 부정적인 의미로도 쓰였다. 소는 우직함이 지나쳐 고집스럽고 융통성이 부족한 존재로 비유되기도 했으며, 우둔함·미련함·어리석음의 상징으로 표현되기도 했다. 이러한 사례로는 "쇠고집이다", "쇠귀에 경 읽기", "쇠귀에 염불", "늙은 소 콩밭으로 간다", "만 마리의 소도 못 당할 고집이다", "소 같고 곰 같다", "불난 강변에 덴 소 날뛰듯", "늙은 소 흥정하듯", "쇠불알 떨어질까 숯불 장만하고 기다린다", "황소 뒷걸음치다가 쥐 잡는다" 등을 들 수 있다. 또한 "낯짝이 소가죽보다 더 두껍다"는 표현이나, 개와 소를 싸잡아 '아무나'를 뜻하는 "개나 소나"처럼, 일부 관용적 표현에서도 소는 부정적인 의미로 사용되곤 했다.

예로부터 소가 농사에 요긴하게 쓰였던 만큼 소는 자연스레 우리 생활과 문화에서 매우 중요한 위치를 차지했다. 그만큼 '소'와 관련된 사자성어도 적지 않다. 실제로 이들 중 일부는 오늘날 실생활에서도 널리 인용되고 있다. 우리가 익히 들어 알고 있는 "쇠귀에 경 읽기"에 해당하는 우이독경牛耳讀經이나, 소를 마주하고 거문고를 탄다는 뜻의 대우탄금對牛彈琴은 모두 우매한 사람에게는 아무리 가르쳐도 소용없다는 뜻으로, 소를 부정적인 이미지로 표현한 것이다.

반면 우생마사牛生馬死는 글자 그대로 '소는 살고, 말은 죽는다'는 뜻으로, 여기서는 하나밖에 없는 목숨을 건진 소의 지혜로움을 강조하고 있다. 이와 관련된 일화를 보자. 어느 날, 갑자기 불어난 물에 소와 말이 동시에 빠지고 말았다. 말은 소보다 헤엄을 잘 치지만 성질이 급했다. 다급해진 말은 어떻게든 살아남기 위해 다리를 버둥버둥 바지런히 움직이며 물살을 거슬러 강을 건너려 했지만, 결국 힘이 다해 물에 빠져 죽고 말았다. 반면, 소는 물살에 몸을 맡긴 채 그대로 떠내려가다가 자연스레 강기슭으로 밀려 나와 살아남았다. 이 일화는 인생을 살다가 힘든 일이 닥쳤을 때, 말처럼 발악하지 말고 소처럼 거대한 흐름을 거스르지 않으며 순리를 따르는 지혜를 배우라는 교훈으로 널리 인용된다.

지금까지 살펴본 바에 따르면, 속담과 언어 속에서 소는 '우직함'이라는 긍정적인 상징으로 인식되는 한편, '우둔함'이라는 부정적인 의미로도 사용되어왔다. 결국 이러한 상반된 인식은 사람들의 다양한 시각과 문화적 배경에 따라 형성된 결과라 할 수 있다.

그러나 적어도 소와 오랫동안 함께 살아온 우리 한국인들은, 전통적으로 그리고 심정적인 측면에서도 '우둔함'보다는 '우직함' 을 소의 대표적인 상징으로 더 많이 인식하고 있는 듯하다. 황소 처럼 성실하고 묵묵하게, 자기 맡은 바 일을 듬직하게 수행하는 것, 그 덕목 하나만으로도 우리가 생각하는 소의 상징적 가치는 '우직함'이 더 앞설 수밖에 없다.

한우는 이제 우리가 함께 보호해야 할, 대한민국 민족문화의 상징으로 확고하게 자리 잡았다. 2006년 문화체육관광부는 한 민족이 과거부터 현대에 이르기까지 공간적·시간적 동질성을 바 탕으로 형성해온 문화유산 중 대표성을 지닌 100가지를 선정해 '100대 민족문화상징'을 발표했다. 여기에 한우가 당당히 이름을 올렸다. 부연하자면, 6대 분야^{민족 상징, 강역 및 자연 상징, 역사 상징, 사회 및 생활 상} ^{징, 신앙 및 사고 상징, 언어 및 예술 상징}로 나누어 선정했는데 동물 분야에서는 한우를 비롯해 진돗개, 호랑이 등 단 3종만 선정되었다.

결국 한우가 민족문화 상징에 포함되었다는 사실 자체는, 우 리 민족이 '우리 소'에 대해 문화적·정서적 차원에서 남다른 애정

속담(언어)에 깃든 소의 상징적 의미

긍정적인 측면	부정적인 측면
우직, 끈기, 성실, 신뢰, 희생, 헌신, 부, 충성심, 지혜, 사랑, 힘	우둔, 고집불통, 미련, 무식, 무반응, 어리석음, 뻔뻔함

이 있으며, 이를 '민족문화 자산'의 상징으로 인식하고 있음을 보여주는 직접적인 증거라 할 수 있다.

소는 농경문화가 한반도에 정착하기 시작한 삼한 시대 이후로 뛰어난 노동력 덕분에 사람 못지않은 귀한 대접을 받아왔다. 비록 가축이기는 하나, 소는 식구처럼 여겨져 '생구生口'라 불릴 만큼 가족의 일원이었다. 그런 식구이니만큼 끼니도 꼭 챙겨주었다. 옛날 소에게는, 요즘처럼 공장에서 찍어낸 사료나 식은 밥이 아닌, 농부가 특별한 방식으로 손수 지어낸 '따뜻한 음식'을 먹였다.

말하자면 소는 사람과 동등한 인격체로서 대접받았다. 우리 선

중요무형문화재 '영산쇠머리대기'는 창녕군 영산면에서 전승해온 대동놀이다. 나무로 엮어 만든 소를 양쪽 진영의 사람들이 어깨에 메고 서로 맞부딪쳐서 상대방의 소머리를 쓰러뜨리거나 주저앉혀 승패를 가른다.

4부 소

조들은 그만한 가치를 인정했기에 이 녀석을 귀한 가족이자 식구처럼 존중했다. "우리가 남이가!" 하는 마음으로, 삼시세끼를 잊지 않고 꼬박꼬박 빠짐없이 먹이며 지극정성으로 돌봤던 것이다.

소의 식량인 '여물'은 단순한 사료가 아니라, 하루 종일 일하느라 소모된 체력을 보충해주는 영양 공급원이기도 했다. 농부들은 짚, 콩깍지, 쌀겨 등 여러 가지 여물을 생식이 아닌, 솥단지에 넣고 불을 지펴 끓여낸 '쇠죽'으로 만들어 소에게 제공했다. 세상천지에 할 일이 없어서 일개 가축에게 '요리'를 해 먹였던 것이 아니다. 그것은 소가 소중한 '한 식구'였기에 가능한 일이었다. 주재

국가무형문화재 '양주소놀이굿'은 가족의 번창과 풍년을 기원하는 굿으로, 우마 숭배와 농경의례인 소먹이놀이에 기원을 두고 민속예술로 승화된 주목할 만한 전통문화 유산이다.

료인 볏짚을 손작두로 써는 수고로움에서부터 정성을 가득 담아 뜨끈하게 지어낸 화식火食을 구유에 한가득 담기까지 이 쇠죽에는 단순한 영양분을 넘어, 자신을 대신해 고된 일을 해준 소에 대한 농부의 미안함과 고마움이 함께 녹아 있었다. 또한 매 끼니마다 쇠죽을 끓여 먹인 데는, 뜨끈한 밥 한 상을 먹어야 힘을 낼수 있다는 우리 민족 특유의 정서가 담겨 있다. 소 역시 사람처럼 따뜻한 음식을 먹어야 힘을 낸다는 전통적 관습이 그 밑바탕에 깔려 있었다.

"소는 농가의 조상"이라거나 "부모처럼 소를 돌보아야 한다"는 말이 있다. 꿈에 소가 나타나면 조상이 모습을 드러낸 것으로 생각했다. 우리 민족은 소를 자기 조상이자 부모로 인식할 만큼 남다른 존재로 여겼던 것이다.

이러하니, 농민들은 농사일이 아무리 고되더라도 소에게 여물을 주는 일을 절대 거르지 않았다. 들판에 풀이 자라는 철이 되면 소를 몰고 나가 싱싱한 풀을 뜯어 먹게 하거나, 좋은 풀을 먹일 요량으로 직접 낫을 들고 들판을 돌아다니며 '꼴 베기'를 하여 반드시 챙겨 먹였다. 농부나 그 가족들이야 배가 홀쭉해지는 한이 있어도, 소의 배만큼은 늘 남산처럼 든든하게 채워주었다.

소의 의식주 환경은 여느 가축과는 비교할 수 없을 만큼 특별했다. 쇠죽을 끓여 먹이고, 외양간을 번듯한 잠자리로 제공하는 일은 인간의 식생활이나 주거 환경과 대등한 수준이라 할 수 있었다. 때에 따라서는 소의 무병장수를 기원하는 소놀이굿과 같은 의식을 열고, 소신牛神에게 백설기나 시루떡을 바치기도 했다. 또한 소를 사거나 송아지를 들여올 때는 음양오행설에 근거해 길일을 택하기도 했다.

무엇보다도 소가 가족과 동등한 존재로 여겨졌음을 보여주는 가장 뚜렷한 사례는 암소의 출산 장면이다. 암소가 송아지를 낳을 때면, 사람의 출산처럼 삼신상을 차려 정성을 다해 기도하고, 대문에는 금줄을 쳐 부정한 기운이 들어오는 것을 막았다. 송아지의 탄생을 아기의 출생만큼이나 경건하고 소중한 일로 여긴 것이다.

이처럼 우리 조상들은 소를 단순한 가축이 아닌, 사실상 가족과 대등한 존재로 여기며 '내 새끼' 대하듯 각별한 관심과 사랑을 쏟았다. 과장을 조금 보태자면, 사랑하는 가족 그 이상으로 귀하게 여겼다고 해도 과언이 아니다. 소에게 먹이를 줄 때는 대체로 통나무를 잘라 반으로 쪼개고 그 가운데를 파내어 만든 통인 '구유'에 쇠죽을 담아 먹였다. 선조들은 소를 가족이자 한 식구 같은 귀한 존재로 여기며 매 끼니 뜨끈뜨끈한 '음식'을 제공했다. 시골에서 나고 자란 사람이라면, 집에서 애지중지하던 소가 팔려나가던 날의 복잡미묘했던 감정을 쉽게 잊지 못할 것이다. 시골에서는 소를 팔아 생활비를 마련하는 일이 흔했기 때문에, 소를 떠나보내는 일은 어쩔 수 없는 선택이기도 했다. 하지만 소는 단순한 가축이 아니라, 오랫동안 우리 삶과 일상의 한 부분이었기에 감정적인 애잔함은 더욱 특별할 수밖에 없었다.

정주영 회장의 1,001마리 소

소는 수천 년 동안 우리나라에서 가축으로서 임무를 수행해왔고, 특히 우리 민족에게는 '우리 가족'과 같은 필연적인 존재였다. 이 때문에 '한 식구'라는 인식이 부지불식간에 깊이 각인되어왔다. 시대 변화에 따라 이제는 소의 역할이 달라지면서 인식이 많이 달라졌을 것이다. 그럼에도 '우리 소-우리 한우'는 비단 농민들뿐 아니라 전체 국민에게도 특별한 '우리 가족'이자 '우리는 한 식구'라는 상징적 존재로 여전히 마음 깊은 곳에 향수처럼 배어 있다.

소의 눈동자는 대체로 온화하고 평온한 인상을 준다. 둥글고 맑은 눈망울에서 뿜어져 나오는 그윽한 시선은 많은 사람들에게 '평화'의 상징으로 인식되곤 한다. 실제로 우리나라뿐만 아니라 여러 나라의 문화에서도 소는 대체로 온순하고 조용한 동물로 인식되며, 선함과 평화의 상징으로 여겨진다. 소의 선한 눈빛에서도 이를 느낄 수 있지만, 목초지에서 풀을 뜯는 평화로운 모습은 그 상징성을 더욱 또렷하게 드러낸다.

사자성어 속에서도 소는 평화의 상징으로 등장한다. 시퍼렇게 날 선 검을 팔고 소를 산다는 뜻의 '매검매우賣劍買牛'는, 전쟁을 그만두고 농사를 지음으로써 평화를 추구한다는 뜻을 담고 있다. 즉, 폭력적인 수단을 버리고 소와 같은 온순한 삶으로 전환하자는 의지의 표현인 셈이다. 또 다른 표현인 '귀마방우歸馬放牛'는 말을 돌려보내고 소를 풀어놓는다는 뜻으로, 전쟁을 하지 않고 싸움을 피하겠다는 의미로 쓰인다.

굳이 이러한 사자성어를 인용하지 않더라도 많은 이가 소를 평화의 상징으로 여긴다. 이는 '소 떼'라는 이미지와도 연관이 있다. '소 떼' 하면 먼저 두 가지가 떠오른다. 첫째, 이유 없이 생각만 해도 그저 평화롭다는 점이다. 오늘날에는 개별 농가보다는 규모 있는 농장에서나 볼 수 있는 풍경이 되었지만, 방목지에서 소들이 풀을 뜯는 장면은 여전히 이색적이고 인상 깊다. 이러한 풍경은 조용하고 평화로운 분위기를 자아내며 바라보는 사람에게도 심리적 평온함을 불러일으킨다. 한 마리든 여러 마리든, 소에서 연상되는 목가적인 평화로움은 누구나 쉽게 공감할 수 있는 보편적인 이미지일 것이다.

그다음으로 떠오르는 것은 1998년, 정주영 회장이 500마리의 소를 싣고 판문점을 넘어 북한을 방문함으로써 남북 교류와 평화의 물꼬를 텄던 일이다. 이어진 2차 방북을 통해 결국 1,001마리의 소가 북한에 전달되었다. 최근 "20년 전 정주영 회장의 소

떼 방북이 특별"이라는 기사를 접했다. "그는 처음에는 천 마리의 소를 생각했지만, 앞으로도 계속 북한을 지원하겠다는 의지를 담고 싶어 한 마리를 더했다. 그 '플러스 1'이야말로 평화통일에 대한 실향민 정주영의 의지였다."

당시의 '소 선물'은 민간 교류를 통해 남북 간 긴장을 완화하고 평화적인 관계를 추구하고자 한 상징적 시도였다. 동시에 소가 지닌 '평화로움'의 이미지와도 절묘하게 맞아떨어져 더 많은 이들이 소를 화합과 상생, 나아가 평화의 상징으로 인식하는 계기가 되었다.

굳이 '방북 소 떼'를 거론하지 않더라도, 앞서 언급한 푸른 초원 위에서 여유롭게 먹이 활동 중인 소 떼의 모습은 자연스럽게 평화로운 이미지를 떠올리게 한다. 소는 크고 힘이 센 동물이지만, 대부분 온순하고 조용하다. 한편으로 황소는 끈기 있고 인내심이 강한 동물이기에 사람들은 그 특성을 본받고자 황소를 '힘의 상징'으로 여겨왔다. 소싸움이나 씨름처럼 힘겨루기가 중심이 되는 전통 경기에서 우승한 인물에게 '우공牛公'이라는 별칭을 붙이거나, 황금빛 황소 트로피가 수여되는 사례에서 볼 수 있듯이 황소는 강인한 체력과 투지를 상징하는 존재로 자리 잡았다. 이로 인해 '황소 같은 장사'라는 표현은 곧 '천하장사' 또는 '천하제일장사'와 같은 상징적 의미로 확산되었다.

재산목록 1호

우리나라는 예로부터 농업을 천하지대본天下之大本이라 하여 만천하의 근본으로 여겼다. 소는 농업 생산성 향상에 크게 기여한 동물로, 농경사회에서 소는 없어서는 안 될 가장 중요한 보물 같은 자원이었다. 실제로 농가가 소를 보유하고 있다는 사실만으로도 일정 수준의 경제적 안정을 보장받은 것이나 다름없었다. 소는 농사일을 보조하는 수단으로서 매우 유용했기 때문에 소를 가진 농가는 그렇지 않은 농가보다 더 많은 부를 축적할 수 있었다. 당시 소는 농업 노동에 필수적인 존재로, 경제적 가치가 매우 높았다. 이로 인해 "소는 농가에서 땅 다음으로 가는 재산이다"라는 말이 유행했으며, 소는 단순한 가축을 넘어 부와 재물의 상징으로 인식되었다.

이러한 의미에서 소와 관련된 물건이라면 무엇 하나라도 예사롭게 대하지 않았다. 예전에는 이사하거나 장사를 시작할 때, 집안에 소 코뚜레를 걸어두었다. 여기에는 요사스러운 귀신은 얼씬도 하지 말라는 간절한 염원은 물론, 사업이 번창하여 많은 재물을 얻기를 바라는 소망도 함께 담겨 있었다. 따라서 소를 팔더라도 코뚜레와 고삐는 함부로 넘기지 않았다. 만약 그것들을 소와 함께 넘기고 나서 다시 소를 키우면, 그 소가 자주 병이 나고 집안의 재산까지 함께 딸려 나간다고 믿었다. 비록 소 자체는 팔아 생계를 유지했더라도, 코뚜레와 고삐는 여전히 집안에 남겨두었다. 이는 소의 힘을 상징하는 도구가 집안의 복을 붙잡아두고 가문의 번창을 돕는다는 믿음에서 비롯된 것으로, 오랫동안 전통적인 상징물로 간주되어왔다.

한때 대학을 '우골탑'이라 부르던 시절이 있었다. 이 단어는 국어사전에도 버젓이 올라 있는 말로, "가난한 농가에서 소를 팔아 마련한 학생의 등록금으로 세운 건물이라는 뜻으로, '대학'을 속되게 이르는 말"이다. 당시 농가에서 가장 큰 목돈을 마련하는 방법은 소를 파는 것이었다. 소를 사기 위해 땅을 팔기도 했다.

하지만 자식을 대학에 보내려면 상당한 비용이 들었고, 형편이 넉넉지 않았던 대다수 농가에서는 부득불 애지중지하던 '한 식구인 소'를 팔아야 하는, 매우 어려운 결정을 내려야만 했다. 우리가 흔히 "소를 팔아서라도"라고 말할 때는 그만큼 귀중한 '재산목록 1호'를 처분해서라도 어떤 일을 이루고자 하는 강한 의지가 그 말에 깔려 있는 것이다.

풍수지리에서도 소의 형국은 부를 상징하는 지형으로 여겨지며, 이러한 자리에 묘를 쓰면 부를 얻는다는 민간 신앙이 전해진다. 꿈에 황소가 집으로 들어오는 것을 부의 징조로 해석하는 사례 역시, 소를 길몽과 부의 상징으로 여긴 전통적 인식을 여실히 보여준다.

속담 속에서도 소는 부와 복의 상징으로 자주 등장한다. "두렁에 든 소”나 “개천에 든 소”가 그러하다. “두렁에 든 소”는 깊은 두렁 안에 소가 들어간 상황을 비유한 말로, 재산이나 보물이 매우 깊고 든든한 곳에 있다는 뜻이다. “개천에 든 소”도 같은 의미로 쓰인다.

“소는 농가의 조상”, “소는 농가에서 땅 다음으로 가는 재산”, “소가 반 재산”이라는 표현을 굳이 빌리지 않더라도, 오늘날까지 ‘우리 한우 – 우리 소’는 여전히 한국인들에게 대표적인 ‘재산목록 1호’라는 상징적 증표로 굳건하게 남아 있다. 현대인들의 ‘마음속’에서만큼은 우리 소가 지닌 그 오랜 자긍심과 상징성이 꺼지지 않고 살아남기를 바라는 마음이 크다.

3 소가 주인공인 우화들

🐂 황소와 송아지

황소가 자기 축사로 통하는 좁은 통로를 빠져나가기 위해 온 힘을 다해 몸을 쥐어짜고 있었다. 그 모습을 본 어린 송아지가 다가와 말했다. "제가 먼저 나가서 그 방법을 보여드릴게요." 황소가 말했다. "자네의 수고를 아끼게나. 나도 자네가 태어나기 훨씬 전에는 방법을 알았네."

🐂 황소와 염소

사자에게 쫓기던 황소가 야생 염소가 사는 동굴로 도망쳐 들어갔다. 이에 염소는 황소를 뿔로 받으며 괴롭히기 시작했다. 황소가 말했다. "네가 무서워서 내가 당하고 있다고 착각하지 말거

라. 일단 사자만 사라지면 내가 곧 너에게 황소와 염소의 차이를 보여주겠다."

🐂 황소, 암사자 그리고 멧돼지 사냥꾼

새끼 사자가 잠들어 있는 것을 안 황소가 자기 뿔로 새끼 사자를 치받아 죽였다. 암사자가 돌아와 자기 새끼가 죽은 것을 발견하고 몹시 슬퍼했다. 멧돼지 사냥꾼이 비탄에 빠진 암사자를 보고 멀찍이 서서 암사자에게 말했다. "네가 죽인 수많은 어린이로 인해 비탄에 잠겼던 많은 사람들을 생각해봐라."

🐂 소들과 도살업자

옛날 옛적에 소들은 소를 도살하는 행위를 완벽한 예술이라고 말하는 도살업자들을 없애버리기로 결정했다. 소들은 모여서 각자 뿔을 갈았다. 오랫동안 쟁기질을 해온 아주 나이가 많은 황소가 다른 소들에게 말했다. "친구들이여, 부디 조심하시게. 그들은 최소한 예의와 솜씨로 우리를 죽이네. 그러나 도살업자 대신 서투른 직공의 손에 들어가면 우리는 두 번 죽는 고통을 겪어야 하네. 그리고 확실한 점은, 인간들은 도살업자 없이는 살아도 소고 기 없이는 못 산다는 것이네."

🐂 개구리와 황소

늪 근처 풀밭에서 풀을 뜯던 황소가 우연히 어린 개구리 무리 위에 발을 디뎠다. 거의 대부분 개구리가 황소 발에 밟혀 죽었 고, 겨우 목숨을 건진 한 마리가 어미 개구리에게 달려가 이 무 서운 소식을 전했다. "엄마, 엄청나게 큰 네발 달린 짐승이 그랬어 요." 엄마 개구리가 물었다. "크다고? 얼마나 커?" 엄마 개구리는 자기 몸을 부풀려 보여주며 "이만큼 크냐?" 하고 물었다. 새끼 개 구리가 말했다. "어, 그보다 한참 더 커요." 엄마 개구리는 자신을 더욱 부풀리며 "이보다 더 커?" "엄마, 그건 정말 컸어요. 엄마 몸 이 터질 지경이어도 그 절반의 크기도 안 될걸요." 엄마 개구리는 자극을 받아 더 크게 부풀리다가 결국 욕심을 이기지 못하고 몸 이 터져 죽고 말았다.

젊은 암소와 황소

벌판을 마음껏 내달리던 젊은 암소가 쟁기를 지고 힘들게 일하는 황소를 놀려댔다. 황소는 아무 말 없이 자기 일을 했다. 오래지 않아 축제가 열렸다. 황소는 그날 하루 쉬었고, 젊은 암소는 제단에서 희생 제물로 바쳐졌다. 이를 본 황소가 말했다. "네가 오늘까지 놀며 지낸 결과가 이렇다면, 나는 내가 짊어진 멍에가 도끼보다 낫다고 생각한다. 고된 일이라도 그 대가가 생명을 지켜준다면, 나는 기꺼이 계속 일하겠다."

목자와 잃어버린 수소

수소를 잃어버린 목자가 소를 찾기 위해 숲속을 헤매고 다녔다. 소를 찾지 못한 그는 숲과 산의 모든 요정과 메르쿠리우스 신과 목신에게 만약 도둑을 잡을 수만 있다면 송아지 한 마리를 바치겠다고 서약했다. 그렇게 기도하며 높은 봉우리에 도달한 목자는 자기 수소의 시체 위에 사자가 서 있는 모습을 보았다. 그러자 이 불행한 목자는 곧바로 약속을 바꾸어 이렇게 읊조렸다. "제발 저 사자의 손아귀에서 도망갈 수만 있다면 수소 한 마리를 바치겠습니다."

사자와 수소들

세 마리 수소가 벌판에서 평화롭게 풀을 뜯고 있었다. 멀리서 사자가 소들을 잡아먹을 궁리를 했다. 사자는 소들이 서로 질투하고 불신하도록 몰래 고약한 소문을 퍼뜨리기 시작했다. 소들이 서로를 등지고 각자 홀로 풀을 뜯자마자 사자는 그들을 한 마리씩 덮쳤다. 그들 모두는 손쉽게 먹잇감이 되었다.

황소들과 차축 나무

황소들이 거친 길을 따라 마차를 끌고 가고 있었다. 차축 나무가 심하게 삐걱거리는 소리를 냈다. 마차꾼이 마차에게 소리쳤다. "야 이놈아, 모든 짐을 지고 나르는 소들은 조용한데, 너는 왜 신음을 하는 거야?"

염소, 개 그리고 암소

염소, 개 그리고 암소는 아주 친한 친구 사이였다. 어느 날 녀석들이 택시를 타고 여행을 갔다. 종착지에 도착했을 때 운전기사가 차비를 내라고 하자 암소가 차비를 냈다. 개는 정확한 금액을 몰라 조금 많이 냈다. 운전기사가 개에게 잔돈을 주려고 할 때 염소는 차비를 내지 않고 도망쳤다. 운전기사는 기분이 몹시 나빠져 개에게 잔돈을 주지 않고 그냥 가버렸다. 그래서 오늘날 개는 차만 보면 달려가 안쪽을 들여다보며 잔돈을 주지 않은 운전기사를 찾는다. 염소는 차 소리가 나면 도망친다. 차비를 안 냈기 때문에 잡혀갈까 봐 두려워서다. 암소는 차가 와도 관심이 없다. 자기는 차비를 다 지불했기 때문에 천천히 길을 건너는 것이다.

🐂 수사슴과 황소 외양간

사냥개들에게 쫓기던 수사슴이 농장에 숨어들었다. 많은 황소가 있는 외양간에 들어가 건초 더미 아래 몸을 숨겼으나 뿔의 끝이 밖으로 드러나 보였다. 황소 한 마리가 곧바로 물었다. "어떻게 여기로 오게 됐니? 외양간 주인에게 잡힐 수도 있어!" 수사슴이 대답했다. "제발 지금 이곳에 머물게 해주세요. 밤이 되어 어두워지면 쉽게 도망칠 수 있을 겁니다." 저녁에 목장 인부들 여럿이 소들을 돌보기 위해 외양간을 찾았지만, 아무도 사슴의 존재를 알아채지 못했다. 수사슴은 황소들에게 감사를 표했다. "네가 잘되기를 빌어." 전에 말을 걸었던 황소가 말했다. "하지만 넌 아직 위험에서 벗어난 게 아니야. 만약 주인이 오면 넌 분명히 발견될 거야. 이제껏 그 무엇도 그의 예리한 눈을 피하지 못했어." 과연 주인이 들어왔고 인부들에게 법석을 떨었다. "소들이 굶고 있잖아. 여기 소들에게 건초를 더 줘. 그리고 깔짚을 충분히 넣어주고." 그가 말하면서 수사슴이 숨어 있던 건초 더미에서 건초를 한 움큼 집어 들었다. 그 순간 숨어 있던 수사슴은 들통이 났고, 주인은 인부들을 불러 수사슴을 붙잡아 결국 고기로 만들어버렸다.

벼룩과 황소

언젠가 벼룩이 황소에게 말했다. "어째서 너같이 크고 강한 친구가 인간에게 봉사하고 그들을 위해 온갖 힘든 일을 하는 데 만족하는지 알 수가 없어. 반면에 너보다 크지 않은 나는 그들의 몸뚱이에 붙어 그들의 피를 마시면서 손끝 하나 까닥이지 않고 살고 있지." 이에 황소가 대답했다. "인간은 나에게 매우 친절하여 나는 그들에게 감사해. 그들은 잘 먹여주고 집도 제공하고 시시때때로 내 머리와 목을 토닥이며 나를 좋아하고 있음을 보여줘." 벼룩이 말했다. "그들은 내가 허락하면 나도 토닥여주지. 그러나 나는 그들이 나를 토닥이지 않도록 조심해. 그러지 않으면 나는 살아남지 못할 거야."

🐂 사자와 수소

사자가 수소를 잡아먹고 싶어 안달이 났으나 덩치가 너무 커서 공격하기에 겁이 났다. 그래서 속임수를 쓰기로 마음먹었다. 사자는 수소에게 다가가 말했다. "이봐, 친구. 내가 살진 양 한 마리를 잡았는데 우리 집에 가서 같이 먹자." 사자는 수소가 비스듬히 누워 먹을 때 수소를 공격하여 잡아먹을 수 있기를 바라면서 말했다. 그러나 수소가 사자 굴에 가까이 다가갈 때 거대한 더미와 엄청 큰 가마솥은 보았으나 양은 털끝 하나 보이지 않았다. 수소는 아무 말도 하지 않고 조용히 떠났다. 사자는 인사도 없이 그렇게 별안간 떠나는 이유가 무엇인지 물었다. 수소가 말했다. "이유야 충분하지. 내 눈에는 양은 털끝도 안 보이고 소 잡아먹을 준비만 잔뜩 보였는걸."

🐂 싸우는 수소들과 개구리들

옛날에 큰 농장 옆에 습지가 있었고, 습지 옆 풀밭에는 큰 수소가 살았다. 농장의 풀이 매우 맛이 좋아 어느 수소도 풀을 뜯으러 습지에 가지 않았다.

어느 날 농장의 풀을 차지하려고 수소 두 마리가 큰 싸움을 벌였다. 지혜로운 개구리가 이들이 싸우는 것을 보고는 매우 겁을 먹었다. 그리하여 그곳을 떠나려고 짐을 쌌다. 젊은 개구리들이 물었다. "개골, 개골, 개골! 영감님, 왜 떠나시려는 겁니까? 두 수소는 곧 싸움을 멈출 것입니다. 무얼 두려워하십니까?" 지혜로운 개구리가 말했다. "개골, 개골, 개골! 수소들이 싸우고 있지. 곧 누군가가 이길 거야. 그러면 다른 하나는 패자가 되지. 패자는 농장을 떠나야 돼. 그 수소가 어딜 가겠니? 그 수소는 습지로 와서 살 거야. 그가 여기로 오면 그는 우리를 짓밟아 죽일 거야." 젊은 개구리가 말했다. "개골, 개골, 개골! 하하. 영감님 겁먹었군요. 우린 여기 머무를 겁니다. 수소는 우리를 짓밟을 수 없어요." 수소들은 싸움을 멈췄고 결국 늙은 수소가 패배했다. 그는 습지로 피신해 살려고 왔고, 그곳에서 어린 개구리들을 밟아 죽이고 말았다.

🐂 수소, 호랑이 그리고 파파카라는 야자 와인 제조자

호랑이가 자기는 두려움이 없고 다른 동물과 사람을 잡아먹으니 소보다 계급이 높다고 으스댄다. 호랑이는 자기가 수소를 잡아먹을 권리가 있는 것처럼 행동한다. 수소는 호랑이에게 사람이 지구상에서 가장 높은 존재라고 말한다. 왜냐하면 사람은 호랑이를 쉽게 죽일 수 있고, 호랑이는 수소를 잡아먹을 권리가 없기 때문이다. 자기주장을 설명하기 위해 수소는 사람의 지혜와 능력을 이야기하고, 자기가 이야기하는 것을 확인하기 위해서 야자와인을 만드는 사람인 파파카에게 가보라고 제안한다. 호랑이가 파파카를 공격하려 하니 그는 야자나무 위로 올라가 숨었다. 그가 나무에 오를 때, 자신을 끈으로 묶어가며 조심스럽게 타고 올라가는 모습을 본 호랑이는, 그를 잡기 위해 자신도 흉내를 내어 끈으로 몸을 묶어가며 나무에 오르려 했다. 하지만 결국 자신을 나무에 꽁꽁 묶어 꼼짝 못 하게 되었다.

이처럼 하느님으로부터 지혜를 얻은 파파카는 호랑이를 야자나무에 묶어놓는 데 성공했고, 이를 통해 인간이 동물보다 우월하다는 사실을 보여주었다. 즉, 인간은 이 땅에서 하느님의 뜻을 대변하는 존재인 것이다.

🐂 수소와 그의 송아지

타조와 사자는 친구였다 그들은 한집에서 매우 행복하게 함께 살았다. 타조는 암소를 가졌고 사자는 수소를 가졌다. 매일 그들은 암소와 수소를 데리고 나가 돌보았다. 어느 날 사자가 타조에게 말했다. "오늘은 나가고 싶지 않아. 내 수소도 데리고 나갈 수 있겠니? 내일은 내가 둘 다 데리고 나갈게. 그러면 넌 집에 머물 수 있을 거야." 타조는 동의했다. 두 번째 날이 저물 무렵 사자가 말했다. "이건 괜찮은 생각이야. 우리 매일 번갈아 하자. 하루는 네가 집에 머물고 다음 날에는 내가 집에 머물고."

그들은 이런 식으로 오랫동안 행복하게 지냈다. 그러던 어느 날 사자가 무엇인가를 발견했다. '암소가 살이 올랐군. 곧 송아지를 낳겠어.' 사자가 중얼거렸다. 곧 그는 화가 치밀었다. "이게 말이 되나? 내 수소는 송아지를 못 낳는데, 저 타조는 곧 두 마리를 갖게 생겼잖아. 그런데 난 여전히 한 마리뿐이고!" 매일 사자는 암소를 조심스럽게 관찰했다. 어느 날 아침 사자가 중얼거렸다. "오늘 송아지가 태어날 거야." 그래서 사자는 타조에게 말했다. "타조야, 너 피곤해 보인다. 오늘 네가 소를 데리고 나갈 차례지만 내가 갈게. 그러면 넌 집에서 쉴 수 있을 거야." 타조는 매우 만족했다. "오, 사자야, 넌 참으로 친절하구나. 그래, 내가 오늘 좀 피곤해. 정말 고맙다. 오늘 난 집에 머무르며 쉬면서 잠이나 잘게. 그러면 저녁엔 좀 좋아지겠지" 하고 말했다.

사자는 수소와 암소를 데리고 나갔다. 오후에 암소의 송아지가 태어났다. 저녁이 되자 사자는 암소, 송아지 그리고 자기 수소와 집으로 걸어가기 시작했다. 가는 길에 그는 멋진 새 숫돌을 발견했다. 사자는 운이 좋았다고 생각하며 숫돌을 집어 들었다. 타조는 사자를 기다리고 있었다. "오, 내 암소가 송아지를 낳다니 얼마나 좋은 일이야!"라며 타조는 기뻐했다. 사자가 말했다. "아니야, 타조야. 내 수소가 송아지를 낳았어. 네 암소는 숫돌을 낳았어. 봐, 여기 숫돌이 있어." 사자는 타조에게 숫돌을 주었다. 타조는 매우 화가 났다. "이건 불가능해! 수소는 송아지를 낳을 수 없어! 오로지 암소만이 송아지를 낳을 수 있지. 난 이 숫돌을 원하지 않아. 난 내 송아지를 원해. 그걸 내게 돌려줘." 두 동물은 오래도록 실랑이를 벌였다. 마침내 사자가 입을 열었다. "이렇게는 끝이 없겠군. 우리끼리는 절대 합의하지 못할 거야. 그러니 모든 동물을 불러 모으자. 누가 옳고 그른지, 그들에게 판단을 맡기자."

사자는 모든 동물을 불러 모은 후 말했다. "자 들으시오. 오늘 대단한 일이 일어났어요. 내 수소가 송아지를 낳았어." 뒤이어 타조가 소리쳤다. "그건 사실이 아니야! 송아지는 내 거야. 내 암소가 송아지를 낳았어." 동물들은 사자와 타조를 번갈아 쳐다보았다. 사자는 크고 강했다. 그의 이빨은 길고 날카로웠다. 그들은 모두 사자를 두려워했지만, 타조만큼은 전혀 겁내지 않았다. "사자가 옳아. 송아지는 사자의 것이야." 동물들은 모두 자기 집으로 돌아갔다. "잠깐 기다려! 여우는 어디 있니? 그는 매우 영리한 동물이니 여우에게 물어봐야 해." 타조가 말했다.

타조는 여우를 찾아 달려갔다. 타조의 말을 들은 여우는 이렇게 말했다. "난 회의에 가지 않을 거야. 나는 사자와 싸우기 싫어. 하지만 나를 따로 부르면 너를 도와줄게. 걱정하지 마." 그래서 타조는 다른 동물들에게 돌아가 말했다. "기다려. 여우가 오고 있어. 그는 서두르고 있어. 봐라 저기 여우가 온다. 여우야 제발 잠깐 멈춰서 내 말을 들어봐! 송아지가 사자 거냐 아니면 내 거냐?" 여우가 소리쳤다. "미안해. 난 지금 멈출 수가 없어. 나는 내 아버지를 뵈러 가는 길이야. 내가 필요하다고 하시네. 지금 새끼 여우를 낳으려고 하거든. 내가 가서 도와드려야 해." 모든 동물이 웃기 시작했다. 그중에서 사자가 말했다. "그건 불가능해! 네 아버지가 새끼를 낳을 수는 없어. 네 어머니만이 그 일을 할 수 있어."

사자의 말을 들은 여우가 "불가능하다고? 왜? 네 수소는 송아지를 낳았잖아. 내 아버지는 왜 새끼 여우를 낳을 수 없지?" 하고 말했다. 사자는 모든 동물이 자기를 비웃자 화가 났다. 사자는 여우를 뒤따라 갔지만 끝내 돌아오지 않았다. 타조는 기뻤고, 자기 암소와 송아지를 데리고 집으로 돌아갔다.

'고맙다, 여우야. 넌 영리할 뿐만 아니라 용감하기도 하구나.' 타조는 생각했다.

황소와 구유의 개

"황소야, 너 배고파 보인다." 아기 사슴이 말했다. "나 아직 아무것도 못 먹었어." 황소가 대답했다. "우리 주인은 항상 너를 위해 구유에 곡물을 쌓아놓잖아. 그거라도 먹지 그래?" 아기 사슴이 물었다. "구유를 들여다봐. 내가 어떻게 먹을 수가 있겠어?" 황소가 소리쳤다. 아기 사슴은 구유 속에 잠자리를 마련한 개를 보았다. 개는 황소의 말을 들었다. "구유 속의 곡물을 난 먹을 수가 없어. 내가 먹을 수 없으면 너도 먹을 수 없을 거야." 개가 으르렁거렸다. 그렇다. 개는 황소가 곡물을 먹도록 내버려 두지 않을 것이다. "음, 네 주인은 개에게 아직 밥을 주지 않은 모양이구나. 그래서 개가 화가 난 거야." 아기 사슴이 말했다. "그렇다고 왜 내가 같은 피해자가 되어야 하지?" 황소가 항의했다. "분명히 그러면 안 되지." 아기 사슴이 말했다. "잠깐." 아기 사슴이 농장을 빠져나가 어둠 속으로 뛰어갔다. 잠시 후 아기 사슴이 돌아왔다. 그는 잎사귀 하나를 가져와 그것을 바닥에 놓고 그 위에 생선 한 마리를 올려놨다.

"개밥, 개밥이야!" 아기 사슴은 큰 소리로 말했다. 개는 그 소리를 듣고 잠에서 깨어나 생선 냄새를 맡았다. 그는 구유 속에서 튀어나와 개밥으로 달려갔다. 그리고 자기 밥을 먹었다. "황소야 우리 먹자!" 아기 사슴이 말했다. 황소와 아기 사슴은 구유 속의 곡물을 나누어 먹었다. 결국 그들 모두 배불리 식사를 했다.

개와 황소

옛날에 한 농부가 열심히 일하는 황소와 아주 게으른 개를 가지고 있었다. 황소는 밭에서 종일 열심히 밭을 갈고 일하는 반면에 게으른 개는 부드러운 건초 위에 누워 잠을 잤다. 어느 날 황소는 밭에서 종일 일하고 집으로 돌아왔다. 매우 피곤하고 배가 고팠던 황소는, 불행하게도 자기 점심 위에서 개가 자고 있는 것을 보고 충격을 받았다. 황소가 자기 밥인 건초에 다가가려 하자 게으른 개가 갑자기 짖어대며 그를 쫓아내버렸다. 황소는 매우 화가 나서 재차 시도했으나 개는 사납게 으르렁거렸다. 황소는 여러 번 다시 시도했지만 끝내 먹이에 닿지 못했고, 결국 포기하고 말았다. 지치고 배고픈 그는 기분이 몹시 상한 채 냇가 언덕의 풀밭으로 가서 생각했다. "게으른 자들이 결국 열심히 일한 이들마저 그 보상을 누리지 못하게 하는구나!"

불친소, 사자 그리고 산적

사자가 갓 잡은 소 위에 올라서 있었다. 한 산적이 그 광경을 보고 다가와 포획물을 나눠달라고 요청했다. 사자는 이렇게 대답했다. "네가 남의 허락 없이 물건을 가져가는 버릇을 버리지 않는 한, 이것을 너와 나누지 않겠다." 그리하여 산적의 청은 거절당했다. 잠시 후, 한 정직한 여행자가 그곳에 다가왔다가 사자를 보고는 조용히 발길을 돌렸다. 그러자 사자는 위협적인 태세를 거두고 부드럽게 말했다. "두려워하지 마라. 네 겸손함이 한몫을 얻게 했다. 용기를 내서 그대의 몫을 가져가라."

사자는 사체를 갈라 여행자가 마음껏 가져갈 수 있도록 해준 뒤, 조용히 숲속으로 사라졌다.

승냥이와 수소

승냥이가 어느 날 수소 뒤에서 두 개의 큰 불알을 보았다. 승냥이의 입에 군침이 돌았다. '맛있겠군. 저 소의 불알은 너무 무겁고 커서 분명히 조만간 떨어질 거야!'라고 승냥이는 생각했다. 그래서 그 불알이 떨어지기를 기다리며 수소가 가는 곳마다 따라다니기 시작했다. 하지만 그것은 떨어지지 않았다. 승냥이는 속으로 중얼거렸다. '저렇게 큰 불알이 왜 떨어지지 않는 거지?' 그는 혹시라도 떨어질까 하는 희망으로 수소를 한동안 계속 따라다녔다. 하지만 끝내 기다림에 지친 승냥이는 포기하며 소리쳤다. "그래, 네가 계속 불알을 가지고 다녀라! 어차피 그건 맛대가리도 없을 테니까!"

두 마리 황소

부처는 황소로 태어났다. 그의 이름은 대적^{큰 붉음}이었고 소적^{작은 붉음}이란 이름의 동생이 있었다. 그들은 돼지를 포함해 다른 동물들과 함께 농장에서 살았다. 황소는 일을 열심히 했지만 돼지는 일하지 않고 단지 먹기만 했다. 먹고 또 먹었다. 동생 소적은 질투를 느꼈지만 형 대적은 동생에게 말했다. "돼지는 죽음의 음식을 먹고 있는 거야. 사람들은 결혼식을 위해 돼지를 살찌우고 있어." 형 대적이 옳았다. 결혼식 날이 다가오자 그날이 돼지의 마지막 날이 되었다. 동생 소적은 부처 말씀의 지혜를 깨달았다.

수소, 사자 그리고 승냥이

옛날에 한 시골 사람이 소달구지를 타고 정글을 지나고 있었다. 두 마리의 수소가 달구지를 끌고 있었다. 갑자기 두 마리 중 한 마리가 도랑에 빠졌다. 시골 사람은 수소를 도랑에서 끄집어 내려 했지만 실패하고 수소를 그대로 내버려 둔 채 그곳을 떠났다. 오랜 시간 후에 수소는 스스로 빠져나와 강에서 물을 마시고 풀을 뜯어 먹었다. 수소는 곧 건강을 되찾았고 사자처럼 포효하기 시작했다. 밀림의 왕 사자가 강가에 왔을 때 천둥 같은 울음소리를 듣고 겁을 먹었다.

사자의 하인이었던 승냥이가 우렁차게 울어대는 것이 수소임을 알아내고는 사자에게 알렸다. 사자는 수소와 친구가 되어 곧 다른 짐승들을 죽이는 것을 멈췄다. 승냥이는 교활하여 사자에게 말했다. "폐하, 수소가 폐하를 죽일 겁니다." 그러고는 수소에게 가서 말했다. "사자 왕께서 너를 잡아먹으려고 하셔." 그러자 수소는 사자 굴 밖에서 거칠게 울어댔다. 사자 왕은 수소가 자기를 죽이러 왔다고 생각해 먼저 수소를 덮쳤다. 맹렬한 싸움 끝에 사자는 수소를 죽였다.

🐂 수소와 농부

　평화로운 시골에서 한 부지런한 농부가 자기 밭을 갈아주는 수소를 가지고 있었다. 수소는 매일매일 쉬지 않고 무거운 쟁기를 끌며 농부가 농사일하는 것을 도우며 열심히 일했다. 어느 날 수소는 단순 반복적인 일상이 지겨워졌고 자유를 갈구하기 시작했다. 그는 농장 바깥 생활이 더 신나고 충만할 것으로 생각했다. 그래서 도망쳐서 더 푸른 풀밭을 찾기로 결심했다. 수소는 갇혀 있던 우리를 부수고 자유로워지자 새로이 발견한 자유를 만끽하며 근처의 숲과 초원을 내달렸다. 그러나 농부의 돌봄과 먹이가 끊기자 수소는 곧 배가 고팠고 지친 데다 포식자에게 잡아먹힐 위험한 처지에 놓였다. 그제야 자신의 실수를 깨달은 수소는 농부의 안전하고 풍족한 환경을 떠난 것을 후회했다. 그는 농부의 돌봄과 사료와 축사의 가치를 이해했다. 많은 노력 끝에 수소는 농부에게 다시 돌아가 용서를 구하고 자기의 의무를 다시 시작했다.

🐂 현명한 암소와 망나니 송아지

　옛날에 평화로운 초원에서 마틸다라는 현명한 암소가 살았다.

그녀는 지혜와 고운 마음씨로 동물들 사이에 널리 알려져 있었다. 마틸다는 토비라는 항상 에너지 넘치고 다른 이들에게 장난치기를 좋아하는 망나니 송아지를 데리고 있었다. 어느 맑은 날 마틸다가 풍요로운 푸른 풀밭에서 풀을 뜯고 있을 때 토비는 근처 나무에 새들이 옹기종기 모여 둥지를 만들고 있는 것을 보았다. 토비는 얼굴 가득 장난기를 띠며, 무언가 재미있는 일을 벌일 계획을 세웠다.

그는 마틸다에게 접근하여 속삭였다. "엄마, 저 나무를 흔들어서 새들이 날아가는 것을 보아요!" 지혜롭고 조심스러운 마틸다는 담담히 대답했다. "사랑하는 토비야, 다른 사람들의 평화를 깨는 것은 현명하지 않아. 새들은 자기 둥지를 만들어 새끼들을 키우려고 안전한 장소를 찾은 것이란다. 우리는 그들의 공간을 존중하고 함께 조화롭게 살아가도록 해야 한다." 그러나 토비는 신나게 노는 일에 빠져 자기 엄마의 충고를 무시하고 온 힘을 다하여 나무줄기를 흔들기 시작했다.

새들은 놀라서 소리치며 둥지를 버려둔 채 날아가 버렸다. 토비는 그저 가벼운 장난일 뿐이라 여기며 신나게 웃었다. 그러나 마틸다는 괴로워하는 새들을 바라보다가 깊은 한숨을 내쉬며 말했다. "토비, 네 행동이 나쁜 결과를 불러왔어. 새들을 쫓아낸 바람에 그들은 집을 잃고 평화로운 삶도 망가졌지. 우리의 행동은 언제나 다른 존재들에게 영향을 미친다는 걸 잊지 말아야 해. 그래서 행동하기 전에 생각하는 것이 중요해." 양심의 가책을 느낀 토비는 엄마의 말에서 지혜를 깨닫고 그녀에게 사과했다. 그는 앞으로는 좀 더 신중할 것을 약속했다.

현명한 수소와 충동적인 수소

옛날 옛적에 넓은 초원에 수소 두 마리가 살았다. 한 마리는 지혜로운 뿔, 다른 하나는 충동적인 수소라는 이름을 가졌다. 지혜로운 뿔은 영리함과 조심스러운 성격이었고, 충동적인 수소는 충동적인 행동과 사려 깊지 못한 행동으로 유명했다. 어느 맑은 날 수소 두 마리는 풍부한 초록색 풀밭에서 풀을 뜯고 있었다. 그때 일단의 농부들이 밧줄과 도구를 들고 다가왔다. 위험을 감지한 지혜로운 뿔은 충동적인 수소에게 도망가서 근처 숲속에 숨으라고 조언했다. 그러나 충동적인 수소는 과도한 자신감에 자기 혼자 힘으로 잡혀가지 않을 수 있다고 믿으며 지혜로운 뿔의 말을 무시했다. 농부들은 가까이 다가오자 두 마리 수소가 눈에 들어왔다. 충동적인 수소가 도전적으로 버티고 서 있는 것을 보고 그들의 눈은 기쁨으로 반짝였다.

농부들은 충동적인 수소를 잡아서 시장에 내다 팔려는 계획을 세웠다. 다른 한편 농부들은 자신의 생각대로 숲속에 조용히 숨어 있는 지혜로운 뿔에게는 주의를 기울이지 않았다. 농부들의 의도를 알아채지 못한 충동적인 수소는 풀밭에 자랑스럽게 서 있었다. 농부들은 가까이 다가가 올가미를 충동적인 수소의 목에 던져 재빨리 그를 꼼짝 못 하게 붙잡았다. 충동적인 수소는 성급한 결정이 자신을 위험한 상황에 몰아넣었다는 것을 깨닫는 순간 눈에 공포가 가득 차올랐다.

그사이 지혜로운 뿔은 자신이 숨은 곳에서 진행되는 사태를 조용히 지켜보았다. 충동적인 수소에게 도움이 필요하다는 것을 깨닫고는 한 가지 묘안을 떠올렸다. 지혜로운 뿔은 농부들에게 다가가 한 가지 제안을 했다. 충동적인 수소의 엄청난 힘과 활력은 일상적인 농장 일을 하는 데 큰 도움이 될 것이라고 농부들에게 말했다. 대신 그는 충동적인 수소에게 자비와 자유를 달라고 청했다. 농부들은 지혜로운 뿔의 설득력 있는 제안에 감명받아 그 말에 동의했다. 그들은 충동적인 수소를 포박에서 풀어주었고, 두 수소는 다친 데 없이 걸어 나왔다.

자신의 무모한 행동에 창피해진 충동적인 수소는 지혜로운 뿔이 자신의 충동적인 행동의 결과로부터 자신을 구해준 것에 대해 감사를 표현했다. 그날 이후 충동적인 수소는 지혜로운 뿔의 지혜와 사려 깊은 조언을 존중하는 법을 배웠다. 두 수소는 떼려야 뗄 수 없는 친구가 되었고, 충동적인 수소는 행동하기 전에 생각하는 것의 중요성을 깨닫고 곧 자신의 새로운 지혜를 발전시켰다.

지혜로운 수소와 젊은 송아지

옛날에 평화로운 풀밭에 지혜로운 늙은 수소와 젊은 송아지가 살았다. 현명한 늙은 수소는 여러 해를 살아온 만큼 경험이 풍부했다. 젊은 송아지는 에너지와 열정이 넘쳤지만 지혜가 부족했다. 어느 날 그들이 풀밭에서 풀을 뜯고 있을 때, 멀리서 소를 노리며 숨어 있는 늑대 무리를 발견했다. 젊은 송아지는 공포에 떨며 말했다. "오, 안 돼! 늑대들이 우리를 공격하기 전에 도망가서 숨어야 해요." 그러나 지혜로운 늙은 수소는 침착하게 말했다. "참아, 이 젊은 친구야. 두려워서 도망가는 것은 그들이 우리를 더욱 추격하도록 할 뿐이야. 이건 내가 처리할게." 어리둥절한 젊은 송아지는 지혜로운 늙은 수소가 침착한 발걸음으로 늑대에게 다가가는 것을 그저 바라보았다. 늑대들은 으르렁거리며 금방이라도 먹잇감을 덮칠 기세였다. 그러나 늙은 수소는 눈에 자신감이 가득한 채 당당히 서 있었다.

지혜로운 늙은 수소는 늑대들에게 침착하게 연설했다. "친애하는 늑대 여러분, 폭력과 피를 흘릴 필요가 없습니다. 우리는 모두 이 지구를 나누어 쓰는 존재들입니다. 우리 모두에게 이롭고 평화로운 해결책을 찾읍시다." 늑대들은 수소의 말에 한발 물러났다. 그들은 평화로운 대화가 아닌 격렬한 싸움을 예상했었다. 호기심이 발동한 늑대들은 현명한 늙은 수소의 말에 귀 기울였다.

수소는 이어 말했다. "여러분도 아시다시피 우리 소들은 여러분에게 식량을 공급합니다. 그러나 저희는 또한 자연의 균형을 유지하는 데 결정적인 역할을 합니다. 만약 여러분이 저희를 공격한다면 우리 숫자는 줄어들 것이고 조만간 여러분의 먹잇감은 부족해질 겁니다. 우리는 함께 평화로이 공존할 방법을 찾을 수 있습니다. 그건 여러분이 우리 무리를 위협하지 않고 다른 동물을 사냥하는 것입니다. 늑대들은 수소의 말을 곰곰이 생각한 끝에 그 말이 옳다는 것을 깨달았다. 그들은 수소의 제안을 받아들이고 소들을 해치지 않기로 약속했다. 대신 소들도 늑대들의 사냥터를 침범하지 않기로 했다. 그날 이후로 소와 늑대는 조화롭게 살았다. 현명한 늙은 수소의 지혜와 평화로운 해결 방안은 소 무리를 구했을 뿐만 아니라 언뜻 보기에 서로 적대적인 두 세력 사이에 이해와 협력을 키워냈다.

🐂 지혜로운 수소와 완고한 당나귀

한 옛날, 평화로운 마을에 지혜로운 수소와 완고한 당나귀가 살았다. 수소는 총명함과 현명함으로, 당나귀는 고집불통과 다른 사람의 말을 듣지 않는 것으로 유명했다. 어느 찌는 듯이 더운 날에 마을에 심한 가뭄이 들어 가축을 위한 풀이나 물이 거의 남아 있지 않았다. 현명한 수소는 완고한 당나귀를 포함한 모든 동물을 불러 모아 새로운 수원을 찾을 계획을 제시했다.

"옆 계곡에 강이 흐르고, 그 주변엔 푸른 풀밭이 펼쳐져 있다는 얘기를 들었어. 우리가 길을 잘 찾아간다면 반드시 그곳에 닿을 수 있을 거야. 그러면 이 가뭄에서도 벗어날 수 있지." 수소가 희망 섞인 목소리로 말했다. 다른 동물들은 수소의 지혜를 받아들이고 그의 말을 따르기로 마음을 모았다. 그러나 고집 센 당나귀는 달랐다. 그는 여전히 자기 생각이 옳다고 믿고, 무리를 따르기보다 자신의 길을 가려 했다. "난 수소의 판단을 믿지 않아. 근처에 물이 있을 거라고 난 믿어. 나 혼자 그걸 찾을 거야." 당나귀는 중얼거렸다. 수소의 제안을 무시하고 당나귀는 다른 길을 갔다. 그는 메마른 벌판을 돌아다녔고 수많은 언덕을 기어올랐으며 물을 찾아 아주 먼 길을 걸었다. 하지만 그의 모든 노력은 허사였다.

그러는 동안 현명한 수소는 나머지 동물들을 데리고 제안했던 길을 따라갔다. 길고 피곤한 여정을 마친 후 드디어 그들은 흐르는 강물과 아름다운 풀밭에 도착했다. 동물들은 말랐던 목을 축이고 풍부한 풀을 뜯으며 기뻐했다. 시간이 흐른 뒤, 지치고 탈수된 완고한 당나귀는 마침내 풀밭에 도착했다. 그곳에서 다른 동물들이 풍부한 물과 먹이를 즐기는 모습을 본 당나귀는, 수소의 제안을 귀담아듣지 않았던 것을 깊이 후회했다. 현명한 수소에게 다가가 당나귀는 겸손하게 자신의 실수를 인정했다. "내가 미련하게도 너의 지혜를 무시했다. 난 너무 많은 시간과 에너지를, 물을 찾는 데에 낭비했어. 지금부터는 너의 안내에 귀 기울이고 배우겠다고 약속할게." 현명한 수소는 당나귀의 사과를 받아들이며 말했다. "자신의 실수에서 배우는 데 늦은 때란 없어. 명심해라. 우리를 성공으로 이끄는 건 기꺼이 충고를 듣고 받아들이는 자세야."

🐂 영리한 소

한 떼의 소가 풍부한 푸른 풀밭에서 살았다. 그들 중에 젊고 영리한 송아지 찰리가 있었다. 찰리는 위트와 총명함이 뛰어나 다른 소들이 종종 그에게 조언을 구했다. 어느 여름날 초원에 심한 가뭄이 들어 풀들이 말라버리기 시작했다. 소들은 물과 식량을 구하느라 고통을 겪을 것을 염려했다. 마틸다라는 현명한 늙은 암소가 그들의 심각한 상황을 논의하기 위해 회의를 소집했다. "방법을 찾아야만 해. 우리의 생존이 달린 문제야." 마틸다가 선언했다. 영리한 송아지 찰리가 나섰다. "제게 좋은 아이디어가 있어요. 땅속 깊이 우물을 팝시다. 거기에 우리가 물을 저장할 수 있으니 가뭄이라 해도 우린 먹을 물을 충분히 가질 수 있을 겁니다."

찰리의 생각에 감명받은 소들은 즉시 행동에 옮기기로 동의했다. 공동의 노력으로 그들은 초원에 샘을 팠고 물이 빠져나가지 못하게 안쪽에 돌을 댔다. 시간이 흐르고 가뭄이 더욱 심해지자 초원은 말라버렸다. 그러나 소들은 샘에서 꾸준히 물을 공급받을 수 있었다. 그들은 매일 물을 마셨기에 어려운 상황 속에서도 생존할 수 있었다.

영리한 소에 대한 소식은 이웃 농장에도 퍼졌다. 농부는 그들의 회복탄력성과 독창성에 감탄했다. 농부들은 샘을 연구하기 시작했고 소들의 지혜에서 교훈을 얻었다. 소들의 성공에 자극받은 농부들은 각자 자신의 샘을 파기 시작했고, 그 샘은 평상시뿐만 아니라 가뭄에도 꾸준히 물을 공급해주었다. 그 결과 마을 전체가 풍요로워졌고, 사람들은 소들을 영웅으로 칭송했다.

🐂 지혜로운 황소와 방황하는 수소

광활한 초원에 올리버라는 현명하고 경험 많은 황소가 살았다. 올리버는 그의 총명함과 합리적인 판단력으로 전국에 알려져 있었다. 그는 오랜 세월 동안 지식을 쌓아왔고 젊고 충동적인 부르노라는 젊은 수소를 포함한 다른 동물들의 존경을 한 몸에 받고 있었다. 어느 날 부르노가 졸졸 흐르는 시냇가에서 한가하게 풀을 뜯고 있을 때 마음껏 내달리는 한 떼의 야생말을 보았다. 그는 자신이 저렇게 우아하고 힘차게 달리는 모습을 상상하며 눈을 반짝였다. 부러움에 가득 찬 그는 자신도 언젠가 그렇게 칭송받고 축하받겠다고 다짐했다.

부르노는 곧장 올리버에게 달려가, 자신도 야생말처럼 훌륭해지는 방법을 물었다. 부르노의 젊은 열정을 이해한 올리버는 우화를 통해 소중한 교훈을 전하기로 마음먹었다. "잘 들어라, 젊은 친구야. 한때 말들의 날쌘 속도와 우아한 자태를 부러워한 수소가 있었단다. 그는 말처럼 되기로 결심하고는 말들의 일거수일투족을 흉내 내며 벌판을 달리기 시작했지." 부르노가 우화를 집중해서 들을수록 그의 눈은 점점 커졌다. 올리버는 계속 이야기했다. "그러나 수소가 깨닫지 못했던 게 있어. 우리 각자는 자신을 특별하게 만들어주는 독특한 자질이 있다는 사실이야. 자기 자신의 강점을 포용하는 대신 그는 다른 이들을 흉내 내느라 자신의 힘을 낭비했지." 부르노는 우화의 의미를 깨닫고는 얼굴을 찡그렸다.

올리버는 결론을 내렸다. "젊은 친구여, 이 이야기의 깊은 뜻은 다른 사람과 자신을 비교하며 그들이 가진 것을 탐내는 것이 오히려 자신의 독특한 재능을 보지 못하게 한다는 것이다. 다른 사람이 되려 애쓰기보다, 자신의 강점을 찾아 연마하는 데 집중하거라. 자신을 받아들이고 진정한 목표를 찾으며, 다른 이들을 존중하는 법을 배우도록 하렴."

5부

낙타
Camel

● 사막의 낙타처럼 참을성을 배워라. 그대의 목적지에 도착하기 위해 영적 힘과 인내에 의지하라.

— 아노아 오차드

1 인간을 길들인 낙타의 능력

전 세계에서 사육 중인 낙타의 94퍼센트는 단봉낙타이며, 나머지 6퍼센트는 쌍봉낙타이다. 단봉낙타는 주로 아프리카와 중동 지역에서 사육되며, 호주에는 과거에 들여온 단봉낙타가 야생화되어 큰 개체군을 형성하고 있다. 쌍봉낙타는 중앙아시아와 몽골 지역에서 많이 사육되며, 야생종은 중국 북서부와 몽골에서 서식한다.

낙타의 평균 수명은 17.8년이며, 최대 50년까지 생존하는 것으로 알려져 있다. 낙타는 윗입술이 두 갈래로 갈라져 있어 입을 크게 벌릴 수 있기 때문에 사막의 가시 많은 식물도 연한 부분만 골라 쉽게 섭취할 수 있다. 또한 체지방을 등쪽의 육봉에 집중적으로 저장해서 지방을 섭취하지 않고도 6개월을 버틸 수 있다. 이는 수분 손실을 최소화하고 열을 발산하는 데 도움이 된다. 낙타는 체온을 흡수하는 능력이 뛰어나, 매우 더운 기후에서도 땀으로 인한 수분 손실을 줄일 수 있다. 실제로 더운 날에는 땀이

나기 전까지 혈액 온도를 6도 정도 높일 수 있고, 추운 밤에는 6도 정도 낮출 수 있다.

낙타의 털은 다른 포유동물과 달리 땀 분비에 관여하지 않으며, 태양의 복사열을 차단하는 역할을 한다. 체중의 30퍼센트에 달하는 수분을 잃어도 건강에 큰 지장이 없고, 체내의 요소^{尿素}를 다시 활용해 배출 과정에서도 수분 손실을 최소화한다. 여름철에는 오줌을 1리터 이하로 농축할 수 있을 정도이다. 이처럼 낙타는 물이 귀한 사막의 혹독한 환경에서도 비교적 오랜 시간 물 없이도 잘 견딜 수 있다.

낙타의 이러한 능력은 낮 동안의 체내 열 전달 능력, 숨을 내쉴 때 코를 통한 수분 보존, 효율적인 체내 수분 대사, 탈수에 대한 강한 내성, 물 저장 능력, 단시간에 많은 양의 물을 섭취하는 능력 등에 기인한다.

단봉낙타 한 마리는 말보다 네 배나 많은 짐을 진 채 하루에 50킬로미터를 이동할 수 있다. 게다가 물 한 방울 마시지 않고도 2주 이상을 버틸 수 있다. 또한 발굽 사이의 거친 피부 덕분에 뜨거운 모래의 열기도 견딜 수 있다. 모래가 얼굴에 부딪히면 콧구멍을 닫을 수 있으며, 흡사 바람막이처럼 기다란 속눈썹을 깜박여 먼지를 씻어낸다.

몽골의 쌍봉낙타는 160~240킬로그램의 짐을 등에 지고, 시속 45킬로미터의 속도로 30~35킬로미터를 이동할 수 있다. 이러한 낙타의 특성 덕분에, 다른 야생동물의 가축화가 인간의 생활 방식에 맞게 동물을 적응시킨 것이라면, 낙타의 가축화는 오히려 인간이 낙타가 살아가는 방식에 적응한 경우라고 할 수 있다.

구세계 낙타와 신세계 낙타

낙타과Family camelidae는 사막에 서식하는 네발 달린 동물로, 구세계 낙타 3종과 신세계 낙타 1종 등 총 4속Genus으로 나뉜다. 이들은 가축화가 이루어진 각각의 문화에 맞추어 효과적인 변화를 일으켰으며, 고고학적으로도 중요한 의미를 지닌다.

구세계 낙타에는 단봉낙타, 쌍봉낙타, 야생쌍봉낙타Camelus ferus가 있다. 낙타는 단순한 수송 수단을 넘어, 사막에 사는 유목민들에게 젖, 똥, 털, 혈액 등 다양한 자원을 제공하는 중요한 가축으로 길러져 왔다.

신세계 낙타는 남아메리카 안데스산맥에 서식하는 가축 2종과 야생종 2종이 있다. 이들 역시 식량과 수송을 목적으로 사육된다. 이들에게서 생산되는 털은 고대 섬유 기술을 발전시켰고, 고산 지대의 반건조한 기후를 지닌 안데스 산악 지역을 이동하는 능력에서도 뛰어나다는 평가를 받는다.

과나코는 야생종 가운데 가장 큰 동물로, 알파카의 야생종이

쌍봉낙타

단봉낙타

● **구세계 낙타**

라마

알파카

비쿠냐

과나코

● **신세계 낙타**

다. 비쿠냐는 과나코보다 더 우아한 종이며, 라마의 야생종이다.

낙타의 조상은 약 4,500만 년 전 에오세 시대 북아메리카 사바나에 서식했던, 현대의 산토끼와 유사한 동물이었다. 이들은 기원전 3390만~기원전 2300만 년 전 올리고세에 이르러 빠르게 진화하면서 등에 혹이 없고 발가락이 두 개이며 크기는 염소나 사슴 정도 되는 동물이 되었다.

기원전 2000만~기원전 500만 년 전, 올리고세에서 마이오세로 이어지는 시기의 지구는 건조하고 추운 기후로 변화하였고, 초지가 모래로 대체되었다. 이들은 이러한 기후 변화에 적응하는 과정에서 현대 낙타와 유사한 독특한 형태로 진화하게 되었다.

이들은 플라이오세 기간인 약 300만 년 전에 남아메리카로 이동하였다. 또 다른 집단은 마이오세 후반인 기원전 724만~기원전 490만 년 전에 베링 해협을 건너 아시아로 이동했고, 이들이 현재 아라비아 낙타 혹은 인도 낙타로 불리는 단봉낙타와 아시아 낙타로 불리는 쌍봉낙타로 진화했다. 단봉낙타와 쌍봉낙타가 유전적으로 분리된 시점은 약 440만 년 전으로 추정되지만, 연구에 따라 190~720만 년 전 사이일 가능성도 있다. 이후 이들 중에서 야생쌍봉낙타가 약 43만 년 전에 다시 분리되었으며, 그 시점은 13~73만 년 전 범위로 추정된다. 지금은 동아시아와 중앙아시아에 서식한다.

구세계 낙타의 진화 역사와 가축화에 대한 연구는 다른 가축에 비해 상대적으로 부족한 편이다. 고고학적으로 낙타의 뼈가 많이 발굴되지 않았기 때문이다. 홍적세 이후 야생단봉낙타는 생태적으로 안전한 아라비아반도로 후퇴하였다.

사람과 물자를 운반해온 사막의 배

단봉낙타는 가장 큰 유제동물^{발굽을 가진 포유류} 중 하나이자 가장 최근에 가축화된 동물이다. '사막의 배'로 알려진 단봉낙타는 아라비아, 근동, 북아프리카를 연결하는 긴 거리를 오가며 사람과 물자를 운반해왔다. 이 다목적 가축은 건조한 환경에서 당나귀를 포함한 다른 모든 가축보다 우수하여, 한계 농생태 지역에 거주하는 수백만 명에게 생존에 필수적인 물자를 제공해왔다. 따라서 북아프리카와 동아프리카, 아라비아반도, 이란 등 반건조 지역에서 매우 중요한 가축으로 여겨진다.

단봉낙타의 정확한 가축화 시기는 아직 확실하지 않다. 예멘 해안에서는 기원전 7100년경에 단봉낙타 뼈가 발견되었고, 남동 아라비아반도에서는 기원전 5000~기원전 4000년경의 뼈가 발견되었다. 이집트에서는 기원전 2500년경의 낙타털 밧줄이 발견되었으며, 사우디아라비아에서는 기원전 약 3000년경의 야생 단봉낙타 사냥 장면을 담은 암각화가 발견되었다. 이 유물들은 단봉낙타가 야생이었는지, 가축화된 것이었는지를 명확히 입증해 주지는 못하지만, 단봉낙타가 식량 자원으로 이용되었음을 시사 한다.

가장 유의미한 발견은 기원전 약 3000년경, 아라비아반도 남동 해안과 이집트에서 젖 생산을 목적으로 사육된 단봉낙타의 뼈이다. 이들은 DNA 분석을 통해 가축화된 개체임이 확인되었 다. 이후 기원전 1500년 이후에는 이집트를 거쳐 지중해 연안, 나 일강을 따라 누비아까지, 북동 아프리카와 사하라 지역으로 퍼 져 나갔다. 기원전 1500~기원전 1200년경에는 북서 인도로, 그 로부터 약 500년 뒤에는 이란으로 확산되었다.

수메르인들은 기원전 2000년경 단봉낙타를 '바다의 당나귀'라 불렀으며, 낙타젖을 마셨다. 오늘날 낙타는 고기, 젖, 가죽을 얻 는 데 쓰일 뿐만 아니라 수송 수단으로도 활용되는 다목적 가축 이다. 단봉낙타의 야생종은 기원전 1000년경에 멸종되었다.

쌍봉낙타는 아시아의 추운 사막이나 건조한 초원에서 서식한 다. 우즈베키스탄 지역에서는 신석기 시대인 기원전 5500~기원 전 3500년경의, 내몽골 지역에서는 기원전 6000~기원전 5000년 경의, 중국 신장 지역에서는 기원전 3000년경의 쌍봉낙타 뼈가 발견되었다. 남부 투르크메니스탄의 농업 정착지에서는 기원전 4000~기원전 3000년경의 가축화된 쌍봉낙타 뼈가, 남동 이란에 서는 기원전 2700~기원전 2500년경의 뼈와 배설물, 그리고 엮은 털이 발견되었다. 또한 우크라이나, 타타르스탄, 서중앙아시아, 서시베리아에서도 기원전 2000년경에 가축화된 쌍봉낙타의 증거들이 확인되었다.

고생물학자들이 발견한 화석과 유전자 분석을 종합한 결과, 쌍봉낙타의 가축화 시기는 중앙아시아에서 약 4,450년 전으로 추정된다. 이후 이들은 약 2,400년 전부터 크리미아, 남시베리아, 몽골, 중국 등 동아시아 지역으로 퍼져 나갔다.

쌍봉낙타는 단봉낙타보다 털이 더 두껍고 풍성하며, 고비사막에는 현재까지 야생쌍봉낙타가 서식하고 있다. 몽골, 러시아, 카자흐스탄, 중국에 서식하는 현대 쌍봉낙타에 대한 계통지리학적 분석 결과, 이들이 동일한 미토콘드리아 일배체형^{동일한 유전자형}을 공유한다는 사실이 밝혀졌다. 이는 이들이 공통 조상을 가진다는 의미다. 또한 우즈베키스탄과 시베리아의 후기 청동기 및 초기 철기 시대 무덤에서 출토된 쌍봉낙타의 뼈 역시 현대 쌍봉낙타와 동일한 미토콘드리아 일배체형을 보였다. 그러나 현대 야생쌍봉낙타는 이들과 유전적으로 다르다. 즉, 현재 중국과 몽골에 서식하는 야생쌍봉낙타는 가축화된 쌍봉낙타와는 유전적으로 구별되는 별개의 종이다.

낙타의 품종은 다양한 기준으로 구분된다. 산악형과 평원형으로 나눌 수 있고, 평원형은 다시 사막형과 강변형으로 나뉜다. 또 다른 분류 방식으로는 승용용과 짐 운반용, 또는 유용^{乳用}, 다목적용, 경주용의 세 가지 유형으로, 혹은 유용, 육용, 다목적용, 경주용의 네 가지로 구분하기도 한다. 현실적으로는 나라나 지역에 따라 낙타의 털 색깔을 기준으로 분류하거나, 부족 이름, 지역 이름, 종족 이름에 따라 품종을 구분하기도 한다.

경전 속에 등장한 최초의 가축

낙타는 수천 년 동안 짐을 나르는 동물로 이용되어왔다. 『성경』과 『코란』에도 최초의 가축으로 언급되었으며, 짐 운반용 가축으로 사용되었지만 고대 이집트 문화에서는 거룩한 동물로 간주되었다. 아라비아에서 고귀하고 신비로운 존재로 여겨지는 낙타는 여행, 부, 고집, 희망, 풍요, 순례의 상징이기도 하다. 낙타는 새끼를 깊이 사랑하는 열정적인 동물이자, 강한 등과 인내심 있는 성격 덕분에 모든 종류의 짐을 운반할 수 있다. 또한 물 없이 몇 주 동안 생존할 수 있는 능력 때문에 아랍 사회에서는 삶의 결정과 행동에 영향을 주는 영적 안내자로 여겨진다.

단봉낙타는 아라비아반도에서 널리 사육되어 '아라비아 낙타'로 불린다. 단봉낙타는 삶에서 올바른 길을 찾는다는 의미를 지니며, 그 정신은 꾸준함과 지속성에 바탕을 둔다. 번영을 이루기 위해서는 평화롭고 안정된 환경이 필요하다는 뜻이기도 하다. 이는 헌신과 자기계발을 토대로 개인의 성장에만 머물지 않고, 사회 전체의 발전을 함께 이루어가야 한다는 메시지를 담고 있다.

'몽골낙타'로 불리는 쌍봉낙타는 등쪽에 혹이 두 개 있으며, 변화와 적응을 상징한다. 이 낙타의 정신은 한곳에 정착하기 전에 여러 길을 시도해보는 데 있다. 인생에서도 마찬가지다. 어떤 장소나 상황을 온전히 이해하려면 실제로 그곳에 가보아야 한다. 그렇게 다양한 가능성을 경험해봐야 비로소 자신에게 가장 잘 맞는 길을 찾고, 그곳에 정착할 수 있다.

장거리 여행에서 가장 선호되는 동물 중 하나인 낙타는 여행의 적절한 상징이라고 할 수 있다. 가축화된 이후 줄곧 인간의 주요 이동 수단이 되어왔으며, 거친 기후에 잘 견디며, 무거운 짐을 지고 장거리를 이동할 수 있고, 물 없이 여러 날 동안 생존할 수 있다. 낙타의 여행은 여러 면에서 인간의 인생을 상징한다. 우리 삶 역시 낙타의 여정처럼 때때로 고되고, 끝이 보이지 않아 포기하고 싶어질 때가 있다. 하지만 낙타는 결코 최종 목적지에 도달하기 전에는 멈추지 않는다. 그렇다면 우리라고 왜 포기해야 하는가. 낙타는 모든 불리한 조건 속에서도 끝까지 나아가야 한다는 사실을 우리에게 일깨워준다.

동물에게서 겸손을 배우고자 한다면, 낙타보다 더 나은 대상은 없다. 낙타는 눈에 띄는 풀이나 나뭇잎을 가리지 않고 먹는 반추동물이다. 등쪽의 혹에 물을 저장해 물 없이도 오랫동안 생존할 수 있으며, 두꺼운 입술 덕분에 가시나무조차 먹을 수 있다. 사료도 가리지 않는다. 낙타의 정신은 우리에게 항상 행복하고 만족하라고 가르친다. 욕망을 절제하고, 가지지 못한 것을 불평하기보다 지금 가진 것에 감사하라고 말이다.

낙타는 물 없이 10일을, 먹지 않고는 한 달 넘게 버틸 수 있다. 강이나 오아시스를 결국 발견할 것이라는 희망을 품고 사람과 짐을 싣고 사막을 여행한다. 바로 이 희망이 낙타가 수일 또는 수개월 동안 계속 나아갈 수 있게 만든다. 낙타의 정신은 우리로 하여금 어두운 터널 끝에 빛이 있으리라는 믿음을 가지고 어려운 시기를 이겨내도록 가르친다. 그래서 우리는 목적지에 도달하기 전까지는 결코 포기해서는 안 된다.

어떤 길이든 걷기 시작할 때는 동기가 우리를 적극적으로 움직이게 하고 목적지에 집중하게 만든다. 그러나 곧 그 길이 자갈길임을 깨닫고, 처음의 동기마저 사라져버리면, 그때부터는 끝까지 나아가게 만드는 '고집'이 필요하다. 낙타는 그런 고집스러움의 상징이다. 포기하는 법을 모르는 동물로, 비록 빠르지는 않지만 오래도록 꾸준히 나아갈 수 있다. 우리 인생에서 결국 필요한 것도 바로 그 한 가지다.

바라는 것 없이 인내한다

낙타는 부드럽고 충성스럽고 인내심이 있으며 편안한 성격 덕분에 사랑과 애정의 대상이 되어왔다. 낙타를 자신의 영적 안내자로 여기는 사람은 관계를 성공적으로 유지하기 위해 모든 노력을 기울이려 하며, 보다 단호하고 인내심이 강한 경향이 있다. 낙타는 끈질기고 참을성이 강하기 때문에, 이를 따르는 사람은 종종 다른 기회를 놓치기도 하고, 결국 지나친 노력이 해가 되는 결과를 초래하기도 한다. 그러나 낙타는 우리에게 관계에 큰 노력을 기울이는 것이 중요하다는 점을 일깨워준다. 이러한 노력은 타인과의 관계에서 도전과 어려움, 그리고 시간의 시험을 극복하도록 도와주기 때문이다. 낙타는 쉽게 포기하지 않으며, 낙타를 좋아하는 사람들 역시 관계를 끝까지 유지할 가능성이 크다.

문제에 부딪혔을 때 비범하고 침착하게 최선의 방법으로 문제를 해결하는 사람을 본 적이 있는가? 이들이 바로 낙타의 정신으로 인도된 사람들이다. 이들은 자부심이 강하고 항상 자신감에 차 있으며, 그 자신감은 가장 매력적인 성격 요소이다. 아무리 어려운 상황이라도 주어진 도전에 "아니오"라고 말하지 않는다. 이것이 그들이 인생에서 늘 앞서 나가는 이유다.

끈질김, 인내, 그리고 희생의 상징인 낙타는 단순히 짐을 지고 사막을 건너는 동물이 아니다. 낙타는 모험과 여행의 상징이며,

뜨거운 사막을 무거운 짐을 지고도 묵묵히 나아가는 그 모습은 낙타를 완벽한 영적 동물로 만들어주며, 당신이 가장 어려운 시기를 극복할 수 있도록 돕는다.

낙타의 특징은 영리하거나 지혜로운 것이 아니라, 열심히 일하고 고집스럽게 밀고 나간다는 데 있다. 낙타는 육체적으로나 정신적으로 강하며, 맡은 임무에 모든 힘을 쏟는다. 그렇기에 낙타의 정신을 가진 사람들은 맡은 일에 헌신하며, 자신은 물론 타인을 실망시키지 않으려 한다.

개인적인 관계에서도 이들은 신뢰할 만한 사람으로 평가받는다. 윗사람과 아랫사람 모두 이들의 존재에서 편안함을 느끼고, 그들의 제안을 기대한다. 이 영적 가이드인 낙타가 당신 인생에 들어오게 되면, 긍정적인 에너지와 용기를 제공하고, 험난한 인생 여정을 뜨거운 열정으로 헤쳐 나갈 수 있도록 도와줄 것이다. 그것이 실제 여행이든, 아니면 영적 모험이든 낙타는 당신에게 더 높은 영적 기반을 제공하며, 끝까지 나아가는 데 필요한 힘을 안겨줄 것이다.

낙타는 전 세계적으로 인내와 헌신의 상징이다. 이 상징이 담고 있는 의미는, 모든 일을 참을성 있게 서두르지 않고 처리하면 결국 모든 것이 자연스럽게 제자리를 찾게 된다는 것이다. 아랍 문화에서 낙타는 긍정, 끈기, 체력, 힘의 상징이기도 하다. 많은 사람들이 이 놀랍고도 강인한 동물의 뛰어난 신체적 특성과 이

국적이며 영감을 주는 기질을 높이 평가하여 찬사를 보낸다.

진정한 긍정의 의미는 낙타와 함께하는 긴 여행과 탐험에 담겨 있다. 그것은 단지 물리적 모험에 국한되지 않으며, 궁극적으로는 영적 구원과 신의 계시에 이르는 새로운 발견의 이미지를 상징한다. 용기, 인내, 끈기, 힘의 상징인 이 매력적인 동물은, 포기하지 않는 한 위대한 것을 성취할 수 있다는 사실을 상기시킨다. 낙타는 바라는 것이 거의 없는 동물이지만, 가장 거친 환경조차 견뎌내는 강인한 신체 능력을 갖추고 있다.

낙타의 이런 특성을 이해하고 따라가면, 우리를 가장 유리한 길로 안내해주고 삶에서 올바른 방향을 찾도록 도와준다는 것을 깨닫게 된다.

기적의 징표

켈트족 문화권에서 낙타는 교양, 겸손, 덕을 상징하며, 훌륭한 결혼 지참금이 되기도 했다. 중국과 중동 지방에서는 행운과 부를 상징하는 마법적인 동물로 여겨졌고, 특히 풍수에서도 중요한 존재로 받아들였다.

불교와 힌두교에서 낙타는 원하지 않더라도 해야 할 일을 기꺼이 해내는 헌신과 인내의 상징이다. 인생은 늘 쉬운 여정이 아니기에, 진심으로 믿는 바를 위해 성실히 노력하고, 보상은 시간이 걸릴 수 있음을 기억하며 인내해야 한다는 사실을 일깨워준다.

기독교에서 낙타는 사막의 상업 경로에서 중요한 역할을 했기 때문에 부의 상징으로 여겨진다. 하루의 끝에 함께하는 동물로도 언급되며, 일반적으로는 힘, 인내, 헌신을 상징한다.

이슬람교에서 낙타는 자선과 나눔의 상징이다. 물 없이도 오랜 시간을 견딜 수 있는 특성 때문에 인내와 희생을 상징하게 되었으며, 자선이 이슬람의 핵심 가치 중 하나이기에 낙타는 자신이 가진 것을 다른 사람을 돕기 위해 나누어야 함을 상기시킨다. 『코란』에서 모하메드는 낙타를 전지전능한 신의 기적으로 언급하였다. 낙타젖은 피부병 치료에 효과가 있는 것으로 여겨지며, 『코란』에는 신이 예언자의 기적을 증명하는 징표로 암낙타를 보냈다고 기록되어 있다.

낙타를 토템으로 가진 사람은 참을성 있고 결단력이 있다. 이들은 성공을 위해 자신이 할 수 있는 모든 것을 기꺼이 해내며, 종종 탈진할 때까지 일할 때도 있다. 스스로 할 수 없다는 사실을 인정하기 어려워 도움이 필요하면서도 다른 사람에게 요청하지 않고, 요령을 익힐 때까지 끈질기게 혼자 해결하려 한다. 또한 하나의 일에 지나치게 집중한 나머지 다른 선택을 하지 못하는 경향도 있다.

결단력과 지속성은 장점이 될 수 있지만, 지나치면 해가 더 클 수 있다. 반면 이들은 관계에 큰 노력을 기울이기 때문에 좋은 친구나 연인이 될 수 있다. 쉽게 포기하지 않고 꾸준히 애정을 표현하며, 좋아하는 사람을 위해 자신이 할 수 있는 모든 것을 다해 관계를 지켜낸다. 또한 고집이 세 그 결말이 자신에게 불리할지라도 한번 시작한 일은 끝을 보려는 성향이 있다.

2 낙타가 주인공인 우화들

🐪 제우스와 낙타

오랜 옛날에 낙타는 아름답고 긴 귀를 가지고 있었다. 낙타는 귀 대신에 뿔이 있는 황소를 보고, 적들로부터 자신을 보호할 수 있는 무기를 갖는 것은 행운이라며 자신도 머리에 뿔이 돋아나기를 원했다. 낙타는 올림포스산에 올라 제우스에게 자기에게도 황소처럼 뿔을 갖게 해달라고 요청했다. 제우스는 낙타의 요청에 시큰둥하게 반응하며, "너는 이미 아름답고 긴 귀를 가졌으니 그걸로 만족하라"고 말했다. 그러나 낙타가 계속해서 뿔을 달라고 조르자, 화가 난 제우스는 "그 욕심에 대한 대가로 뿔 대신 귀를 잘라버리겠다"고 했다. 결국 낙타는 뿔은 얻지 못하고 귀만 잘렸고, 그래서 지금의 낙타는 머리에 뿔이 없고 짧은 귀만 가지게 되었다.

🐫 최초의 낙타

한 사람이 낙타를 처음 보았을 때, 그 크기에 겁이 나 도망쳤
다. 그러나 시간이 지나면서 낙타가 온순하고 얌전한 동물이라
는 사실을 알게 되자, 그는 점차 용기를 내어 낙타에게 다가갔다.
결국 그는 낙타가 만만한 상대라고 판단하고, 대담하게 입에 고
삐를 채운 뒤 어린아이에게 낙타를 몰게 했다.

🐫 낙타와 돼지

낙타가 말했다. "키가 커 보이는 것만큼 좋은 건 없지. 내가 키
가 크지!" 이 말을 들은 돼지가 "키가 작은 것만큼 좋은 건 없지.
내가 키가 작지!"라고 말했다. 낙타가 말을 받았다. "내가 말한 것
이 사실임을 증명하지 못한다면 내 혹등을 포기하지." 돼지가 말
했다. "내가 말한 것이 사실임을 증명하지 못한다면 내 코를 포
기하지." 낙타와 돼지는 서로의 말에 동의했다.

그들은 낮은 벽으로 둘러쳐져 담장에 구멍이 하나도 없는 정원
으로 갔다. 낙타가 한쪽에 서서 긴 목을 담장 너머로 내밀어 풀
을 뜯으며 아침 식사를 했다. 그는 정원 아래에서 먹을 것을 찾는
돼지를 내려다보며 비웃듯 말했다. "자, 너는 키가 크냐 작으냐?"

잠시 후, 돼지는 높은 담장이 쳐진 정원 끝에서 작은 쪽문을 찾았다. 돼지는 그 문을 가볍게 통과해 안으로 들어갔다. 정원 안에서 마음껏 채소를 먹은 돼지는 배를 불리고 다시 밖으로 나왔다. 반면, 키가 너무 커 문을 통과하지 못한 낙타는 정원 밖에 머물러야 했다. 이번에는 돼지가 말했다. "자, 너는 키가 작으냐 크냐?"

그들은 각자의 처지를 돌아본 뒤, 결국 이렇게 결론 내렸다. 낙타는 자기 혹등을 유지해야 하고, 돼지는 자기 코를 유지해야 한다고.

🐫 어리석은 낙타와 사자

밀림의 사자가 까마귀, 승냥이 그리고 표범을 조수로 데리고 살고 있었다. 그들은 정기적으로 밀림을 누비고 다녔다. 어느 날 낙타를 본 그들은 깜짝 놀라 어쩌다 밀림에 있게 되었는지 물었다. 낙타는 먼 길을 가던 대상隊商에서 떨어져 나와 길을 잃었다고 답했다. 사자는 낙타를 불쌍하게 생각하여 안전을 보장하겠다고 약속하며 함께 살자고 제안했다.

시간이 한참 흐른 어느 날 사냥하던 사자가 코끼리와의 싸움에서 크게 상처를 입었다. 사자는 기력이 떨어져 작은 동물조차 사냥할 수 없게 되었다. 그러자 사자의 사냥에 의존하던 조수들도 식량 부족에 시달렸다. 사자의 조수들은 낙타를 죽이기로 했다. 그리하여 그들은 사자에게 낙타를 먹어야 한다고 제안했다. 그러나 사자는 자신이 낙타에게 안전을 보장한다고 약속했기 때문에 죽일 수 없다고 했다. 조수들은 자신들이 낙타를 설득하여 스스로 먹잇감이 된다면 전혀 문제가 안 된다고 사자에게 말했고, 결국 사자도 이에 동의했다.

조수들은 공모하여 밀림의 왕 사자가 굶어 죽지 않도록 하는 것이 자신들의 의무라고 말하며 까마귀, 승냥이, 그리고 표범이 차례로 스스로를 먹이로 제공하겠다고 제안했다. 그러나 사자는 매번 그 제안을 거절했다. 이것을 본 낙타는 앞으로 나아가 자신을 사자의 식량으로 제공하겠다고 제안했다. 낙타가 그렇게 말하기가 무섭게 미리 짠 각본대로 사자는 즉시 낙타를 죽여서 모두 함께 먹어버렸다.

🐫 원숭이와 낙타

사자 왕을 기리기 위해 열린 성대한 축하 파티에서 원숭이에게 참석자들을 위해 춤을 쳐달라는 부탁이 들어왔다. 원숭이의 춤은 정말로 매우 영리했고 모든 동물이 우아하고 날렵한 춤 솜씨에 만족했다. 낙타는 찬사를 받는 원숭이를 질투했다. 자신도 그

만큼 잘할 수 있다고 믿은 그는 군중 속으로 성큼 들어가, 뒷다리로 일어서서 춤을 추기 시작했다. 하지만 몸집이 크고 보기 흉한 낙타는 마디진 다리를 뻣뻣하게 내지르고, 긴 목을 어색하게 뒤틀며 우스꽝스러운 모습이 되었다. 게다가 낙타의 무거운 발굽은 군중 속 동물들의 발가락을 짓밟아 모두를 불편하게 만들었다. 드디어 낙타의 거대한 발 하나가 사자 왕의 코앞에 다가갔을 때 동물들은 너무나 역겨워 모두 격노하며 낙타를 내쫓았다. 잠시 후 낙타의 혹과 갈비로 만들어진 푸짐한 음식이 참석자들에게 제공되었다.

낙타와 주인

낙타와 주인이 사막을 여행하고 있을 때였다. 모래 폭풍이 불어닥쳐 주인은 재빨리 천막을 치고 들어가 덮개를 닫았다. 낙타는 물론 천막 바깥에 남겨져 있었고, 거친 모래바람이 몸을 휘감고 눈과 코로 들이치자 참을 수가 없어 주인에게 천막 안으로 들어가게 해달라고 사정했다. 그러나 주인은 천막이 좁아서 자기만 있을 수밖에 없다고 말했다. 낙타는 주인에게 사정했다. "그럼 코만 집어넣고 모래가 없는 공기로 숨을 쉬게 해주십시오." 그러자 주인은 "좋아, 그건 허락하지" 하고 대답하며 천막의 덮개를 약간 열어 낙타의 긴 코를 집어넣게 했다.

낙타는 숨쉬기가 좀 나아졌다. 그러나 곧 눈과 귀를 괴롭히는 날카로운 모래에 피곤해졌다. "바람에 날리는 모래가 마치 제 머리에 채찍질하듯 스쳐요. 머리만이라도 천막 안에 들일 수 있을까요?" 또다시 주인은 천막 위쪽 공간은 비어 있으니 그다지 불편하지 않을 거라며 허락했다. 그래서 낙타는 자기 머리를 천막 안으로 밀어 넣었고 다시 만족스러워했다. 그러나 이것도 잠시뿐이었다. 낙타는 다시 "제 몸통 4분의 1만 들어가게 해주세요"라고 사정했고, 주인은 다시 가엾게 여겨 낙타의 앞 어깨와 다리를 천막 안으로 들이게 했다. 결국 똑같은 사정과 허락의 과정이 반복되면서 끝내 낙타의 몸 전체가 천막 안으로 들어왔다. 이제 천막은 너무 비좁아졌다. 낙타는 주인을 천막 바깥의 바람과 모래 폭풍 속으로 걷어차 버렸다.

🐫 낙타의 교훈

숲속에 사는 한 낙타가 있었다. 녀석에게는 다른 동물들의 외모를 놀리거나 흉보는 나쁜 습관이 있었다. 낙타는 코끼리를 보고 "아! 넌 정말 뚱뚱하고 못생겼구나. 하느님이 뒤쪽에 꼬리 한 개, 앞쪽에 한 개, 전부 두 개의 꼬리를 주셨구만" 하고 놀렸다.

　　　　　　　　　　　　　　　　　5부 낙타

코뿔소를 보고는 "모든 동물은 두 개의 뿔을 가졌는데 네 코에는 뿔이 단 한 개뿐이어서 우스꽝스러워" 하고 말했다. 얼룩말을 만날 때면 항상 말했다. "아! 구부러진 검은 선들이 네 온몸을 감싸고 있구나. 어찌 됐든 그것들은 어디에 쓰이냐?" 낙타의 이런 행동에 모든 동물은 기분이 나빴다. 어느 날 솔직한 원숭이가 낙타를 만나 물었다. "어이, 낙타! 등에 그 못생긴 혹을 달고 어디를 가시나? 너의 그 작은 체구에 길고 구부러진 목을 봐라. 넌 그 긴 목을 뭐에 쓰냐?" 낙타는 그 말에 상처받았다. 낙타는 다른 동물들이 자기 말에 얼마나 상처받았는지 그제야 깨달았다. 그날 이후 낙타는 그 나쁜 버릇을 멈췄다.

🐪 낙타와 당나귀

낙타와 당나귀가 함께 여행 중이었다. 강에 도착하여 낙타가 먼저 물에 들어갔다. 물의 깊이는 몸통을 간신히 적실 정도였다. 낙타는 친구를 불렀다. "나를 따라 물에 들어와. 물은 겨우 옆구리를 적실 정도야." 긴 귀를 가진 현명한 친구인 당나귀가 답변했다. "그래, 나는 너를 믿어. 하지만 우리 둘 사이에는 큰 차이가 있지. 만약 물이 네 옆구리에 차면 나는 물속에 잠기고 말 거야."

낙타 춤

낙타는 매일 다섯 가지 기본자세를 연습했다. 사막의 뜨거운 태양 아래에서 수 개월간 연습했다. 몸은 피곤했고 다리에는 물집이 생겼어도 멈출 생각이 전혀 없었다. 드디어 낙타는 발표했다. "이제 난 무용수야." 낙타는 발표회를 개최하여 자기 친구들과 비평가들 앞에서 춤을 추었다. 낙타는 춤을 끝내고 깊이 머리 숙여 인사했으나 박수는 전혀 없었다. 관중 하나가 무례하게 말했다. "넌 울룩불룩하고 혹투성이야. 넌 딱딱하고 울퉁불퉁해. 넌 우리와 똑같은 낙타일 뿐이야. 넌 무용수가 아니고 결코 그렇게 될 수도 없어." 관중들은 낙타를 조롱하며 비웃어댄 뒤 모래언덕을 건너가 버렸다. 낙타는 우아한 무용수가 되는 것이 꿈이었다. "모든 움직임을 우아하고 아름답게 만드는 것이 내 유일한 소망이야." 낙타가 말했다. "사람들이 나를 오해하는 게 얼마나 안타까운지 몰라! 나는 열심히 노력해왔고, 무용수임이 분명해. 나는 춤을 출 거야, 앞으로는 오직 나 자신을 위해서만 춤출 거야." 그렇게 그 낙타는 행복한 나날을 보냈다.

🐫 강에 똥을 눈 낙타

낙타가 빠르게 흐르는 강을 건너는 중에 똥을 눴다. 자기 똥이 빠른 강물에 떠내려가는 것을 보았다. "저기 있는 게 무엇이지? 내 뒤에 있던 것이 이제 내 앞을 지나가는군." 낙타가 스스로 묻고 답했다.

🐫 아기 낙타와 엄마 낙타

옛날에 엄마 낙타와 아기 낙타가 살고 있었다. 어느 화창한 날 그들이 바닥에 누워 있었다. 아기 낙타는 깊은 생각에 잠겨 있었다. 엄마 낙타가 무슨 문제가 있느냐고 아기 낙타에게 물었지만 그는 대답하지 않았다.

다음 날 아기 낙타는 더 이상 참을 수가 없어서 엄마 낙타에게 물었다. "낙타는 왜 등에 혹이 있나요?" 엄마 낙타는 미소 지으며 말했다. "음, 우리는 사막 동물이기 때문이지. 혹은 우리가 수많은 날 동안 물을 저장할 수 있게 해주고 그것 때문에 우리는 물 없이도 살아갈 수 있단다." 아기 낙타는 물었다. "왜 낙타는 긴 다리와 둥근 발을 가지고 있어요?" 엄마 낙타는 "더운 사막에서 걷기 위한 것이란다. 이 긴 다리와 둥근 발 덕에 우리는 다른 동물들보다 사막에서 더 잘 걸을 수 있지." 호기심 많은 아기 낙타는 또다시 물었다. "엄마, 왜 우리는 긴 속눈썹을 가지고 있나요? 이건 때때로 내 시야를 괴롭혀요." 엄마 낙타는 자랑스럽게 대답했다. "사랑하는 아가야, 이 길고 두꺼운 속눈썹은 눈을 보호하는 덮개란다. 그것들은 사막의 모래와 바람으로부터 눈을 보호해준단다."

아기 낙타는 골똘히 생각한 후 말했다. "아, 알겠어요. 혹은 우리가 사막에 있을 때 물을 저장하게 해주고, 다리는 사막을 지나갈 때 잘 걷게 해주고, 이 속눈썹은 사막 모래와 바람으로부터 우리 눈을 보호해줘요. 그런데 우리는 왜 지금 동물원에 있나요?" 엄마 낙타는 할 말을 잃었다.

🐫 낙타, 사슴 그리고 말

아주 오래전에 동물들이 말을 할 수 있었을 때, 낙타는 가지친 뿔과 길고 풍성하고 아름다운 꼬리를 갖고 있었다. 그래서 낙타는 자신을 매우 자랑스러워했고, 항상 자신의 장엄하고 아름다운 뿔을 다른 동물들에게 으스댔다. 어느 날 낙타가 근처 강에 물을 마시러 갔다. 그때 사슴이 숲에서 나와 낙타에게 인사를 건네며 약간 슬픈 목소리로 말했다. "오늘 밤 파티에 초대받았는데, 이런 민둥한 이마로 어떻게 가겠니? 단 한 시간만이라도 너처럼 멋진 뿔을 달고 갈 수 있다면 좋겠어. 오늘 너의 뿔을 잠깐만 빌려줄 수 없을까? 내일 네가 물 마시러 올 때 꼭 돌려줄게." 조금은 경솔했던 낙타는 사슴의 대머리가 안쓰럽게 느껴졌다. 낙타는 뿔을 떼어내 사슴에게 주면서 말했다 "자, 내일 물 마시러 올 때 꼭 돌려줘야 해." 사슴은 재빨리 뿔을 받아 숲속으로 사라졌다.

사슴은 돌아가는 길에 말을 만나 자신이 뿔을 갖게 된 사연을 이야기했다. 그 파티에 초대받은 말 역시 멋진 몸치장을 할 수 있다면 좋겠다고 생각했다. 그래서 말도 낙타를 찾아가 자기에게 꼬리를 달라고 요청했다. 마음씨 착한 낙타는 말을 믿었고, 자기 꼬리를 주었다.

이튿날 낙타는 약속 장소로 갔다. 낙타가 기다리는 동안 물을 마시며 목을 쭉 뻗어 사슴과 말이 오는지 살펴봤지만 아무도 나타나지 않았다. 그 이후 여러 날과 여러 해가 지났다. 불쌍한 낙타는 지금까지 자신의 뿔과 꼬리를 돌려받지 못했다. 낙타는 사슴과 말을 기다리는 동안 물을 너무나 많이 마셔서 등에 물이 가득 찬 혹을 갖게 되었다. 낙타는 사슴과 말이 오는 것을 쳐다보느라 오랫동안 목을 뻗었기 때문에 목이 길게 늘어났다. 말은 멀리서 낙타를 볼 때마다 달아난다. 사슴 또한 멋진 뿔을 가졌지만 원래는 낙타의 것이었기에 매년 뿔을 바꿔야 한다.

낙타와 상인

어느 날, 상인이 낙타에게 간신히 버틸 수 있을 만큼의 짐을 실었다. 거기에다 작은 탁자, 바이올린, 금속 촛대까지 더 얹었다. "흔들지 마라. 네 몸 한가운데 가죽끈을 감아 짐이 흔들리지 않게 묶어줄 테니." 상인이 말했다. 낙타는 다리가 후들거릴 정도로 힘이 들었지만, 한마디 불평도 하지 않았다. "다 됐다. 오르막으로 갈까 내리막으로 갈까?" 상인이 물었다. "전 돌길에서 비틀거릴 겁니다. 가파른 경사에서는 굴러 넘어질 겁니다. 그러니 평평한 길로 가야 해요"라고 낙타가 말했다. "좋은 생각이야" 하고 상인은 말하며 고삐를 잡고 함께 길을 떠났다.

열여덟 번째 낙타

옛날, 한 중재자가 낙타를 타고 끝없는 불모의 사막을 지나고 있었다. 그는 오랜 시간 낙타에 몸을 맡긴 채 사방으로 펼쳐진 모래의 바다를 바라보았다. 멀리 지평선 위로 야자수가 솟아 있는 오아시스가 눈에 들어오자 기분이 한결 밝아졌다. 중재자는 충실한 낙타를 몰아 오아시스를 향해 나아갔다.

하지만 가까이 다가갈수록 이상한 기운이 감지되었다. 누군가

목청을 높여 다투는 소리가 모래 바람을 타고 그의 귀에 들렸고, 번뜩이는 칼날이 눈에 들어왔다. 오아시스에 도착했을 무렵, 상황은 금방이라도 폭발할 듯한 긴장감으로 가득했다.

도움을 주고 싶었는지 아니면 예상치 못한 기회를 감지했는지, 중재자는 조심스럽게 다가가 무슨 일이 벌어지고 있는지를 물었다. 그는 곧 한 편의 슬픈 이야기를 듣게 되었다.

중요한 부족의 나이 많은 일원이 돌아가셨다. 그는 재산의 분배에 대해 유언을 남겼다. 그 당시 그 지역에서 일반적인 방식으로, 세 아들에게 재산을 나눠주되 큰아들에게 가장 많이 그리고 막내아들에게 가장 적게 주도록 했다. 장남은 재산의 절반을 받게 되어 있었고, 둘째 아들은 3분의 1을, 그리고 막내아들에게는 9분의 1이 배정되었다. 그 원칙 자체는 이상하지 않았다. 그러나 문제는 고인의 유산이 낙타 17마리였다는 점이었다. 이 숫자는 원칙에 따라 나누기엔 애매했기에, 갈등의 씨앗이 된 것이다. 유산인 낙타 17마리를 장남에게 2분의 1, 차남에게 3분의 1, 막내에게 9분의 1로 나누는 것이 불가능했다. 17은 2로도, 3으로도, 9로도 나누어지지 않았기 때문에 정확한 분배가 어려웠고, 형제들 사이의 갈등은 곧 폭발할 상황이었다.

장남은 자신이 조금 더 가져야 한다고 느꼈지만 동생들은 형이 이미 가장 많이 받았으니 무언가는 포기해야 한다고 생각했다. 제안된 유일한 타협안은 17마리를 모두 죽여 고기의 무게를 달아 배당 몫에 따라 나누는 것이었다. 불행하게도 이 해결책이 겉으로는 매력적이었지만 사막의 뜨거운 열기 속에서 이런 방법은 실질적이지 않았다. 그래서 칼들을 뽑아 들었다. 가족이 싸우다가 풍비박산이 날 판이었다.

그때 갑자기 사막에서 중재자가 나타나 그들에게 희미한 희망을 주었다. 그들은 중재자가 자기들을 도울 수 있는지 알아보았다. 보수는 타협을 통해 결정되었고, 세 아들 각각이 자신의 몫에서 일정 부분을 떼어 지불하기로 합의했다. 그러자 중재자가 "내가 낙타 한 마리를 자네들에게 주겠네"라고 말했다. 중재자의 제안은 놀라움을 자아냈고 그들은 그것이 어떻게 도움이 되는지 물었다. 다른 사람들은 중재자의 정신이 온전한지 의심했다. 중재자는 계속 설명했다. "이제 자네들은 18마리의 낙타를 가졌네. 열여덟은 둘로 나누어지니 장남은 아홉 마리를 가질 수 있네, 열여덟은 3으로 나누어지니 차남은 여섯 마리를 가질 수 있고, 열여덟은 아홉으로 나누어질 수 있으니 막내는 두 마리를 가질 수 있지." 모두 갈등 없이 만족하며 기뻐했다. 각 아들은 자기 몫의 낙타를 데리고 자신의 천막으로 돌아갔다. 놀랍게도 9 더하기 6 더하기 2는 정확히 17이 되었고, 중재자가 데려온 낙타는 그대로 남게 되었다. 그는 다시 자신의 충실한 낙타에 올라타고, 사막을 가로지르는 여정을 이어갔다.

🐫 낙타와 얼룩말

"친구야! 나는 오늘 우리가 피르다우스 정원에 가야 한다고 생각해. 그곳에 가본 지가 너무 오래됐어." 갈색 낙타가 친구를 만나 말했다. 사막을 오랫동안 여행한 후 일요일 하루를 쉬는 틈을 타 갈색 낙타는 얼룩말의 집에 가서 말을 걸기 시작했다. 얼룩말은 "안 돼! 나는 지난번에 그곳에 가는 실수를 저질렀어. 다시는 안 갈 거야"라고 말했다. 갈색 낙타가 말했다. "왜? 너도 알잖아, 거기엔 모든 것이 신선해. 과일도 많고 풀도 풍성하지. 생각만 해도 입안에 군침이 돌잖아."

갈색 낙타가 도착했다는 소식을 듣고 밀림 친구들이 얼룩말 집에 찾아왔다. 얼룩말이 말했다. "정원이 문제가 아니야. 가는 길이 문제지. 지난번 내 검고 흰 줄무늬가 길의 먼지로 망쳐졌어. 너도 알다시피 나는 내 색깔에 매우 민감해. 그래서 내가 그곳에 안 가려는 거야." 갈색 낙타가 대답했다. "만약 네가 온다면 더 좋을 거야. 하지만 이건 너의 선택이야. 그러면 난 밀림에서 온 다른 친구들과 가겠어." 이렇게 말한 후 갈색 낙타는 자기 친구들과 정원으로 떠났다.

피르다우스 정원에 도착한 후 그곳의 선선한 산들바람과 재잘대는 새들과 푸른 나무들의 그늘 속에서 갈색 낙타와 그의 친구들은 신선한 풀들을 즐기고 있었다. 한 친구가 물었다. "어이, 갈색 낙타. 밀림에는 커다란 나무, 다양한 과일, 그리고 산책할 수 있는 곳들이 많구나. 이곳은 모든 것이 더 풍요로운데, 사막에는 모래밖에 없고 별로 평화롭지가 못해. 그러니 아예 이곳으로 이주하는 게 어때?” 갈색 낙타가 대답했다. “어 친구! 네가 방금 한 말이 절대적으로 옳아. 하지만 잊지 마. 각자는 저마다의 자질을 지니고 있어. 신체마다 고유한 특성이 있는 법이지. 내 몸, 그러니까 낙타의 몸은 사막에 적합한 특성을 갖고 있어. 그런 이유로 낙타만이 ‘사막의 배’라고 알려진 거야. 그 어떤 다른 동물에게도 주어지지 않은 명칭! 그래서 사막 생활은 나에게는 평화롭고, 그곳에서 난 행복하단다.”

🐫 거만한 쥐와 겸손한 낙타

옛날에 가장 친한 두 친구, 낙타와 쥐가 숲속에서 살고 있었다. 쥐는 자만심이 매우 강했지만, 낙타는 극도로 겸손했다. 쥐는 낙타의 겸손 덕분에 원하는 것은 무엇이든지 차지했다. 쥐는 낙타의 코만큼 작았기 때문에 이런 행동은 다른 모든 동물을 놀라게 했지만, 쥐는 가는 곳마다 낙타를 데리고 갔다. 겸손한 낙타는 쥐의 기분이 상하지 않도록 불평 한마디 없이 이 작은 친구를 따라다녔다. 쥐는 자기가 낙타보다 우월하다고 생각했기 때문에 더 행복했다.

　쥐는 자신을 무척 자랑스러워했고, '난 강하고 똑똑한 동물이야. 난 내가 원하는 곳이면 어디든 낙타를 데리고 갈 수 있어'라고 생각했다. 결국 겸손한 낙타는 쥐의 이런 거만한 태도를 알아차렸다. 쥐의 버릇없고 거만한 태도에 낙타는 화가 났고, 쥐에게 교훈을 주기로 했다. 낙타는 쥐를 강가로 데려갔다. 쥐는 강을 보고 겁에 질렸다. "내 좋은 친구 위대한 쥐야! 숲속에서 그리고 산에서 나를 인도하던 용감한 쥐야! 넌 내 안내자야, 그러니 네가 먼저 걸어가. 내가 너를 따라갈게." 낙타가 쥐에게 말했다. "이건 나에게 너무 깊어. 그리고 난 수영을 할 줄 몰라." 쥐가 말했다.

　낙타는 강물의 깊이를 보여주기 위해 강으로 걸어 들어갔다. 강물은 낙타의 무릎에 올 정도였다. "너는 이렇게 낮은 강물을 두려워하니? 내 무릎밖에 안 오는데." 낙타가 말했다. "너의 무릎은 내 것보다 훨씬 높이 있어. 그리고 넌 매우 크고 난 엄청 작아. 너의 무릎에 오는 강물은 나에게 바다와 같아." 쥐가 말했다. "그런데 왜 너는 그리 거만해? 왜 넌 네가 다른 동물보다 우월하다고 생각해? 난 네가 내 친구라서 따라다녔어. 난 너에게 상처 주기 싫었어. 네가 똑똑하거나 힘이 있어서 너를 따라다닌 게 아니야. 제발 잘난 체하지 마!" 낙타가 말했다. 쥐는 자기의 실수를 깨닫고 사과했다. 그리고 그 교훈을 평생 잊지 않았다.

낙타와 우스꽝스러운 춤

낙타의 주인이 사막 한가운데에서 밤을 지내고 있었다. 많은 여행자가 한 장소에 모여 음식과 분위기를 즐기고 있었다. 사람들은 화톳불 주위에 모여 춤을 추었다. 음악에 맞춰 심벌즈를 치고 피리를 불었다. 낙타의 주인이 갑자기 춤추기 시작했다. 그는 두 개의 왼발을 가졌기 때문에 매우 우스꽝스러운 춤을 추었다. 모든 사람이 그의 우스꽝스러운 춤에 웃기 시작했다. 주인은 낙타에게 음악에 맞춰 춤을 추라고 요구했다. 낙타는 춤추기를 거부하면서 말했다. "저는 제 한계를 알고 있습니다. 당신처럼 우스운 춤을 추어 조롱의 대상이 되기를 원치 않습니다."

낙타와 승냥이

아주 옛날 깊은 숲속에 낙타와 승냥이가 살고 있었다. 그들은 친한 친구였고 강가에 살았다. 어느 날 승냥이가 강 건너에 잘 익은 참외밭이 있는 것을 알게 되었다. 입안에 군침이 돌았다. 그러나 그는 강을 건널 수가 없었다. 승냥이는 낙타에게 가서 참외에 대해 이야기했다. 낙타도 참외가 먹고 싶었다. 그는 승냥이를 등에 태우고 강을 건넜다. 둘은 밭에 도착하여 참외를 먹었다. 그

때 승냥이가 길게 울어대기 시작했다. 밭 주인이 달려와 낙타를 때리기 시작했다. 주인이 가버리자 낙타가 승냥이에게 왜 울어댔느냐고 물었다. 승냥이가 대답했다. "잘 먹고 나면 길게 울어대는 것이 내 습관이야."

둘은 강가로 돌아왔다. 승냥이는 낙타의 등에 올라탔다. 그들이 강의 중간에 도착했을 때 낙타는 물속에서 몸을 옆으로 한 바퀴 굴렸다. 물에 빠진 승냥이가 물었다. "왜 물속에서 몸을 굴리는 거야?" 낙타가 대답했다. "잘 먹고 나면 물속에서 몸을 옆으로 한 바퀴 굴리는 것이 내 습관이야." 승냥이는 살아남을 수 없었다.

🐫 낙타와 파리

파리 한 마리가 무거운 짐을 지고 있는 낙타 등에 앉아 있었다. 파리는 높은 곳에 있다는 사실에 무척 기뻐하며 즐거워했다. 긴 여행 끝에 두 동물은 저녁에 외양간에 함께 도착했다. 파리는 즉시 땅바닥으로 가볍게 뛰어내리며 외쳤다. "봐라, 내가 직접 내려왔어. 이제 너를 더 이상 지치게 하지 않아. 그러니 그렇게 아쉬워하지 마." 낙타가 대답했다. "고맙구나. 하지만 네가 내 등에 있을 때나 지금 내려왔을 때나 무게가 줄었다는 느낌은 전혀 없단다."

🐫 낙타, 코끼리 그리고 원숭이

동물들이 숲속에 모여 왕을 선출하기로 했다. 낙타와 코끼리가 출마를 했고, 둘 다 다른 동물보다 체격이 크고 힘도 셌기 때문에 왕이 될 자격에 대해 자신감을 느꼈다. 그러나 원숭이는 둘 다 자격이 없다고 말했다. "낙타는 너무 평화로워서 악에 분노할 줄 모르니 나라를 다스리기 어려워 보이고, 코끼리는 이상하게도 쥐를 무서워해 쥐들이 우리를 공격할 때 보호할 수 없을 거야."

🐫 너의 낙타를 묶어 두어라

한 대상이 밤을 지내기 위해 머물렀다. 낙타를 돌보는 사람이 족장에게 보고하러 왔다. "모든 낙타는 밤을 지내도록 잘 묶어놨는가?" 족장이 물었다.

"아니요. 모든 낙타를 묶기엔 밧줄이 부족하여 제 낙타는 묶지 않은 채 놔뒀습니다. 그러나 하느님에 대한 제 믿음이 강해서 그분이 저와 제 낙타를 돌봐주실 거라는 것을 잘 압니다." 족장은 매우 화가 나서 그 사람을 쳐다보며 말했다. "이 멍청한 친구야, 가서 너의 낙타를 묶어! 하느님은 네가 스스로 할 수 있는 일을 대신해주실 정도로 한가하지 않아."

낙타와 쥐

사막에서 풀을 뜯고 있던 낙타는 발이 묶여 있어 자유롭게 움직일 수 없었다. 마침 주변을 지나던 쥐는 낙타를 지키는 이가 없는 것을 보고, 고삐를 움켜쥐고 자기 쥐구멍으로 안내하기로 했다. 선천적으로 온순한 낙타는 순순히 새 인도자를 따라갔다. 그들은 쥐구멍의 문턱에 도착했으나 구멍이 너무 좁았다. 낙타는 쥐를 향해 화를 내며 말했다. "이 바보 같은 녀석아! 내가 얼마나 큰데, 네 조그마한 집에 어떻게 들어갈 수 있다고 생각한 거냐? 내 몸은 결코 작아질 수 없고, 네 집도 더 커질 수 없다는 걸 몰랐니? 도대체 무슨 생각으로 나를 데려가려 한 거야?"

낙타와 관목

낙타가 사막을 지나고 있었다. 엉겅퀴와 찔레를 뜯어 먹으며 갔다. 그는 젊은 여자의 머리카락처럼 풍성하게 잎이 많은 관목과 마주쳤다. 젊음의 장밋빛 볼을 쳐다보듯 기쁘게 관목을 쳐다봤다. 그러나 한입 가득 뜯으려고 목을 뻗치자마자 덤불 속 깊숙한 곳에 똬리를 튼 거대한 뱀이 숨어 있는 것을 발견했다. 낙타는 즉시 몸을 움츠려 머리를 돌렸다. 이미 식욕은 사라져버렸다. 관목이 무례하게 물었다. "네가 갑자기 마음을 바꾼 건 내 날카로운 가시가 무서워서였지?" 낙타는 코웃음을 치며 대답했다. "그런 자만은 참 역겹군. 널 피한 건 네 가시가 두려워서가 아니야. 너의 잎사귀 아래 숨어 있는 뱀을 본 순간 물러난 거지. 나는 수많은 가시보다, 단 한 마리 뱀의 이빨이 훨씬 더 무섭거든. 그러니 네가 잘난 체하고 싶다면 네 밑에 숨은 그 뱀에게나 감사해. 아니었으면 넌 내 한 끼 식사가 됐을 테니까."

🐫 젊은 낙타와 어미

젊은 낙타가 말했다. "어머니, 이번 여행지에 도착하면 꼭 좀 쉬세요." 어미 낙타가 한숨을 쉬며 대답했다. "그래, 만약 내 손에 고삐가 있었더라면. 그랬다면 누구도 내 등에 짐을 얹고 이 끝없는 사막을 터벅터벅 걷게 하지 못했을 거야. 이런 낙타 행렬 속에서 나를 본 사람도 없었을 테지."

🐫 어린 낙타

어린 낙타는 사탕과 단 음식들을 좋아했다. 어린 낙타가 어미 낙타에게 씩씩거리며 말했다. "난 밍밍한 음식이 싫어요. 과일이나 채소는 맛이 없어요!" 어미 낙타는 말했다. "얘야, 그것들을 먹도록 해라. 맛도 좋고 건강에도 좋은 거야." 하지만 달콤한 대추를 맛본 후 어린 낙타는 다른 것들을 먹지 않았다. 어느 날 아침 어린 낙타는 심한 복통으로 잠이 깼다. 어린 낙타는 병원에 가서 의사의 진찰을 받았다. "그동안 뭘 먹었니?" 의사가 추궁했다. 어린 낙타는 의자에 털썩 앉았다. 자신의 실수를 깨닫고 창피해졌다. 의사는 어린 낙타의 이를 두 개나 뺐고 나머지는 깨끗이 청소했다. 어린 낙타는 아픔을 참지 못하고 울어댔다. 의사는 진통제를 주사했다. 어린 낙타는 자신이 무엇을 잘못했는지 알았다. 의사가 말했다. "네 배 속에 벌레들이 있고 이빨에 충치가 생겼다. 넌 앞으로 단 대추를 그만 먹고 이제부터 과일과 채소를 더 많이 먹겠다고 약속하렴." 어린 낙타는 서서히 건강해졌다.

🐫 사자, 승냥이 그리고 낙타

사자는 몹시 배가 고팠고, 그의 수행원인 승냥이와 낙타 역시 굶주리고 있었다. 그때 승냥이가 입을 열었다. "나는 꿈에서 죽음의 신 야마^{Yama}를 보았소. 그분께서 자신을 기꺼이 식사로 바치는 충성스러운 신하에게 재탄생의 축복을 내려주신다고 하셨지요."

낙타는 주저 없이 선언했다. "나는 야마 신의 재탄생 약속을 받아들이겠어요!" 그러자 사자와 승냥이는 낙타를 죽였다. 바로 그때, 멀리서 낙타 카라반의 방울 소리가 딸랑딸랑 울려 퍼졌다. "야마 신이 오고 있어요! 복수를 위해 찾아오는 죽음의 낙타 카라반입니다. 어서 도망치세요, 폐하!" 승냥이가 다급히 외쳤다. 사자는 허겁지겁 달아났고, 승냥이는 혼자 남아 낙타 고기를 독차지했다.

6부

순록

Reindeer

선물로 받은 순록의 뿔을 확인하려 들지 마라.

—핀란드 속담

1 썰매를 끄는 순록

크리스마스가 다가오면 우리는 산타클로스 할아버지가 순록이 끄는 썰매에 선물을 가득 싣고 하늘을 달리며 어린이들에게 나눠주는 모습을 상상하곤 한다. 이같이 순록은 짐이나 사람을 태운 썰매를 끌고 달리는 동물이다. 현대에는 직접 타고 다니기도 한다.

순록은 사슴과Family Cervidae에 속한 동물로, 사슴과에는 우리가 잘 아는 다양한 동물들이 포함된다. 순록은 스칸디나비아, 유라

크리스마스 상징으로 자리 잡은 산타클로스와 순록 썰매

사슴과 닮았지만, 더 크고 힘찬 뿔을 지닌 순록

시아, 북아메리카 대륙 전역에 걸쳐 서식하는 범북극 유제류로, 유라시아의 툰드라 지역이나 침엽수림 지대^{페노스칸디아 지역, 시베리아, 몽골}, 그리고 북아메리카^{알래스카, 캐나다, 그린란드} 등지의 북극 지방에서 수십에서 수백 마리씩 무리를 지어 이동하며 살아간다.

순록은 서식지에 따라 생김새와 생태적 특성이 다르며, 일반적으로 고지 북극·툰드라·삼림 생태형으로 구분된다. 이동성, 식성, 집단 구성 같은 특성은 생태형이나 무리마다 다를 뿐 아니라 계절에 따라서도 다양하게 나타난다.

페노스칸디아 지역의 순록은 고지 북극 생태형에 해당하며, 두 가지 아종으로 나뉜다. 하나는 남부 핀란드에 주로 서식하는 야생 삼림순록이고, 다른 하나는 남부 노르웨이에 주로 서식하는 산악순록이다. 야생 삼림순록은 비교적 소규모 집단을 이루며 대규모로 이동하지 않지만, 산악순록은 대규모 무리를 이루어 계절에 따라 장거리 이동을 한다.

러시아 지역에는 툰드라 및 삼림 생태형의 순록이 서식하고 있으며, 이들은 환경과 특성에 따라 관리 주체인 종족별로 네네츠Nenets, 이븐Even, 이븐키이스카야Evenkiyskaya, 추코트Chukot 등 네 가지 품종으로 세분된다.

순록은 다른 사슴과 달리 암수 모두 뿔을 가지고 있으며, 이 뿔은 매년 탈각되었다가 다시 자란다. 암컷의 뿔은 최대 90센티미터까지 자라고, 수컷의 뿔은 최대 1.5미터까지 자란다. 순록은 사슴류 중에서 체구에 비해 가장 큰 뿔을 가진 종이다.

수컷 순록의 뿔은 2월부터 자라 11월에 떨어지고, 암컷의 뿔은 5월부터 자라 이듬해 5월에 탈각된다. 따라서 크리스마스 무렵 썰매를 끄는 순록들이 뿔이 달린 모습으로 그려지는 것을 보면, 모두 암컷이라는 결론이 자연스럽게 나온다.

순록은 두 층으로 된 털 덕분에 추위를 잘 견딘다. 부드럽고 섬세한 털이 피부 바로 위를 덮고 있으며, 그 위로는 길고 속이 빈 보호 털이 덮여 있다. 이 보호 털 안의 공기층은 체온을 유지하는 데 도움을 준다. 순록은 사슴류 중 유일하게 코까지 털로 덮여 있어, 차가운 공기가 직접 폐로 유입되는 것을 막아준다.

순록은 초식성 반추동물로, 계절에 따라 이끼, 곰팡이, 풀, 나

● **사슴과 유제류**

뭇잎, 고사리, 새싹 등 다양한 식물을 먹는다. 평균 수명은 15~18년이다.

마지막으로 길들인 동물

순록은 인간에 의해 가축화된 마지막 동물로 여겨지기도 하지만, 아직 가축화가 충분히 이루어지지 않았다고 보는 학자들도 있다. 현재 전 세계 9개국에서 약 250만 마리의 순록이 사육되고 있으며, 약 10만 명의 인구가 순록을 생계 수단으로 삼고 있다. 그러나 전 세계적으로 순록의 절반가량은 여전히 야생 상태로 살아가고 있다.

가축화된 순록은 야생 순록에 비해 번식 시기가 빠르고, 몸집이 작으며, 이동 본능이 약하다. 고고학적 증거에 따르면, 인류는 상부 구석기 시대부터 순록을 사냥해온 것으로 보인다.

순록의 가축화는 북부 유라시아 원주민들의 생존과 생활 방식, 경제에 상당한 영향을 미쳤다. 현재 순록 집단 몰이는 북부 페노스칸디아에서 북부 몽골과 동부 시베리아에 이르는 광대한 지역에서 약 30여 개 원주민 집단에 의해 이루어진다. 순록은 처음에는 짐이나 사람을 실은 썰매를 끄는 용도로 가축화되었으며, 여기서 한발 더 나아가 고기, 털, 젖을 얻기 위한 목적으로도 사육되었다. 순록은 지금도 유럽 최북단 지역 주민들에게 여러 면에서 삶의 중요한 요소로 남아 있다.

순록의 가축화 시기를 정확히 특정하기는 어렵다. 페노스칸디아 지역의 사미족Saami은 소규모 순록 무리를 우리에 가두어 이동하며 관리하는 반면, 러시아 북동부의 우랄계 민족인 코미족Komi은 5,000두에 이르는 대규모 무리를 자유롭게 방목한다. 이 때문에 완전한 사역용 순화가 어렵다.

또한 순록은 주로 이끼와 지의류를 먹기 때문에, 우리에 가두고 사료를 주는 방식으로 완전히 가축화하기는 어렵다. 더불어 가축화된 순록과 야생 순록이 교잡하면서 두 형태가 공존하고 있어서 가축화의 역사와 진전을 파악하는 데 어려움이 따른다. 신체적 형태나 이동성 등 행동 특성에서도 다른 가축들과 달리 순록은 야생종과 가축화된 개체 사이에 뚜렷한 구분이 없어 이러한 혼란을 더욱 가중시킨다.

오늘날 산악순록에는 남부 노르웨이와 러시아 콜라반도의 야생 순록, 그리고 스웨덴·노르웨이·북부 핀란드에서 사육되는 가축화된 순록이 포함된다. 반면, 야생 삼림순록은 중부 및 동부 핀란드와 러시아 북서부에 분포한다. 페노스칸디아에 서식하는 순록 아종들의 유전적 차이는, 산악순록이 해빙기 이후 남부에서, 야생 삼림순록은 동부에서 각각 격리되어 진화했음을 보여준다.

현대 순록의 미토콘드리아 DNA 분석 결과에 따르면, 순록은 페노스칸디아와 시베리아에서 각각 가축화된 것으로 나타난다. 고고학적 기록은 페노스칸디아에서의 순록 가축화 계통이 1400~1600년경에 나타나고, 시베리아에서는 기원전 3900년경까지 거슬러 올라감을 보여준다. 그러나 여러 유전적 증거는 시베리아에서 가축화된 순록이 페노스칸디아 지역으로 전파되었을 가능성 역시 무시할 수 없음을 시사한다.

전체 순록의 절반은 야생

순록의 먹이에 관한 고고학적 연구는, 야생 순록의 먹이와 가축화된 순록에게 인간이 제공한 보조 사료의 차이를 뼈 성분 분석을 통해 밝히는 데 초점을 맞춘다. 자연 상태의 야생 순록은 계절에 따라 지의류, 버섯을 포함한 200종 이상의 식물을 섭취하며, 이들 식물은 대부분 탄소 함량이 높다. 반면, 가축화된 순록은 방목 중에는 자발적으로 먹이를 찾고, 먹이가 부족한 계절에는 건조 지의류, 나뭇가지, 풀, 사초 등으로 구성된 보조 사료를 인간에게서 제공받는다. 이러한 보조 사료는 상대적으로 질소 함량이 높다. 페노스칸디아 지역에서는 11~13세기 사이에 이러한 뼈 성분의 차이가 확인된다.

일을 위해 가축화된 순록은 야생 순록과 달리 노동에 적응한 골격 변화를 보인다. 따라서 신체 특정 부위의 골격 변화를 분석하면 가축화 여부를 판단할 수 있다. 북부 핀란드 지역에서는 이미 14세기에 노동용 순록이 존재했다는 증거가 발견되었으며, 대부분의 사례는 1400년에서 1700년 사이에 해당한다.

먹이를 위한 가축화 경로의 경우, 인간이 순록의 고기와 털가죽을 중요하게 여긴 데서 비롯되어 순록을 집단 사육하는 방향으로 발전했다. 반면, 시베리아 지역처럼 운반이나 교통수단으로 순록을 활용한 경우 '유도 경로'를 통해 가축화가 이루어졌다. 사미족이 거주하는 페노스칸디아 지역에서는 시베리아에서 습득한 가축화 방법을 바탕으로, 먹이 경로와 유도 경로 두 가지 방식을 모두 거쳐 가축화가 이루어진 것으로 추정된다.

북서 러시아의 한 매장지에서 발견된, 사미족의 썰매 형태로 추정되는 잔해를 분석한 결과, 그것이 3,500년 이상 되었음이 밝혀졌다. 또한 시베리아 지역에서 발견된 썰매용 도구를 분석한 결과, 이 지역에서 순록의 가축화는 기원전 260년경부터 기원후 140년경 사이에 이루어진 것으로 보인다.

일부 학자들은 순록의 가축화가 중석기 시대에 시작되었다고 추정하지만, 일반적으로는 북부 페노스칸디아에서의 가축화는 후기 철기 시대[800~900년경]에 시작된 것으로 여겨진다. 시베리아에서는 기원전 1500년경에 가축화가 시작되었을 가능성이 제기된다.

현재 전 세계 순록 개체군의 절반 정도는 가축화되었거나 반가축화된 상태로 간주된다. 그러나 순록의 정확한 가축화 시기는 고고학적으로 아직 명확히 밝혀지지 않았다. 최근의 유전학적 자료는, 사미족이 사는 페노스칸디아 지역과 사모예드족이 사는 서부 러시아 지역에서 각각 독자적으로 순록의 가축화가 이루어졌음을 보여준다.

부분적으로 가축화된 순록이 수천 년 전 시베리아 남부의 우랄산맥 동쪽에서 나타나 다른 지역으로 퍼져갔다는 주장이 존재하지만, 현재로서는 각각의 지역에서 독립적으로 가축화되었다는 견해가 더 설득력을 얻고 있다.

한편 북아메리카와 그린란드 지역에서는 원주민들에 의한 순록 가축화 시도가 전혀 없었으며, 북아메리카는 19세기에 시베리아에서, 그린란드는 20세기에 노르웨이에서 가축화된 순록이 들어왔다.

순록의 코가 붉게 변하는 이유

순록은 태생부터 달리는 동물이다. 이들은 최대 시속 113킬로미터로 달릴 수 있으며, 늑대보다도 빠르다. 따라서 순록은 속도의 상징으로서 시간의 소중함을 일깨워준다. 부정적인 생각이나 무의미한 활동에 시간을 허비하는 일은 인생을 낭비하는 것과 다름없다는 사실을, 순록은 우리에게 깨닫게 한다. 아울러 현실 세계는 경쟁 속에서 빠르게 성취해야만 포식자들을 밀어낼 수 있다는 점도 보여준다.

순록은 여행의 상징이기도 하다. 이들은 좋아하는 이끼, 식용 식물, 버섯류, 고사리류, 풀, 새싹, 나뭇잎 등을 찾아 매년 약 5,000킬로미터를 이동하는 것으로 알려져 있다. 따라서 순록은 미지의 세계를 향한 여정과 그 속에서 마주하는 고난마저 삶을 풍요롭게 만드는 것임을 일러준다.

순록은 빠르기만 한 것이 아니라 매우 강인한 동물이기도 하다. 북극 지역의 혹독한 기후 속에서 늑대, 곰, 여우, 독수리, 코요테 등 여러 포식자로부터 자신을 지키며 살아가는 순록은 그 자체로 강인함을 상징한다. 순록은 우리에게 때로는 강해져야 한다는 사실을 일깨우며, 어떤 일을 지나치게 고민하는 것이 오히려 행동으로 옮기는 것보다 더 해로울 수 있다는 점도 가르쳐준다. 순록의 정신은 문제를 향해 주저 없이 돌진하는 것이다.

순록은 또한 적응력의 상징이다. 환경에 잘 적응하는 순록은 극한의 조건 속에서도 생존하고 번성할 수 있다. 이들은 수영을 잘하며, 온몸이 두꺼운 털로 덮여 있어 눈이 많이 내리는 환경에서도 생존할 수 있다. 반면 코에는 털이 덜 나 있어 냄새를 잘 맡을 수 있으며, 코 내부에는 모세혈관이 발달해 추운 환경에서도 코의 온기를 유지할 수 있다. 그래서 사람처럼 추울 때 코가 붉게 변한다.

순록은 통찰력을 상징한다. 순록은 시력이 뛰어나 눈부신 겨울 풍경 속에서도 사물을 식별할 수 있다. 이는 낮이 전혀 없거나 밤이 없는 시기가 주기적으로 찾아오는 북극 지방에서 매우 유용한 능력이다. 순록의 눈은 이러한 극단적인 빛의 변화에 적응되어 있다. 겨울에는 눈이 진한 청색으로 변해 어둠 속에서도 잘 볼 수 있으며, 여름에는 금빛 갈색으로 변해 백야 속에서도 사물을 구별할 수 있다. 더욱이 순록은 인간과 달리 설치류나 박

쥐처럼 자외선을 볼 수 있다. 순록이 먹는 지의류나, 늑대나 순록이 영역을 표시하기 위해 분비하는 오줌은 자외선을 흡수한다. 그 덕분에 순록은 황량해 보이는 은백색 황무지 속에서도 먹이를 찾아내고, 포식자를 피해 살아갈 수 있다. 이러한 특별한 시력 덕분에 순록은 통찰력을 상징하기도 한다. 만약 순록이 당신의 삶에 나타나거나 어떤 일에서 관심을 끈다면, 그것은 당신이 통찰력이나 선견지명 같은 특별한 능력을 지닌 사람이라는 신호일 수 있다. 순록이 당신에게 특별한 의미로 다가온다면, 그것은 당신이 직관을 연마하라는 초대를 받은 것일 수 있다.

순록은 공동체를 상징하기도 한다. 이들은 수십 마리에서 수만 마리에 이르는 큰 무리를 이루며 여행하는 매우 사회적인 동물이다. 순록은 '함께하면 힘이 된다'는 개념을 구체적으로 보여준다. 따라서 인생에 순록이 나타난다는 것은, 친밀한 관계를 소중히 여기라는 메시지일 수 있다.

해마다 뿔을 바꾸는 순록은 쇄신의 상징이다. 순록은 우리에게 모든 낡은 것은 새로워질 수 있다는 믿음을 가르쳐준다. 우리에게 부서진 것조차도 다시 세울 힘이 있으며, 죽음조차도 영혼의 영원함을 깨닫게 하는 하나의 과정임을 일깨워준다.

또한 순록은 위엄을 상징한다. 순록은 장엄하게 큰 뿔로 유명하다. 특히 수컷 순록은 우리가 누구인지, 어디에서 왔는지, 무엇을 위해 헌신하고 있는지를 스스로 깨닫게 하여, 자기 자신에 대한 자부심을 느끼게 한다. 순록은 우리가 충분한 대가를 치른 끝에, 마침내 자신의 머리에 얹을 '영광의 왕관'을 얻었다는 것을 상기시켜준다.

순록은 지혜, 풍요, 영리함, 지식, 창의성, 독창성을 상징한다. 순록이 눈 덮인 땅을 헤치며 먹이를 찾는 모습은, 원주민들에게 약초를 찾아내는 것 같은 지혜로운 행위로 비치고, 그로 인해 순록은 밝은 지식의 상징으로 여겨졌다.

또한 순록은 인내의 상징이다. 억센 뿔, 두툼한 털가죽, 그리고 강한 신체 덕분에 순록은 거친 북극 기후를 견뎌낸다. 이들은 지치지 않고 수 킬로미터를 걸을 수 있으며, 해마다 장거리를 이동한다. 이러한 놀라운 인내심 덕분에 순록은 우수한 썰매 동물이 되었다. 따라서 순록은 우리에게 지금 하는 일을 계속하며 강하게 버티라고 일깨운다.

만약 실생활이나 예술, 문학, 미디어 등에서 순록을 접한다면, 그 만남에 주목해야 한다. 우연은 없다. 영적 동물로서 순록은 영혼의 여정에 다양한 메시지를 전해줄 수 있다. 순록이 당신의 영적 동물이라면 이는 당신이 친구, 가족, 공동체를 소중히 여기는 사람이라는 것을 의미한다. 당신은 강인하고 회복탄력성이 뛰어나며, 세심하고 통찰력 있는 사람이다. 무엇보다도 다른 사람들이 지나치는 미세한 에너지와 분위기까지 감지해내는 섬세한 감각을 갖고 있을 확률이 높다.

순록은 인간과 오랜 시간 가까이 지내왔기에, 사람들은 이들에게 친근함과 동시에 특별한 감정을 느낀다. 조력 동물로서 순록은 그들의 열정적인 특성으로 우리에게 힘을 북돋운다. 따라서 여행 중 행운과 안전을 원할 때, 힘든 시기에 인내를 위한 추가적인 노력이 필요할 때, 손실이나 실패 이후 삶에서의 회복을 원할 때, 사회적 네트워크나 공동체로부터 더 많은 지원이 필요할 때, 또는 어떤 상황에서 통찰과 비전을 구할 때, 순록에게 도움을 요청할 수 있다.

순록 타투는 강인한 생존력과 적응력을 상징하며, 가족과 공동체에 대한 사랑, 그리고 영적 성장을 추구하는 의지를 나타낸다.

영적 인도자

순록은 유럽, 아시아, 아메리카 전역에 걸쳐 서식하기 때문에, 이들 지역에는 순록과 관련된 다양한 신화와 민속 이야기가 전해져 내려온다. 순록을 뜻하는 영어 단어 'reindeer레인디어'는 고대 스칸디나비아어 'hreindyri'에서 유래했으며, 이는 '뿔 달린 동물'을 뜻한다. 한편, 북아메리카 원주민 알곤킨족의 단어 'yalipu야리푸'에서 유래한 'caribou캐리부'는 '눈을 치우는 도구'라는 뜻을 가진다. 이는 순록이 먹이를 찾기 위해 눈을 헤치며 움직이는 모습이 마치 눈을 치우는 것처럼 보여 붙여진 이름이라고 전해진다.

아메리카 원주민 문화에서 순록은 자연과 깊은 연관성을 상징한다. 순록은 인내심과 인도引導를 구체화하며, 조화와 성장, 계절의 순환을 전달하는 존재로 여겨진다. 이처럼 원주민 문화는 순록이 자연 세계와 조화를 이루고, 회복탄력성을 북돋우며, 문제를 헤쳐 나가는 능력으로부터 지혜를 배운다고 믿는다.

유럽 최북단 지역인 페노스칸디아에 사는 사미족의 전설에 따르면, 먼 옛날 태양은 천상의 순록 무리와 썰매를 가지고 있었다. 처음에는 거대한 곰이 썰매를 끌며 하늘을 가르자 햇빛이 매우 밝아져 여름이 되었고, 곰이 지치자 순록 수컷이 대신 썰매를 끌었다. 이때 햇빛은 점차 약해졌다. 이후 수컷이 지치자 순록 암컷이 썰매를 끌었고, 암컷은 수컷보다 힘이 약해 햇빛이 더욱 흐려져 마침내 겨울이 찾아왔다는 이야기다.

사미족은 흰 순록에게 특별한 의미를 부여한다. 그들은 흰 순록이 부와 행운, 행복을 가져다준다고 믿는다. 전해지는 이야기에서 흰 순록의 혈관은 강이 되고, 털가죽은 숲이 되며, 뿔은 산맥이 되었다. 사미족에게 순록은 심오한 영적 의미를 지닌 존재이다. 이들은 순록이 자연과 조화로운 공존, 역경 속에서의 회복력, 그리고 모든 피조물 간의 상호 연결성을 구현한다고 믿는다. 따라서 순록의 존재는 대지와의 유대를 강화하고 영적인 삶을 인도해주는 존재로 여겨진다.

노르웨이 신화에서 최고신 오딘은 순록이 끄는 썰매를 타고 다니는 모습으로 묘사된다. 순록은 오딘과 깊이 연결되어 변신과 여행, 영적 세계, 그리고 지혜를 상징한다. 더 나아가 순록은 인생의 역경 속에서도 적응하고 이를 극복해나가는 능력의 상징으로 여겨진다.

시베리아 문화에서 순록은 영적 인도자로 존경받는다. 순록은 지상 세계와 영적 세계를 연결하는 중계자로 여겨지며, 인간에게 보호와 인도를 제공하는 존재로 간주된다. 샤먼들은 이 두 세계를 이어주는 존재로서 순록의 상징적 권능을 활용한다.

퉁구스족 문화에서는 순록이 사후세계에서 영혼을 인도하는 신성한 메신저로 등장한다. 그들은 순록이 쇄신과 생식력을 상징하며, 인간과 영적 세계 간의 교통을 가능하게 한다고 믿는다. 순록을 통해 육체적 세상을 넘어 여행을 계속할 수 있다는 믿음을 품고 있다.

이누이트족의 전설에 따르면, 시간이 시작되기 전 세상에는 단한 남자와 한 여자가 존재했다. 여자는 땅을 파서 물을 찾기 시작했고, 물고기도 발견하기 시작했다. 마침내 그녀는 물고기뿐 아니라 온갖 동물을 웅덩이에서 끌어 올렸다. 마지막으로 순록을 끌어냈고, 순록을 풀어주자 더 많은 순록이 태어났다. 남자와 여자는 순록을 사냥하기 시작했고, 이후 더 많은 사람이 세상에 생겨났다.

그러나 사람들은 가장 크고 강한 순록만을 사냥하는 실수를 저질렀고, 곧 세상에는 병들고 약한 순록만 남게 되었다. 사람들 또한 약해지고 병들기 시작했다. 그들은 순록의 정신을 존중하지 않았다. 이에 여자는 늑대 정령에게 사람들을 도와달라고 기도했다.

늑대가 나타나 사람들에게 자신이 사냥하는 방법을 보라고 했다. 늑대는 병들고 약한 순록만을 사냥했다. 그 결과, 순록들은 다시 건강해지기 시작했다. 사람들은 순록이 늑대를 먹여 살리고, 늑대는 순록을 강하게 만들어 그들의 생명력을 되살린다는 사실을 깨닫게 되었다.

이누이트 전설에 따르면, 세상이 아직 형성되던 시기에 '국'이라는 여인이 동물들을 창조하고자 했다. 그녀는 자신의 물개 가죽 외투를 벗어 숨을 불어넣었고, 그 결과 해마 형태의 동물이 탄생했다. 이 해마는 오늘날 우리가 아는 해마처럼 생겼지만, 거대한 엄니 대신 머리 위에 매우 큰 뿔을 지니고 있었다. 이 뿔은 카약을 타고 사냥하는 사냥꾼들에게 큰 골칫거리였다. 해마가 뿔로 카약을 뒤엎었기 때문이다.

그다음 국은 자신의 물개 가죽 바지에 숨을 불어넣어 또 다른 동물을 만들기로 했다. 그녀는 순록을 창조했는데, 이 순록은 뿔 대신 엄니를 지니고 있었다. 이것 또한 인간에게는 큰 골칫거리였다. 그래서 국은 동물들의 특징을 조금 바꾸기로 했다. 그녀는 해마와 순록의 뿔과 엄니를 서로 바꾸어 다시 세상에 보냈다. 그러자 순록은 사람들에게 뿔로 해를 끼쳐 꾸짖음을 받게 되었다. 그로 인해 순록은 가능한 한 인간에게서 멀리 떨어진 곳에서 살아가게 되었다.

또 다른 이누이트 전설에 따르면, 모든 동물의 생존과 안녕을 돌보는 영적 인도자 또는 '동물 지도자'들이 존재했다. 이들은 이누이트족에게 식량과 재료를 얻기 위한 사냥을 허락하는 존재였다. 그중 카리부맨Caribou Man은 순록 여인을 사랑하게 된 이누이트족 남자로, 그녀와 사랑에 빠진 끝에 결국 자신도 순록이 되었고, 이후 동물 지도자가 되었다.

이누이트족이 순록을 사냥하기 전에는 반드시 긴 의식을 통해 순록에게 존경을 표해야 했다. 만약 이를 생략하면 카리부맨이 분노하여 동물들을 거두어들이고, 이누이트족은 사냥하지 못해 굶주리게 된다. 이 때문에 카리부순록는 생명과 모든 생물에 대한 존중을 상징하게 되었다.

아메리카 원주민 문화에서 순록은 여행과 마법적 능력의 동의어로 여겨진다. 오지브와족의 전설에 따르면, 순록이 휴런호수 근처의 마법 같은 지역에서 물 위를 걸었다고 전해진다. 결국 사람들도 물 위를 걷는 법을 배워, 순록을 사냥할 수 있게 되었다고 한다.

왕관 같은 뿔

순록의 존재는 일생에 걸친 영혼의 지속성을 암시한다. 순록은 영적 성장의 순환성을 반영하며, 삶의 여정이 개별 영혼을 넘어 끊임없이 이어진다는 믿음을 보여주는 상징이 된다. 목적에 이끌리는 실존이 신앙과 연결되어 있음을 보여주는 존재가 바로 순록이다. 거친 환경을 우아하게 누비는 모습은 고귀한 부름에 헌신하고 회복력을 발휘해야 함을 구체화한다.

이 장엄한 동물은 동료들의 감정과 경험에 공명하는 깊은 이입 능력을 지녔다. 이러한 공감적 연결은 모든 생명이 서로 연결되어 있음을 일깨우며, 존재의 일치로 나아가는 길에 의미를 부여한다.

직관적 감지 능력을 타고난 순록은 초자연적인 방향 감각을 통해 야생 환경을 헤쳐 나간다. 이 자질은 우리에게 자신의 직관을 믿으라는 메시지를 전하며, 심오한 영적 지혜를 반영한다. 순록은 자연의 리듬과 조화를 이루듯, 우주의 진리와 어우러지는 춤을 상징한다. 이들의 존재는 우리 삶이 존재의 아름다움을 받아들이면서, 우주의 질서와 동시성을 갖추도록 일깨워준다.

순록은 강인한 존재이기 때문에 '믿음'이라는 개념을 구체화한다. 순록은 결코 포기하지 않기에 우리가 삶의 어려움에 직면할 때 긍정의 힘이 우리를 도울 수 있다는 믿음을 가져야 함을 상기

시킨다. 우리가 경험하는 모든 교훈은 영적 깨우침을 향한 길 위에 있으며, 그 길을 계속 나아가도록 영적 성장을 격려한다. 순록의 뿔이 해마다 떨어졌다가 다시 자라는 것은 희망과 구원의 상징이 된다.

영혼의 차원에서 보면, 우리가 과거에 어떤 실수를 저질렀든 언제나 영적 구원의 기회가 있으며, 하느님과 깊은 일치를 누릴 수 있다. 순록은 영적 성장과 승화를 상징하며, 그 거대한 뿔은 영적 성장과 후광을 키워주는 상징임을 일깨운다. 순록의 왕관 같은 뿔은 우리 자신의 영적 에너지를 상기시키는 물리적 표현이다. 다양한 영적 전통에서는 득도한 영혼을 머리와 몸에서 금빛 후광을 발산하는 모습으로 묘사한다. 우리는 생각과 말, 행동을 통해 끊임없이 자신의 영적 파동을 우주로 발산하고 있다. 따라서 다른 이들에게 긍정적으로 다가가고, 사랑과 관심을 표현함으로써 우리는 우주로 금빛 에너지를 보내는 것이다.

동물 토템은 각 동물이 상징하는 긍정적인 요소를 구체화한 유익한 부적이며, 보호의 상징으로도 사용된다. 순록은 키르기스스탄에 사는 투르크계 민족인 키르기스족의 토템이며, 아메리카 원주민인 오지브와족도 순록을 토템으로 삼고 있다. 순록 토템은 상황에 따라 자신감을 끌어올릴 필요가 있을 때 도움이 된다. 순록의 뿔은 위엄과 자존심을 상징한다. 머리에 왕관을 쓰고 당당히 서 있는 모습을 떠올려보라. 순록 토템은 감정적이거나 영적인 보호가 필요할 때 유용한 상징물이다. 또한 나쁜 관계나 위험한 작업 환경 등에서 신속히 벗어나야 할 필요가 있을 때 도움을 줄 수 있다.

순록 토템을 지닌 사람은 강한 지도자의 에너지를 가지고 있어, 불확실한 시기에 다른 이들이 의지할 수 있는 자연의 인도자다. 이들은 가족을 최우선으로 여기며, 친밀한 가족 관계를 육성해 전통으로 이어가고, 어려운 시기에도 흔들림 없이 가족을 지지한다. 뛰어난 소통 능력을 지닌 이들은 집단 내에서 자기 생각을 효과적으로 전달하고, 외교적으로 갈등을 조율할 줄 안다. 이들은 공동체 중심의 단체 행동가로서 협력에 편안함을 느끼고, 연대 의식을 쉽게 형성한다. 또한 마음이 넓고 인자한 성격을 지녀 다른 사람을 격려하고 나누는 것을 좋아한다. 이들은 탐험과 새로운 전개, 자유를 갈망하기 때문에 한곳에 오래 머무르면 불안해질 수 있다. 그와 동시에 강인한 정신력으로 역경을 견디고 어려움을 헤쳐 나가는 깊은 내적 강인함의 원천을 지니고 있다.

2 순록이 주인공인 우화들

🦌 순록 버니

순록 버니는 별로 인기가 없었다. 아마도 특별한 능력이 없었기 때문일 것이다. 버니는 전혀 일을 할 줄 몰랐고, 산타클로스는 그에게 어울리는 임무를 찾는 데 애를 먹었다. 버니는 눈에 띄는 것을 싫어했다. 그래서 산타클로스는 생각했다. '그래, 꼬마 요정들과 장난감을 만드는 공작실에 보내는 게 좋겠군.' 하지만 버니의 뿔이 너무 커서 모든 것에 부딪히며 물건들을 쓰러뜨리곤 했다. 꼬마 요정들은 몹시 화가 났다. 이에 산타는 다시 생각했다. '버니를 주방에 보내자. 크리스마스 만찬 준비를 도울 수 있을 거야.' 하지만 버니는 먹는 걸 너무 좋아했다. 보는 것마다 입에 넣었고, 칠면조도 채소도 모조리 먹어치웠다. 심지어 식탁까지도 먹어버렸다. 버니는 주목받는 걸 싫어했지만 이야기하는 것은 무척 좋아했다. 사실 버니는 항상 이야기를 멈추지 않았다. 산타는 문득 생각했다. '잠깐, 우리에게 북극에서 전화를 받을 사람이 필요해. 사람들은 늘 전화를 하니까. 버니라면 그 일을 완벽히 해낼 거야.' 그렇게 버니는 새로운 전화 담당자가 되었다.

졸린 순록

　바블은 산타클로스의 어린 순록이었다. 바블은 태어난 지 3개월밖에 안 되어 아직 뿔이 없었다. 바블은 산타의 순록 중에서 유일하게 날지 못했다. 산타클로스의 순록들이 날 수 있는 것은 뿔에서 신비한 힘이 나오기 때문이다. 어린 바블은 자기 뿔이 빨리 자라서 산타클로스의 썰매를 끌 수 있게 되기를 꿈꿨다. 그러나 꿈에서 깨어난 바블은 자기 뿔이 아직 보이지도 않는다는 것을 깨달았다.

　어느 날 아침 바블이 꿈에서 깨어났을 때 산타클로스가 옆에 있었다. 바블은 외쳤다. "산타, 저는 또다시 꿈을 꿨어요. 제 뿔이 다 자라서 산타와 함께 선물을 나눠주고 있었어요. 하지만 제 뿔은 아직…" 바블이 말을 멈추자 산타클로스가 다정하게 대답했다. "걱정하지 마렴, 바블. 네 꿈은 곧 이루어질 거야. 조금만 더 참으면 된단다." 그날 밤, 바블은 깊이 잠들었고 산타클로스는 바블이 깨지 않도록 조심스럽게 안아 썰매 뒷자리에 눕혔다.

그날 밤은 매우 특별한 날이었다. 산타클로스가 빨간 옷을 입고 꼬마 요정들이 1년 내내 만든 선물들을 집집마다 다니며 나눠주는 크리스마스이브였기 때문이다. 모든 것이 준비되었다. 장난감 선물로 가득한 자루가 기다리고 있고 산타클로스는 바블을 뒷자리에 눕혀놓고 자기 자리에 앉았다. "호호호!" 산타클로스는 소리쳤고 순록들은 하늘로 뛰어올랐다. 그때 바블이 눈을 뜨고 자신이 탄 산타클로스의 썰매가 하늘 높이 날아오르는 것을 보았다. 산타클로스는 바블을 돌아보며 말했다. "보았니, 어린 순록아! 너도 머지않아 내 썰매를 끌 수 있을 거야. 너의 꿈이 이루어지기 위해 뿔이 자랄 때까지 기다릴 필요는 없단다."

수사슴과 포도나무

사냥꾼에게 쫓기던 수사슴이 포도나무 덩굴에 몸을 숨겼다. 사냥꾼이 사슴을 찾지 못하고 지나쳤다. 이제 안전해졌다고 생각한 사슴은 자기를 가려준 나뭇잎들을 훑어 먹기 시작했다. 부스럭거리는 소리를 들은 사냥꾼은 사슴이 덤불 속에 있음을 알고 돌아서서 총을 쏴 수사슴을 죽였다. 사슴은 죽으면서 중얼거렸다. "내가 참지 못해 나를 위험에서 지켜준 포도나무 잎을 뜯어먹은 배은망덕 때문에 죽는구나."

새끼 사슴과 어미

어느 날 새끼 사슴이 엄마에게 궁금한 것을 물어보았다. "엄마, 우리는 개보다 훨씬 크고 빠르잖아요. 게다가 엄마는 자신을 보호할 수 있는 뿔도 가지고 계시는데, 왜 사냥개를 그렇게 무서워하세요?" 어미 사슴은 새끼를 다정하게 바라보며 대답했다. "얘야, 엄마도 네 말이 맞다는 걸 알고 있단다. 우리가 개들보다 더 크고 빠른 것도, 뿔이 있다는 것도 말이야. 하지만 사냥개가 짖는 소리를 듣는 순간, 엄마의 몸은 저절로 반응하게 되어 있어. 이유를 생각할 틈도 없이 다리가 움직여서 최대한 빠르게 도망치게 만들어졌단다."

애꾸눈 암사슴

한쪽 눈이 보이지 않는 애꾸눈 암사슴이 있었다. 사슴은 바다 근처에서 풀을 뜯었다. 보이는 눈으로는 육지를 보고, 보이지 않는 눈은 바다 쪽을 향하면 안전할 것이라고 생각했기 때문이다. 그러나 배에서 노를 젓던 선원이 바다 쪽에서 암사슴을 보고 총을 쐈다. 마지막 숨을 쉬면서 암사슴이 한탄했다. "난 얼마나 운이 나쁜가! 위험할 거라고 생각한 육지는 안전했고, 안전할 거라고 생각한 바다에서 적을 만났구나."

🦌 아픈 수사슴

병든 수사슴은 쉽게 먹이를 구할 수 있도록 숲 근처 풀밭에 누워 힘을 회복하고 있었다. 수많은 동물이 그를 찾아와 풀밭의 풀을 조금씩 뜯어 먹었고, 결국 풀밭은 모두 사라지고 말았다. 수사슴은 병에서 회복했지만 먹이가 없어 결국 목숨을 잃고 말았다.

🦌 풀장의 수사슴

어느 여름날 수사슴이 갈증을 달래기 위해 풀장에 가서 물을 마시려고 서 있다가 물 위에 비친 자신의 모습을 봤다. 사슴은 "내 뿔에는 아름답고 강인함이 있는데 이 연약하고 날씬한 다리는 꼴사납구나!" 하고 말했다. 자연이 그에게 준 모습에 투덜대는 동안 사냥꾼과 사냥개가 다가오고 있었다. 그토록 불평을 쏟아내던 다리 덕분에 사슴은 추격자를 피해 달아날 수 있었다. 하지만 허영심을 부추기던 뿔 탓에 사슴은 덤불에 걸려 잡히고 말았다.

🦌 수사슴, 늑대 그리고 양

한 수사슴이 양에게 밀 한 되를 빌려달라며 "늑대가 보증을 서
줄 거야"라고 말했다. 그러나 양은 사기당할 것을 염려해 거절하
며 이렇게 답했다. "늑대는 욕심나는 것을 낚아채 도망가기 일쑤
고, 너는 나보다 훨씬 빠르지. 빚 갚는 날에 내가 어떻게 너희 둘
을 붙잡아 올 수 있겠니?"

🦌 암사슴과 사자

암사슴이 사냥개에게 쫓기다가 안전하게 피하려고 굴속으로
숨었다. 불행하게도 굴에는 사자가 있어 잡아먹혔다. 사슴은 탄
식했다. "아 나는 왜 이렇게 불행한가. 개의 위협으로부터 겨우 피
해서 사자의 품 안으로 들어가다니."

🦌 사자, 여우 그리고 수사슴

사자가 아파서 굴 안에 누워 있는 바람에 식량을 구할 수가 없
었다. 사자는 여우를 불러 "저쪽 숲에 가서 큰 수사슴을 여기로

데려와. 수사슴의 심장과 뇌를 저녁으로 먹을 테니까"라고 말했다. 여우는 숲으로 가서 수사슴에게 말했다. "친애하는 사슴님, 당신은 운이 좋습니다. 우리의 왕, 사자를 아시죠? 그분이 지금 돌아가시게 되어 당신을 모든 동물을 다스리는 자신의 후계자로 지명했습니다. 이 희소식을 가장 먼저 전한 사람이 바로 저라는 걸 잊지 마세요. 저는 지금 사자님께로 돌아가야 합니다. 만약 제 충고를 받아들이신다면, 곧 오셔서 그분의 마지막을 함께하시길 바랍니다." 수사슴은 매우 우쭐해져 의심 없이 여우를 따라 사자의 굴로 향했다.

수사슴이 굴에 들어서자마자 사자가 그를 덮쳤다. 그러나 사자는 거리를 잘못 판단하여 수사슴을 제대로 덮치지 못하였고, 수사슴은 귀만 찢긴 상태로 재빨리 숲으로 도망쳤다. 무척 실망한 사자는 여우에게 한 번 더 수사슴을 자기 굴로 유인해 오라고 했다. "이번에는 거의 불가능할 겁니다. 하지만 시도는 해보지요." 여우가 말했다.

여우는 다시 숲속으로 가서 수사슴을 발견했다. 수사슴은 여우를 보자마자 소리쳤다. "이 사기꾼! 왜 나를 죽음으로 몰아넣으려 드는 거야? 당장 꺼져! 그렇지 않으면 내 뿔로 들이받아 죽여버릴 테니까!" 하지만 여우는 아주 뻔뻔하였다. "이런 겁쟁이를 다 봤나. 설마 사자님께서 당신을 해치려 했다고 생각하는 건 아니겠지요? 그분은 당신이 겁먹은 토끼처럼 달아날 때, 사실 당신귀에 왕의 비밀을 속삭이려 했던 것뿐이에요. 그런데 당신은 오히려 그분을 모욕하고 말았어요. 지금이라도 다시 돌아가 강한 정신력을 보여드리지 않는다면, 아마 그분은 늑대를 왕으로 세우고 말 거예요. 걱정 마세요. 제가 그분이 당신을 다치게 하지 않도록 약속드리겠습니다. 그리고 앞으로 제가 당신의 충직한 신하가 되겠습니다."

어리석은 수사슴은 또 여우에게 속아 사자에게로 돌아갔다. 이번에 사자는 실수하지 않고 수사슴을 잡아 만찬을 즐겼다. 그동안 여우는 기회를 노려 사자가 보지 않을 때 수사슴의 뇌를 보상으로 훔쳐 갔다. 사자가 수사슴의 뇌를 찾으려 했지만 아무리 찾아도 보이지 않자, 여우가 말했다. "뇌를 찾으시려는 건 헛수고입니다. 사자 굴에 두 번씩이나 들어올 만큼 어리석은 놈에게 뇌가 있을 리 없잖아요."

'길'을 잃지 않게 하는 인생의 바닥짐

거친 파도가 몰아치는 바다에서 배가 안전하게 항해하려면 어떻게 해야 할까? 배 아래쪽에 '바닥짐^{ballast}'이라는 적당한 무게의 짐을 실어야 한다. 그래야 배가 균형을 잃지 않고 흔들리는 파도 속에서도 중심을 잡을 수 있다. 우리 삶도 똑같다. 인생의 크고 작은 어려움들을 견뎌내려면 우리 역시 적당한 무게의 짐을 짊어지고 살아가야 한다. 그 짐의 무게를 느끼며 살아가는 것, 그것이 우리가 인생에서 중심을 잡고 살아가는 방법이다.

그런데 생각해보자. 우리에게 필요한 이 짐들은 과연 무엇일까? 때로는 우리를 힘들게 하는 어려움이나 시련일 수 있고, 때로는 우리를 도와주는 축복이나 행운일 수도 있다. 결국 살면서 마주치는 모든 일들은 우리가 그것을 어떤 시선으로 바라보느냐에 따라 완전히 다른 의미가 된다.

재미있는 이야기가 하나 있다. 산딸나무는 예수를 못 박는 십자가의 재료로 쓰였는데, 이로 인해 저주를 받아 키가 작아졌다는 것이다. 하지만 다른 시각에서 보면 어떨까? 산딸나무의 네 개 꽃잎은 십자가를 닮았고, 가운데 꽃술은 가시관 같기도 하다. 그래서 이 나무를 오히려 축복받은 나무라고 보는 사람들도 있다. 똑같은 나무인데 어떻게 바라보느냐에 따라 저주받은 나무가 되기도 하고, 축복받은 나무가 되기도 하는 것이다.

찰스 스윈돌^{Charles Swindoll} 목사가 한 말이 생각난다. "인생은 우리에게 일어난 일 10퍼센트와 그에 대한 우리의 반응 90퍼센트로 이루어진다." 정말 그런 것 같다. 인생에서는 무슨 일이 일어났느냐보다 우리가 그 일에 어떻게 반응하느냐가 훨씬 중요하다. 우리가 짊어지고 살아가는 인생의 짐들도 마찬가지다. 그것을 어떤 마음으로 받아들이느냐에 따라 우리를 괴롭히는 저주가 될 수도 있고, 우리를 성장시키는 축복이 될 수도 있다.

'든'든함을 만드는 협력의 힘

무거운 짐을 혼자서 끙끙대며 지고 가는 것보다 함께 나누어 지는 것이 얼마나 좋은가. 짐은 가벼워지고, 동행하는 사람들과

 가축들

의 유대는 더욱 깊어진다. 사실 인간은 동물 중에서도 유독 협력을 잘하는 종이다. 개미나 벌들도 협력하지만, 인간처럼 서로 다른 개체들이 각자의 장점을 살려 함께 일하는 경우는 드물다. 지구상에서 크게 번성한 생물들을 보면 대부분 혼자가 아니라 무리 지어 함께 살아가는 종들이다. 늑대는 함께 사냥하고, 고래들은 무리를 이루어 이동하며, 심지어 나무들도 뿌리로 연결되어 서로 양분을 나누어준다고 한다.

우리 인간에게 협력이란 단순히 일을 나누는 것 이상의 의미가 있다. 서로의 경험을 나누고, 지혜를 전수하며, 때로는 실수와 실패까지도 공유하면서 함께 성장해간다. "모든 것이 협력하면 선을 이룬다"는 말이 괜히 나온 게 아니다. 이 책도 바로 그런 협력의 아름다운 결실이다. 서로 다른 분야에서 평생을 걸어온 여러 저자들이 만나 각자의 경험담을 털어놓고, 실패와 성공의 이야기를 나누며, 그 속에서 길어 올린 지혜들을 한데 모았다. 단순히 책상 위의 지식을 나열한 것이 아니라, 살아온 세월 속에서 체득한 진짜 이야기들을 담으려 했다. 그런 진솔한 경험들이 모여 독자들에게도 실질적인 도움을 주는 살아 있는 지혜가 되기를 바랐다.

'세'상을 보는 넓은 시야

각 저자들은 자신이 오랫동안 공부하고 경험해온 분야의 지식과 지혜를 이 책에 담으려 애썼다. 요즘 젊은 사람들을 보면 자신의 전문 분야에만 깊이 빠져 있는 경우가 많다. 자연과학을 하는 사람은 자연과학만, 인문학을 하는 사람은 인문학만. 물론 전문성은 중요하지만, 그러다 보면 자칫 시야가 좁아질 수 있다. 이 책은 그런 아쉬움을 조금이나마 덜어보고자 하는 마음에서 시작되었다. 또한 살아가다 보면 누구나 고단하고 힘든 순간들을 맞이하게 된다. 그 무거운 시간을 조금이나마 가볍게 만들고자 했다. 해학과 지혜를 통해 삶의 짐을 덜어주고, 동시에 요즘처럼 정보가 넘쳐나는 시대에 자연과학과 인문학이 어우러지는 통섭적 사고의 가치를 보여주고자 했다. 특히 인간과 오래도록 함께하며 우리의 짐을 나눠 짊어진 가축들의 이야기를 통해, 독자들이 삶에 꼭 필요한 지혜를 새롭게 발견할 수 있기를 바랐다.

우리가 특히 신경 쓴 부분이 있다. 보통 우화라고 하면 동물을 의인화하여 교훈을 주려고 하지만, 정작 그 동물들의 실제 모습이나 특성에 대해서는 아무것도 알려주지 않는다. 그래서 우리는 우화 속 동물들이 어떻게 인간과 함께 살게 되었는지, 가축화 과정도 함께 소개했다. 이렇게 하면 독자들이 자연과학적 지식과 인문학적 지혜를 동시에 얻을 수 있지 않을까 해서다.

　배가 바닥짐으로 균형을 잡듯이, 우리도 삶의 무게 속에서 흔들리지 않도록 중심을 잡아야 한다. 때로 그 무게가 버겁고 힘들게 느껴질 때도 있겠지만, 그것이 결국 우리를 더욱 단단하게 만들고 삶에 깊이를 더해주는 소중한 바닥짐이 될 것이다.

　이 책이 여러분의 일상에 작은 위안을 주고, 삶을 돌아보는 성찰의 계기가 되었으면 좋겠다. 바라건대, 자연과 동물, 그리고 인간이 함께 써내려 가는 생명의 이야기 속에서 삶의 진정한 무게와 가치를 발견하시길 바란다.

1부 인간의 짐을 짊어진 가축

Amy Bogaard, Robin Allaby, Benjamin S. et al,. 2021. Reconsidering domestication from a process archaeology perspective. *World Archaeology*. 53(1): 56–77.

Carlos A. Driscolla, David W. Macdonalda, and Stephen J. O'Brienb, 2009. From wild animals to domestic pets, an evolutionary view of domestication. *PNAS*. June 16, vol. 106 suppl. 1. 9971–9978.

Drain, J., Orr, R., Billing, D. and Rudzki, S. Human dimensions of heavy load carriage. Land Warfare Conference 2010. Brisbane November 2010.

FAO. 2015. The Second Report on the State of the World's Animal Genetic Resources for Food and Agriculture, edited by B.D. Scherf & D. Pilling. FAO Commission on Genetic Resources for Food and Agriculture Assessments. Rome (available at http://www.fao.org/3/a–i4787e/index.html).

Germonpré, M., Sablin, M.V., Stevens, R.E., Hedges, R.E.M., Hofreiter, M., Stiller, Després, V. R. 2009. Fossil dogs and wolves from Palaeolithic sites in Belgium, the Ukraine and Russia: osteometry, ancient DNA and stable isotopes. *J. Archaeol. Sci.* 36:473–490.

Greger Larson and Dorian Q. Fuller. 2014. The Evolution of Animal

Domestication. *Annu. Rev. Ecol. Evol. Syst.* 66:115–136.

HSE. 2018. Manual handling assessment charts (the MAC tool).

Indrė Žliobaitė. 2019. Revisiting biogeography of livestock animal domestication. bioRxiv preprint doi: https://doi.org/10.1101/786442.

Jean–Denis Vigne. 2011. The origins of animal domestication and husbandry: A major change in the history of humanity and the biosphere. *Comptes Rendus Biologies*, 334:171–181.

Larson G and Fuller D.Q. 2014. The Evolution of Animal Domestication. *Annual Review of Ecology Evolution and Systematics*. 45:115–136.

Lee Alan Dugatkin. 2018. The silver fox domestication experiment. Evolution: Education and Outreach. 11:16.

MacHugh, D.E., Greger Larson and Ludovic Orlando. 2017. Taming the Past: Ancient DNA and the study of animal domestication. *Annual Review of Animal Biosciences*, 5:329–351.

Mannion, A.M. 1999. Domestication and the origins of agriculture: an appraisal. *Progress in Physical Geography*, 23(1):37–56.

Pascale Gerbaulta, Robin G. Allabyb, Nicole Boivinc et al. 2014. Storytelling and story testing in domestication. *PNAS*, 111:6159–6164.

Robert N. Spengler III. 2021. Niche construction theory in archaeology: A critical review. *Journal of Archaeological Method and Theory*. https://doi. org/10.1007/s10816–021–09528–4.

Thomas Cucchi and Benjamin Arbuckle. 2021. Introduction: Animal domestication: from distant past to current development and issues. *Animal Frontiers*. 11:6–9.

Zeder, M. A. 2017. Domestication as a model system for the extended evolutionary synthesis. *Interface Focus*, 7(5):20160133. http://dx.doi. org/10.1098/rsfs.2016.0133.

https://ergo–plus.com/niosh–lifting–equation–single–task/

https://www.highspeedtraining.co.uk/hub/manual–handling–weight–limits/

https://www.livestrong.com/article/380767–how–much–weight–can–the–average–man–lift/

https://www.thedoctorwillseeyounow.com/content/fitness/art4498.html

Price, Devon, *Laziness Does Not Exist*, 이현 옮김, 『게으르다는 착각』, 웨일북, 2022.

Klaas, Brian, Corruptible, 서종민 옮김, 『권력의 심리학』, 웅진지식하우스, 2022.

Klein, Stefan, *Wie wir die Welt verandern*, 유영미 옮김, 『창조적 사고의 놀라운 역사』, 어크로스, 2022.

안도 슌스케(安藤俊介), 송지현 옮김, 『정의감 중독 사회』, 또다른우주, 2023.

남기창, 이무하, 장애라, 조철훈, 『축산식품 윤리』, 유한문화사, 2018.

2부 말

Amber Dance. 2022. When Did Humans Domesticate the Horse? Only recently have scientists discovered exactly when and where the animal went from wild to tame. *Knowable Magazine.* May 19.

Dona Davis and Anita Maurstad. 2016. The Meaning of Horses: Biosocial Encounters. Routledge.

Hope B. Werness. 2006. Continuum encyclopedia of animal symbolism in world art. continuum IPC, Inc.

Owens Lily. 1981. The complete Brothers Grimm fairy tales. Avenel Books. New York.

Pablo Librado, Naveed Khan, Ludovic Orlando et al. 2021. The origins and spread of domestic horses from the Western Eurasian steppes. *Nature.* 598:634–640.

Rackha, A. 1912. Aesop's fables. Avenel Books.

Vera Warmuth, Anders Eriksson, Mim Ann Bower et al. 2012. Reconstructing the origin and spread of horse domestication in the Eurasian steppe. *PNAS*. May 7, 109(21):8202–8206.

https://doi.org/10.1073/pnas.1111122109

https://en.wikipedia.org/wiki/Sergeant_Reckless

https://fablesofaesop.com/tag/horse

https://pressbooks.pub/indiatinytales/chapter/chapter–1/

https://worldbirds.com/horse–symbolism/

https://www.uniguide.com/horse–meaning–symbolism–spirit–animal–guide

https://www.seoul.co.kr/news/seoulPrintNew.php?id=20081210028002

https://ko.wikipedia.org/wiki/%EC%A0%9C%EC%A3%BC%EB%A7%88

https://news.kbs.co.kr/news/view.do?ncd=5600581

https://tinnews.co.kr/serial_read.html?section=sc367&uid=12772

김병선, 『마학』, 대한미디어, 2016.

농촌진흥청 보도자료, 제주마, 오랫동안 독립적으로 진화했다, 2019. 11. 26.

문화재청, 「문화재 이야기 여행 천연기념물 100선」, 408–413, 2019.

박지원, 고미숙 옮김, 『열하일기(하)』, 그린비, 2008.

이평준, 「말의 상징」, 『모래놀이상담연구』 11(1):72–91, 2015.

제주특별자치도제주축산진흥원 홈페이지(https://jejuhorse.jeju.go.kr/main.do)

3부 당나귀

Alan R. Rudnick. 2013. Lessons from a Donkey. The Center for Christian Ethics at Baylor University.

Birgitta Kimura, Fiona B. Marshall, Shanyuan Chen et al. Ancient DNA from Nubian and Somali wild ass provides insights into donkey ancestry and domestication. *Proc. R. Soc.* B. doi:10.1098/ rspb.2010.0708.

Bough, J. 2013. Reflecting on donkeys: images of death and redemption. In J. Johnston & F. Probyn–Rapsey (Eds). Animal death. Sydney: Sydney University Press.

Changfa Wang, Haijing Li, Yu Guo, et al. 2020. Donkey genomes provide new insights into domestication and selection for coat color. *Nature Communications*. volume 11, Article number: 6014.

Evelyn T. Todd, Laure Tonasso–Calvière, Loreleï Chauvey et al. 2022. The genomic history and global expansion of domestic donkeys. *Science*, 377(6611): 1172(DOI: 10.1126/science.abo3503)

Hendrik Viviers. 2019. The 'wonderful' donkey–Of real and fabled donkeys. HTS Teologiese Studies/Theological Studies. ISSN: (Online) 2072–8050, (Print) 0259–9422.

Ianir Milevski and Liora Kolska Horwitz. 2020. Donkeys, domestication and early bronze age society. *Friends of ASOR*. Vol. VIII, No. 5.

Priyanthi Fernando. 2004. Donkeys and development: socio–economic issues in the use and management of donkeys. International Forum/or Rural Transport and Development.

Rackha, A. 1912. Aesop's fables. Avenel Books.

Stine Rossel, Fiona Marshall, Joris Peters, Tom Pilgram, Matthew D. Adams, and David O'Connor. 2008. Domestication of the donkey: Timing, processes, and indicators. *PNAS*, 105: 3715–3720.

Syed S. U. H. Bukhari, Sarah M. Rosanowski, Alan G. McElligott and Rebecca S. V. Parkes. Welfare Concerns for mounted load carrying by working donkeys in Pakistan. 2022. *Frontiers in Veterinary Science*. Volume 9, Article 886020.

Viviers, H., 2019, 'The "wonderful" donkey–of real and fabled donkeys', HTS Teologiese Studies/Theological Studies 75(3), a5479. https://doi.org/10.4102/ hts.v75i3.5479.

Zelealem Bekele. Traditional sayings about donkeys in Ethiopia. In "Starkey P and Fielding D (eds), 2004. Donkeys, people and development. A resource book of the Animal Traction Network for Eastern and Southern Africa (ATNESA). ACP–EU Technical Centre for Agricultural and Rural Cooperation (CTA), Wageningen, The Netherlands."

http://oaks.nvg.org/aesop–fables.html

http://oaks.nvg.org/faa.html

https://en.wikipedia.org/wiki/Cultural_references_to_donkeys

https://engineeringinterviewquestions.com/english–short–story–and–english–moral–story–horse–and–the–donkey–complete–story–for–class–9–class–10–class–12–and–other–classes/

https://fablesofaesop.com/tag/donkey–2

https://www.excellup.com/Story/Default.aspx?storyId=79

Raihani, Nichola, The social instinct, 김정아 옮김, 『협력의 유전자』, 한빛비즈, 2022.

4부 소

Ali Zamani Alavije. 2014. Representations of cow in different social, cultural, religious and literary contexts in Persia and the world. *Asian Journal of Social Sciences & Humanities*, 3(1):215–218.

Ali Zamani Alavijeh. 2014. Representations of cow in different social, cultural, religious and literary contexts in Persia and the world. *AJSSH*. 3(1):215-218.

Amelie Scheu, Adam Powell, Ruth Bollongino et al,. 2015. The genetic genetic prehistory of domesticated cattle from their origin to the spread across Europe. *BMC Genetics* 16, Article number:54.

Benjamin S. Arbuckle and Theo M. Kassebaum. 2021. Management and domestication of cattle (Bos taurus) in neolithic southwest asia. *Animal Frontiers*. 11(3):10–19.

Daniel Pitt, Natalia Sevane, Ezequiel L et al,. 2019. Domestication of cattle: Two or three events? *Evolutionary Applications*. 12:123–136.

Hirst, K. Kris. "History of the Domestication of Cows and Yaks." Aug. 27. 2018. Thought Co.

Louise Stone. 2020. Rationing the milk of human kindness: the fable of The Dun cow. *Br J Gen Pract*. 70(698):456.

Mario Melletti. 2016. Cattle Domestication: from Aurochs to Cow. Cambridge University Press.

Rackha, A. 1912. Aesop's fables. Avenel Books.

Shanyuan Chen, Bang–Zhong Lin, Mumtaz Baig et al. 2010. Zebu cattle are an exclusive legacy of the south asia neolithic. *Molecular Biology and Evolution*. 27(1):1–6.

Sherwood, Amy. 2009. "An Bó Bheannaithe: Cattle symbolism in traditional Irish folklore, myth, and archaeology," *PSU McNair Scholars Online Journal*: Vol. 3: Iss. 1, Article 21. Thought Co, Oct. 18, 2021, thoughtco.com/history–of–the–domestication–of–cows–170652. The implications of cattle domestication.

Twiss, K.C. & Russell, N. 2009. Taking the Bull by the Horns: Ideology, masculinity, and cattle Horns at Çatalhöyük (Turkey). *Paléorient Année*, 35–2. 19–32.

Utsunomiya, Y.T. Milanesi, M. Fortes, M.R.S. et al., P. 2019. Genomic clues of the evolutionary history of Bos indicus cattle. *Animal Genetics*, 50(6):557–568.

Widdows(Translated), P.F. 1992. The Fables of Phaedrus. University of Texas Press.

https://muse.jhu.edu/book/42758

https://www.vonsteuben.org/ourpages/humanities/aesops.pdf

https://www.literature.org/authors/aesop/fables/

https://pressbooks.pub/indiatinytales/chapter/chapter-1/

https://en.wikisource.org/wiki/Three_Hundred_%C3%86sop%27s_Fables

http://www.perseus.tufts.edu/hopper/text?doc=Perseus%3Atext%3A199
9.02.0119%3Abook%3D1%3Apoem%3D30

https://www.publish.csiro.au/ebook/chapter/9781486301614_Chapter3

http://hanwoonews.kr/news/article.html?no=24021

https://100.daum.net/encyclopedia/view/b24h2989a

https://blog.naver.com/brandkim/222209688214

https://cafe.daum.net/kimsw200312/Df49/10846?q=%EC%84%A0%ED%95
%9C+%EB%88%88%EB%A7%9D%EC%9A%B8+%EC%86%8C&re=1

https://namu.wiki/w/%EA%B5%AD%EB%AF%BC%EA%B5%90%EC%9C
%A1%ED%97%8C%EC%9E%A5

https://namu.wiki/w/%ED%95%9C%EC%9A%B0/%ED%8A%B9%EC
%A7%95

https://terms.naver.com/entry.naver?docId=1161387&cid=40942&category
Id=32626

https://terms.naver.com/entry.naver?docId=530094&cid=46631&category
Id=46631

https://www.cha.go.kr/cop/bbs/selectBoardArticle.do?nttId=5894&bbsId=BBS
MSTR_1008&nm=NS_01_10

https://www.kculture.or.kr/brd/board/219/L/menu/456?brdType=R&bbIdx
=8388

https://www.dreamstime.com/royalty-free-stock-image-busy-indian-farmer-
ploughing-paddy-field-image35675926

https://www.dreamstime.com/royalty-free-stock-photography-farmer-
plowing-his-field-cuba-image21862007

https://en.wikipedia.org/wiki/Hathor

https://chatgpt.com/c/6897cffc-80a4-8332-a874-51c6003fa180

https://www.chaighai.com/blogs/news/why–the–sacred–concept–of–
reincarnation–is–important–to–indians

강석남, 김일석, 남기창, 민병록, 이무하, 임동균, 장애라, 조철훈, 『식육과학4.0』,
유한문화사, 2018.

농림축산식품부 보도자료, 대대적 소비 촉진으로 한우 산업 안정 도모,
2023.2.12.

농촌진흥청 보도자료, 2023 상반기 한우 교배계획 길라잡이(33호) 엑셀 프로
그램, 2023.2.1.

신철교, 「한우개량의 중요성과 방법」, 『한우마당』 1월호, 2018.

전국한우협회, 「5천년 한민족 삶과 함께한 우리 한우 특집 ① ②」, 『한우마당』
8월호, 2021.

전국한우협회, 「지속가능한 한우 산업 발전을 위한 정책 우선순위」, 『한우마
당』 4월호, 2022.

전국한우협회, 「한우의 날'을 맞아 되돌아보는 한우의 성장 스토리」, 『한우마
당』 11월호, 2021.

조수현, 이은미, 「2021년은 신축년(辛丑年) 소띠 해」, 『우리가 모르는 한우의
모든 비밀』, 국립축산과학원, 2021.

한우자조금위원회 홈페이지(https://www.hanwooboard.or.kr).

한우자조금조사연구용역 최종보고서, 한우와 한반도 육식문화의 변천사 및
한민족의 정체성, 2017.

5부 낙타

Barat Ali Zarei Yam and Morteza Khomeiri. 2015. Introduction to camel
origin, history, raising, characteristics, and wool, hair and skin, A Review.
International Journal of Research and Innovations in Earth Science. Volume 2,

Issue 6, ISSN (Online):2394–1375.

Faisal Almathena, Pauline Charruauc, Elmira Mohandesanc et al, 2016. Ancient and modern DNA reveal dynamics of domestication and cross–continental dispersal of the dromedary. *PNAS*. June 14. 113(24):6707–6712.

Faye, B., & Ratto, M. H. 2022. Camelids: an old family spread over four continents. *Animal Frontiers*, 12(4):3–5.

Huda M. Alaskar, Randa Alaqeely, Bader H. Alhajeri, and Hasan Alhaddad. 2021. The enigma of camel–types: localities, utilities, names, and breed statuses. *Journal of Camelid Science*, 14(1):22–34.

Liang Ming, Liyun Yuan, Li Yi, et al,. 2020. Whole–genome sequencing of 128 camels across Asia reveals origin and migration of domestic Bactrian camels. *Commun Biol*. 3: 1. doi: 10.1038/s42003–019–0734–6.

Martin Heide Marburg. The Domestication of the Camel. "UGARIT–FORSCHUNGEN Internationales Jahrbuch für die Altertumskunde Syrien–Palästinas." 2011 Ugarit–Verlag, Münster.

Pamela Anna Burger. The history of Old World camelids in the light of molecular genetics. *Trop Anim Health Prod.*, 2016. 48:905–913.(DOI 10.1007/s11250–016–1032–7.

Rackha, A. 1912. Aesop's fables. Avenel Books.

Renato Sala. 2017. The Domestication of camel in the literary, archaeological and petroglyph records. *Journal of Arid Land Studies*. 26(4):205–211.

Robert Rodgers Fitak, Elmira Mohandesan, Jukka Corander et al,. 2020. Genomic signatures of domestication in old world camels. *COMMUNICATIONS BIOLOGY* 3:316 https://doi.org/10.1038/s42003–020–1039–5.

https://en.wikisource.org/wiki/An_argosy_of_fables/Persian_fables

https://pressbooks.pub/indiatinytales/chapter/chapter–1/

https://www.bedtimeshortstories.com/category/stories–by–topic/animal–stories

https://www.thecreativealliance.com/branding/a–gorilla–a–cow–a–camel–

and–an–elephant–walk–into–a–bar/

6부 순록

Kharzinova, Veronika, Arsen Dotsev, Anastasiya Solovieva et al,. 2020. Insight into the current genetic diversity and population structure of domestic reindeer(Rangifer tarandus) in Russia. *Animals*, 10:1309–1327.

Loseya, Robert J., Tatiana Nomokonovab, Dmitry V. Arzyutovc et al,. 2021. Domestication as Enskilment: Harnessing Reindeer in Arctic Siberia. *Journal of Archaeological Method and Theory*, 28(1):197–231.

Pelletier, M., Discamps, E., Bignon–Lau, O. and Anna–Kaisa Salmi. 2023. Investigating the domestication and early management of reindeer (Rangifer tarandus) in the Sámi archaeological context from teeth geometric morphometrics. Sci Rep 13(1), article No. 6174.

Pelletier, Maxime, Antti Kotiaho, Sirpa Niinimäki, and Anna–Kaisa Salmi. 2020. Identifying early stages of reindeer domestication in the archaeological record: a 3D morphological investigation on forelimb bones of modern populations from Fennoscandia. *Archaeological and Anthropological Sciences*, 12:169.

Rackha, A. 1912. Aesop's fables. Avenel Books.

Røed, ByKnut H., Kjersti S. Kvie, Bård–Jørgen Bårdsen. 2022. Genetic structure and origin of semi–domesticated reindeer. In "Reindeer Husbandry and Global Environmental Change" Swedish University of Agricultural Sciences (SLU).

Salmi, A.K. 2023. The Archaeology of Reindeer Domestication and Herding Practices in Northern Fennoscandia. *Journal of Archaeological Research*, 31:617–660.

Siali, Christina, Sirpa Niinimäki, Katerina Harvati and Fotios

Alexandros Karakostis. 2024. Reconstructing patterns of domestication in reindeer using 3D muscle attachment areas. *Archaeological and Anthropological Sciences*, 16:19.

http://thinkdifferentlyaboutsheep.weebly.com/reindeer–myth–religion–and–tradition.html

https://aesopsfables.org/C22_aesops_fables_about_deer.html

https://spiritualfaqs.com/spiritual–meaning–of–reindeer/

https://www.altogetherchristmas.com/traditions/reindeer.html

https://www.thoughtco.com/reindeer–history–and–domestication–170666

https://www.uniguide.com/caribou–symbolism–meaning–spirit–animal

https://www.uniguide.com/reindeer–symbolism–meaning–spirit–animal

https://www.wpr.org/art/understanding–how–santa–got–his–reindeer

가축들

© 김일석 남기창 이무하 장애라 조철훈 2026

초판 1쇄 2026년 1월 9일

지은이 김일석 남기창 이무하 장애라 조철훈

펴낸이 정미화
기획편집 정미화 남은영   디자인 오연주디자인 안희원

펴낸곳 이케이북(주)
출판등록 제2013-000020호
주소 서울시 관악구 신원로 35, 913호
전화 02-2038-3419   팩스 0505-320-1010
홈페이지 ekbook.co.kr   전자우편 ekbooks@naver.com

ISBN 979-11-86222-80-5 03380